萧山溪头黄战国汉六朝墓

杭州市文物考古研究所　萧山博物馆　编著

杨金东　主编

文物出版社

图书在版编目（CIP）数据

萧山溪头黄战国汉六朝墓／杭州市文物考古研究所，
萧山博物馆编著；杨金东主编. --北京：文物出版社，
2018.11

ISBN 978 - 7 - 5010 - 5829 - 7

Ⅰ.①萧…　Ⅱ.①杭…②萧…③杨…　Ⅲ.①墓葬
（考古）-发掘报告-萧山区-古代　Ⅳ.①K878.85

中国版本图书馆 CIP 数据核字（2018）第 272779 号

萧山溪头黄战国汉六朝墓

编　　著：杭州市文物考古研究所　萧山博物馆
主　　编：杨金东

责任编辑：陈春婷
封面设计：张　帆
责任印制：苏　林

出版发行：文物出版社
地　　址：北京市东直门内北小街2号楼
邮　　编：100007
网　　址：http://www.wenwu.com
邮　　箱：web@wenwu.com
经　　销：新华书店
印　　刷：河北鹏润印刷有限公司
开　　本：889mm×1194mm　1/16
印　　张：26.5
插　　页：1
版　　次：2018年11月第1版
印　　次：2018年11月第1次印刷
书　　号：ISBN 978 - 7 - 5010 - 5829 - 7
定　　价：460.00元

Xitouhuang Cemetery of the Warring States Period, Han and Six Dynasties in Xiaoshan

(with an English abstract)

by

Hangzhou Municipal Institute of Cultural Relics and Archaeology

Xiaoshan Museum

Cultural Relics Press

目　录

插图目录

彩版目录

第一章　概　况

第一节　地理环境与历史沿革

一　地理环境

萧山区位于浙江省北部,地处北纬 29°50′54″~30°23′47″,东经 120°04′22″~120°43′46″。东邻绍兴市,南接诸暨市,西连富阳市,北濒钱塘江与海宁、余杭相望。全境东西宽约 57.2 千米,南北长约 59.4 千米,总面积 1492 平方千米。地势南高北低,自西南向东北倾斜,中部略呈低洼。南部是低山丘陵地区,间有小块河谷平原;中部和北部是平原,中部间有丘陵。气候属北亚热带季风气候,冬夏长、春秋短,四季分明,光照充足、雨量充沛,温暖湿润,年平均降雨量 1363.3 毫米,年平均气温 16.1℃,无霜期 224 天。[①]

萧山地处浙江南北要津,交通便捷。浙赣、杭甬铁路和沪杭甬、杭金衢、杭州绕城等高速公路以及 104 国道和 03 省道穿境而过。富春江、浦阳江在境内汇流入钱塘江,横贯东西的浙东运河沟通曹娥江,并与新杭甬运河、西小江在境内汇流入东海。杭州萧山国际机场建于本区东北部。

西山呈西南至东北走向,西南与石岩山相连,西北与城山隔湘湖相呼应。该区域出露地层主要为古生界的志留系、泥盆系和石炭系。湘湖一带总体上属海湾堆积平原和陆屿。

溪头黄古墓葬位于杭州市萧山区城南的溪头黄村,现属蜀山街道管辖,墓地东北距萧山区政府约 8000 米,面积约 4000 平方米。墓地东侧有一条金华至萧山的公路,南侧是马头山。村北侧的柴岭山、蜈蚣山一带的山岗上发现大量土墩墓[②],其北为湘湖风景名胜区,有距今 8000 年的跨湖桥遗址[③]和距今约 2500 年的越王城遗址(图 1-1)。

二　历史沿革

早在 8000 年前,萧山湘湖一带就有人类活动的遗迹——跨湖桥遗址。所前镇张家坂村的金山遗

① 萧山县志编纂委员会:《萧山县志》,浙江人民出版社,1987 年。
② 杭州市文物考古研究所、萧山博物馆:《萧山柴岭山土墩墓》,文物出版社,2013 年。
③ 浙江省文物考古研究所、萧山博物馆:《跨湖桥》,文物出版社,2004 年。

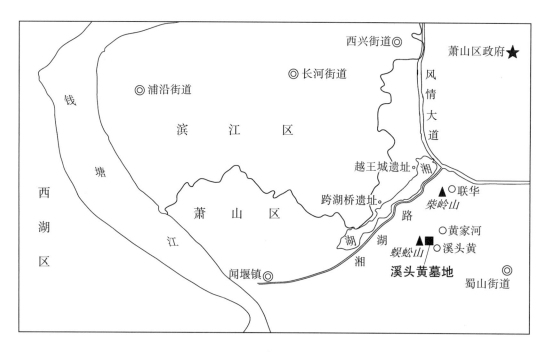

图 1-1　溪头黄墓地位置示意图

址①，发现有良渚文化时期的文化堆积。另外，在萧山境内发现、发掘的新石器时代遗址还有茅草山遗址、眠犬山遗址、傅家山遗址、蜀山遗址等，分布在浦阳江、永兴河、凰桐江、欢潭溪、进化溪、西小江、古湘湖、古渔浦湖等附近。②

商周时期，萧山属越国。湘湖之北现有城山越王城遗址，"其山中卑四高，宛如城堞"③，为越王勾践屯兵抗吴的军事城堡④。萧山下辖的进化镇现有茅湾里窑址⑤，为春秋战国时期烧造印纹硬陶和原始瓷的窑址。该地先后发现或发掘的同时期窑址有前山窑址⑥、安山窑址⑦、纱帽山窑址等。

战国中期，楚灭越。秦始皇二十六年（前221年），置会稽郡。萧山属会稽郡。西汉初至元始二年（2年）间，始建县，名余暨，属会稽郡。新王莽始建国元年（9年），改余暨为余衍。三国吴黄武年间（222～229年），改名永兴，属会稽郡。

唐天宝元年（742年），改永兴为萧山。五代时，萧山属吴越国镇东军。北宋时属越州，南宋时属绍兴府，元时属绍兴路，明、清属绍兴府。清咸丰十一年（1861年），太平军占领萧山，改萧山县为萷珊县。同治二年（1863年），复称萧山。

①　孙国平、王海明、王屹峰：《杭金衢高速路考古发掘获可喜成果》，《中国文物报》1999年10月6日第1版。
②　王屹峰、施加农：《萧山浦阳江下游史前遗存》，《东方博物》第七辑，浙江大学出版社，2002年。
③　刘会：《萧山县志》，明万历十七年（1589年）刻本。
④　林华东：《越国固陵城考》，《东南文化》第三辑，江苏古籍出版社，1988年。
⑤　王士伦：《浙江萧山进化区古代窑址的发现》，《考古通讯》1957年第2期。
⑥　浙江省文物考古研究所、萧山博物馆：《浙江萧山前山窑址发掘简报》，《文物》2005年第5期。
⑦　《萧山发现春秋战国窑址》，《浙江文物年鉴（2005）》，第155、156页，浙江古籍出版社，2017年。

中华民国成立，撤府，萧山为省直辖。民国三年（1914 年），省下设道，属会稽道。民国十六年（1927 年）废道，仍由省直辖。民国二十四年（1935 年），省设立行政督察区，萧山属第三行政督察区。民国三十七年（1948 年），改省直辖。

1949 年 5 月 5 日，萧山解放，为省直辖县，6 月底，划归绍兴专区。1952 年起，复为省直辖县。1957 年划归宁波专区。1959 年改属杭州市至今。[①] 1988 年 1 月 1 日，萧山县改称萧山市，仍属杭州市。2001 年 3 月 25 日，杭州市萧山区正式成立。[②]

第二节 发现与发掘概况

本次原系配合杭州市萧山区城南乡黄家河村提花布厂基建所进行的发掘，工作从 1984 年 6 月 6 日开始。在发掘过程中，于 8 月 20 日得到讯息，在距发掘地南面约 1000 米处的溪头黄村，用大型推土机为乡办的湘湖啤酒厂基建平整土地时，暴露了许多古墓葬，文物遭到破坏，墓葬封土均已被大型推土机铲平，多数墓葬仅存墓底，文物绝大多数被压破。本队考古人员奔赴现场，经与乡政府、县委、县政府再三交涉，由杭州市园林文物管理局指派该局文物办公室业务人员姚桂芳负责组织人力，前往进行紧急抢救性考古发掘。由于在时间上，基建工期与抢救文物矛盾较大，基建部门个别领导人员在考古队晚上收工之后，派人连夜用推土机铲，致使考古队已标明的古墓葬记号也被铲除。嗣后几经交涉，要求追究基建部门法律责任，才由县委、县政府领导亲赴现场，予以制止。工作至同年 10 月 25 日结束。然后又回黄家河继续清理工作。

鉴于建设单位工期紧迫，当时文物法制也不健全，经再三协商仍未能达成暂停推土机作业的协议，因此无法按考古程序进行布方或探沟发掘，只能是在发现有古墓葬迹象时，才能就地保护现场，及时进行抢救发掘清理。结果共抢救发掘古墓葬 80 座，编号为萧溪 M1 ~ M80（图 1 - 2）。其中入编的 M21、M32、M52 和 M53 已被推土机全部平毁，实际共发掘清理古墓葬 76 座，其中战国墓 3 座，两汉墓 59 座，东晋南朝墓 6 座，唐宋墓 7 座，明墓 1 座。两汉墓有竖穴土坑墓、砖椁墓和砖室墓之分，其余有砖室墓和土坑墓。共计出土文物 1012 件（组），其中战国墓出土文物 41 件，两汉墓出土文物 936 件（组），东晋南朝墓出土文物 8 件，唐宋墓出土文物 27 件（组），陶瓷器保存较好，铜、铁器残碎严重。

参加人员有：姚桂芳、张玉兰、孔灿兴、王晓华、周傅根、来祖培、何晓刚、朱利铨、向小汇等。其中除姚桂芳、张玉兰为在编人员之外，其余均为来自余杭和萧山的农村优秀业余文保员，另外，萧山文管会的倪秉章同志也参加了协助工作。

第三节 报告整理与编写

溪头黄墓地于 1984 年发掘，至今已三十多年，其间杭州市文物考古研究所几经浮沉，这批发掘资

---

① 萧山县志编纂委员会：《萧山县志》，浙江人民出版社，1987 年。

② 《萧山撤市设区今日挂牌》，《萧山日报》2001 年 3 月 25 日。

图1-2　溪头黄墓葬平面分布示意图

料也随着考古所的变动多次辗转，装箱、拆箱、运输对出土遗物造成了很多影响，部分文物现在已无从找寻，发掘原始资料亦难寻踪影。2012 年，所里决定清理历史欠账，将这批发掘资料公之于世，并指定杨金东进行整理。由于历时太久远，所里多个发掘项目出土遗物混装，给整理工作带来很大困难。同年 11 月，梁宝华开始清理所里历年发掘项目的遗物，并按工地分开装箱，溪头黄墓地出土遗物首次单独归类存放。清理过程中，发现大量铜、铁器需要进行科技保护，遂将大部分铜、铁器交给科技保护室处理。2013 年 3 月，这批资料运到萧山工作站整理。获知要整理溪头黄墓地发掘资料的消息时，项目领队姚桂芳先生立刻将发掘资料副本移交到所资料室，并以 73 岁高龄亲自撰写墓地发现、发掘情况说明，这给我们的整理工作带来了极大的便利。

面对 76 座墓葬和 1000 余件（组）遗物，如何整理是摆在我们面前的首要难题。经过认真研究，我们决定采用按墓葬单位公布资料的形式进行整理，拆箱将所有遗物取出并按照墓葬单位摆放。

由于时间久远，很多器物标签残损严重，有的字迹模糊，有的被虫蛀而部分缺失，同时，很多器物上并没有上墨编号，再加上这批器物经过多次辗转搬运，又有多人接触，有些标签并非原始标签，这些都给分类工作带来很大困难。经过近两个月时间的努力，我们才将它们按照墓葬单位完成分类工作。分类后，我们发现，很多墓葬单位内器物存在重号、缺号问题，而且有些器物名称也不统一。还有一些器物原本是修复好的，但是，现在又破碎了，需要重新修复，还有大量的未修复器需要修复。

器物分类的同时，我们整理原始发掘资料。墓葬遗迹图中有一些线条已经模糊不清，很难辨认，且存在文字图例与线图不一致的现象，其中墓葬方向方面问题尤为突出，很多遗迹图的图示方向与图例和墓葬登记表上记录的不一致，我们推测当时工作人员绘图时可能从指南针上读出的数据是正确的，但是，将数据落到图纸上时出现了偏差，因此，我们对照墓葬平面分布图将其统一改正。墓葬平面分布示意图（参见图 1 - 2）中未标示 M7，我们遵照原图未做补充。有些遗迹图尚未完成，如 M50，带有草图性质，有些遗迹图明显存在错误，如 M13、M78 等，但是，因为没有可资参考的资料，我们也只能照原样公布。墓葬登记表记录内容也呈现多样化，有些记录详细，有些则十分简略，还有一些内容表述不清楚，语句不通顺，我们只能参照遗迹图和器物略作修改。

对照遗迹图、墓葬登记表和器物，我们剔除了重号器物，改正了部分器物的名称，对于缺号器物我们均以"未见"描述。之后开始修复和器物绘图、遗迹图电脑清绘工作，并按照墓葬单位依次描述。

整理期间，由于田野工作需要，整理工作暂停。2013 年 10 月至 12 月，吉林大学 2011 级硕士研究生于小婷协助整理工作，主要进行器物描述。

2014 年 4 月，经多方努力后，将由杭州博物馆收藏的 49 件器物运到萧山工作站整理。6 月，整理科技保护室处理的铜器、铜镜、铜钱和料珠等器物。6 月、7 月，对所有器物进行拍照。

2014 年 6 月，开始发掘报告编写工作，8 月报告编写完成。

参与整理的人员有杨金东、崔太金、梁宝华、李迎、施梦以、赵一杰、何国伟、方勇、孔飞燕、孟佳恩、王博、于小婷等。遗迹图由杨金东电脑清绘、核对；器物图由赵一杰、方勇、孔飞燕、孟佳恩、王博、杨金东绘制；器物拓片由李迎完成；器物摄影由施梦以、王博和蒋巍完成。

本报告的编写由唐俊杰统筹安排，杨金东执笔。

需要说明的是，报告撰写完成后，我们先后在《东方博物》《杭州文博》和《考古学报》上发表了五篇发掘简报①，简报中的内容若与本书存在出入，请以本书为准。

另外，本书彩版中 M10：5、M10：10、M16：7、M17：11、M19：9、M25：23、M26：11、M26：2、M30：14、M34：12、M47：21、M48：12、M50：15、M58：1、M68：8、M69：2、M73：10、M73：15、M74：3、M79：3、M80：24 等器物表面的红褐色痕迹是保管过程中不慎滴落的油漆，并非出土时原有的附着物，望读者周知。

---

① 郎旭峰：《杭州萧山溪头黄墓地发掘简报》，《东方博物》第五十一辑。杭州市文物考古研究所、萧山博物馆：《杭州萧山溪头黄战国墓发掘报告》，《东方博物》第六十二辑。杭州市文物考古研究所、萧山博物馆：《杭州萧山溪头黄东晋南朝、唐宋墓发掘报告》，《东方博物》第六十六辑。杭州市文物考古研究所、萧山博物馆：《杭州萧山溪头黄东汉中期土坑墓发掘报告》，《杭州文博》第 20 辑。杭州市文物考古研究所、萧山博物馆：《杭州萧山溪头黄汉墓发掘报告》，《考古学报》2018 年第 3 期。

第二章　战国墓葬

第一节　墓葬分述

战国墓葬共3座，均为竖穴土坑墓，2座形状不规则，1座为长方形。现分别介绍如下：

M43

M43位于墓地西部，不规则形竖穴土坑墓，方向105°。墓葬于早年遭到破坏，顶部无存，墓坑开于生土上。墓壁东、西、北三壁不规则，南壁被晚期土坑墓打破。墓底凹凸不平。墓口距离地表深约0.6米，墓坑长3.3、宽1.8、深0.2米。墓内填土为黄褐色。未见人骨、葬具痕迹（图2-1A）。

随葬品位于墓底西北角，放置随葬品的地方比其他地方低5厘米。共18件，包括印纹硬陶坛、罐，原始瓷碗，陶器、纺轮。

印纹硬陶坛　1件。

M43：13，上部残，鼓腹，下腹斜收，平底。腹部饰拍印方格纹。红褐色胎。底径14.4、残高23.2厘米（图2-1B）。

印纹硬陶罐　4件。其中，M43：5，残碎。直口微敞，弧肩，鼓腹，平底。肩、腹部饰拍印斜方格米字形纹。棕褐色胎。

M43：1，口径8.8、腹径14.6、高10.8、底径7.9厘米（图2-1B；彩版一，1）。

M43：9，口径9.7、腹径15.2、底径9.5、高10.6厘米（图2-1B；彩版一，2）。

M43：17，口径10、腹径15.2、底径9、高10.4厘米（图2-1B；彩版一，3）。

原始瓷碗　6件。其中，M43：7、18，未见。敛口，深弧腹，平底。内壁饰旋纹，外壁上腹部在两周旋纹之间饰栉齿纹。器体内外施青黄色釉，胎釉结合不佳，有凝釉现象，外底无釉。

M43：2，口径9.3、底径6、高6.2厘米（图2-1B；彩版二，1）。

M43：3，口径11.5、底径6.1、高4.7厘米（图2-1B；彩版二，2）。

M43：4，红色胎。口径15、底径8、高10.1厘米（图2-1B；彩版三，1）。

M43：11，红褐色胎。口径9.7、底径5.2、高7厘米（图2-1B；彩版三，2）。

陶器　4件。

M43：6、8、10、12，残碎，形制不辨。

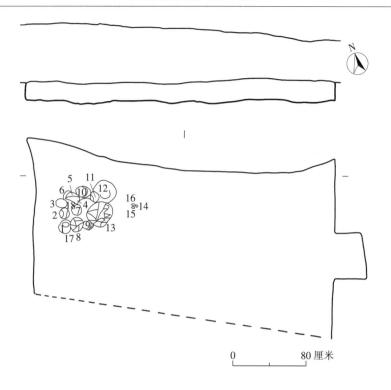

图 2 - 1A　战国墓 M43 平、剖面图

1、5、9、17. 印纹硬陶罐　2~4、7、11、18. 原始瓷碗　6、8、10、12. 陶器　13. 印纹硬陶坛　14~16. 陶纺轮

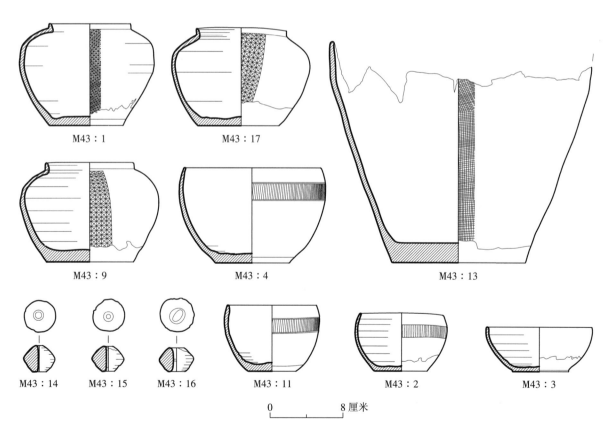

图 2 - 1B　战国墓 M43 出土器物

1、9、17. 印纹硬陶罐　2~4、11. 原始瓷碗　13. 印纹硬陶坛　14~16. 陶纺轮

陶纺轮　3件。算珠形，正中圆穿孔，纵截面呈六边形。泥质灰陶。

M43：14，直径3.4、高2.8厘米（图2－1B）。

M43：15，一侧有浅凹槽。直径3.6、高2.6厘米（图2－1B）。

M43：16，一侧有浅凹槽。直径3.8、高2.5厘米（图2－1B）。

M63

M63位于墓地东北部，不规则形竖穴土坑墓。墓葬于早年遭到破坏，上部无存，墓坑开于生土上，西面被M62打破。墓壁不太清晰，墓口至墓底呈斜坡形。墓底高低不平，墓口与墓底高差0.34米。在墓坑中心有一腰坑，直径0.9、深0.4米。西部距离腰坑1.14米处有一个圆形土洞，直径0.2、深0.45米。土洞内发现有一件原始瓷碗和几块陶器残片。土洞向北0.16米处，发现4件器物。腰坑向南0.22米处有一条J字形沟，宽1、深0.5米，在沟的转弯处发现4件器物。墓内填土为黄色黏土。未见人骨、葬具痕迹（图2－2A）。

随葬品共8件，分别为印纹硬陶直口罐、侈口罐、筒形罐、坛，填土中发现一件原始瓷碗。

印纹硬陶直口罐　2件。尖唇，高颈，溜肩，鼓腹，下腹弧收，平底。器身饰拍印米字纹。红褐色胎。

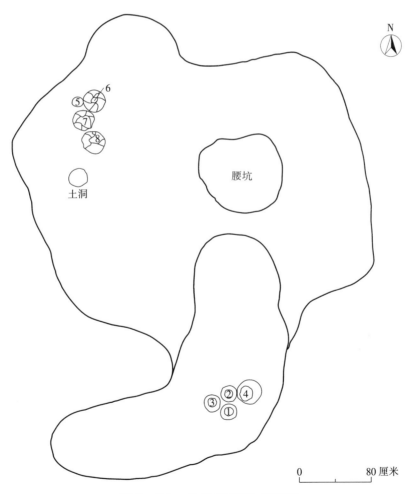

图2－2A　战国墓M63平面图

1、5. 印纹硬陶直口罐　2、6~8. 印纹硬陶侈口罐　3. 印纹硬陶筒形罐　4. 印纹硬陶坛

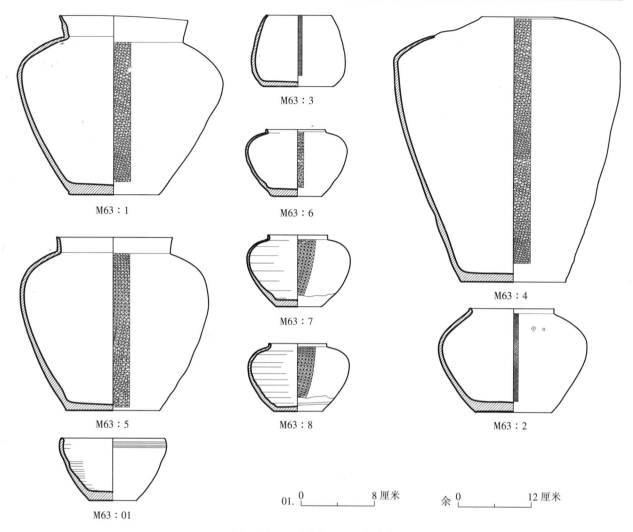

图 2 - 2B　战国墓 M63 出土器物

1、5. 印纹硬陶直口罐　2、6~8. 印纹硬陶侈口罐　3. 印纹硬陶筒形罐　4. 印纹硬陶坛　01. 原始瓷碗

M63：1，口微敞。口径 20.3、腹径 33.8、底径 14.3、高 28.4 厘米（图 2 - 2B；彩版四，1）。

M63：5，口径 18.9、腹径 30.6、底径 15.2、高 27.5 厘米（图 2 - 2B；彩版四，2）。

印纹硬陶侈口罐　4 件。

M63：2，尖唇，溜肩，尖鼓腹，平底内凹。肩部贴饰卷云纹，器身饰拍印方格纹。口径 13.5、腹径 24.2、底径 12.3、高 16.5 厘米（图 2 - 2B；彩版四，3）。

M63：6，尖唇，矮颈，弧肩，鼓腹，下腹弧收，平底。器身饰米字纹。红褐色胎。口径 9.6、腹径 16.7、底径 7.8、高 10.6 厘米（图 2 - 2B；彩版四，4）。

M63：7，尖唇，矮颈，弧肩，鼓腹，下腹弧收，平底。器身饰米字纹。红褐色胎。口径 9.9、腹径 16.7、底径 7.85、高 11.64 厘米（图 2 - 2B；彩版四，5）。

M63：8，尖唇，矮颈，弧肩，鼓腹，下腹弧收，平底。器身饰米字纹。红褐色胎。口径 9.6、腹径 16.6、底径 7.8、高 10.8 厘米（图 2 - 2B；彩版五，1）。

印纹硬陶筒形罐　1 件。

M63：3，敛口，筒形深弧腹，平底。器身饰拍印细密麻布纹。灰色胎。口径 10.6、腹径 15.4、底径 11.3、高 11.3 厘米（图 2 – 2B；彩版五，4）。

印纹硬陶坛 1 件。

M63:4，口残，折肩，深弧腹，平底。器体饰拍印米字纹。灰色胎。腹径 36.7、底径 17、高 42.1 厘米（图 2 – 2B；彩版五，3）。

原始瓷碗 1 件。

M63:01[①]，敛口，尖唇，弧腹，平底浅凹。口下部饰一组弦纹，器内壁饰弦纹，内底饰旋纹。口径 11.2、底径 5.1、高 6.6 厘米（图 2 – 2B；彩版五，2）。

M65

M65 位于墓地中部，长方形竖穴土坑墓，方向 328°。墓葬于早年遭到破坏，顶部无存，墓坑开于黄色生土上。墓壁不规整，墓底平整。墓坑长 3.2、宽 2.2、残深 0.4 米。墓内填土为灰黄色。未见人骨、葬具痕迹（图 2 – 3A）。

随葬品共 15 件，位于墓底中部，包括原始瓷碗、杯和陶器。

原始瓷碗 3 件。其中，M65:1，未见。敛口，弧腹，下腹斜收，平底。灰色胎。脱釉严重。

M65:4，尖唇。口下饰一组弦纹。口径 8.6、底径 4.6、高 5.8 厘米（图 2 – 3B；彩版六，1）。

M65:8，圆唇。口下饰弦纹和水波纹。口径 9.1、底径 4.3、高 6.1 厘米（图 2 – 3B；彩版六，2）。

原始瓷杯 5 件。其中，M65:6，未见。直口，圆唇，直腹微弧，平底。器底饰旋纹。

M65:2，灰色胎。口径 4.8、底径 3.5、高 4.6 厘米（图 2 – 3B；彩版七，1）。

M65:3，红色胎。口径 5.5、底径 3.6、高 5 厘米（图 2 – 3B；彩版七，2）。

M65:5，灰色胎。口径 5.3、底径 3.4、高 4.7 厘米（图 2 – 3B；彩版七，3）。

M65:7，灰色胎。口径 5、底径 4.2、高 4.9 厘米（图 2 – 3B；彩版七，4）。

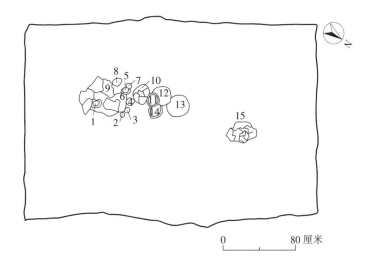

图 2 – 3A　战国墓 M65 平面图

1、4、8. 原始瓷碗　2、3、5~7. 原始瓷杯　9~15. 陶器

---

① 器物编号前加上"0"，表示器物出土于填土中或出土位置不明确，全书同。

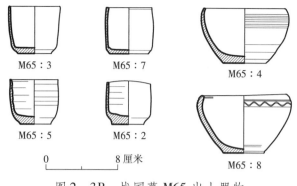

图 2 - 3B　战国墓 M65 出土器物

2、3、5、7. 原始瓷杯　4、8. 原始瓷碗

陶器　7 件。

M65:9、12、15，残碎，无法起取。

M65:10，泥质陶罐，残碎。

M65:11，泥质陶鼎，残碎。

M65:14，泥质陶罐，残碎。

M65:13，泥质陶盒，残碎。

第二节　墓葬年代

三座墓均为浅土坑墓，未见战国晚期流行的有深刻楚文化烙印的深土坑墓，随葬品组合仍以日常用品印纹硬陶坛、罐和原始瓷碗为主，不见泥质陶鼎、豆、盒、壶的器物组合。

M43 出土的印纹硬陶罐为直口、弧肩、鼓腹、平底，肩腹部饰拍印斜方格米字形纹，其器形与纹饰常见于浙江战国墓，与上虞周家山 M5:12[①] 相似。M43:4 这件原始瓷碗为敛口、深弧腹、平底，外壁上腹部在两周旋纹之间饰栉齿纹，其形制与余杭崇贤 M3:21[②]、上虞周家山 M42:12[③] 相似。M65 出土的四件原始瓷杯为直口、直腹、平底，其形制与余杭崇贤 M3:22[④]、萧山柴岭山 D28M1:2[⑤]、上虞羊山 M1:13[⑥] 相似。

因此，我们认为，上述三座墓的年代当为战国早中期，其中 M63 年代稍早，而 M43 和 M65 年代稍晚。

① 胡继根:《上虞周家山古墓葬发掘》,《沪杭甬高速公路考古报告》, 文物出版社, 2002 年。
② 余杭县文物管理委员会:《浙江省余杭崇贤战国墓》,《东南文化》1989 年第 6 期。
③ 胡继根:《上虞周家山古墓葬发掘》,《沪杭甬高速公路考古报告》, 文物出版社, 2002 年。
④ 余杭县文物管理委员会:《浙江省余杭崇贤战国墓》,《东南文化》1989 年第 6 期。
⑤ 杭州市文物考古研究所、萧山博物馆:《萧山柴岭山土墩墓》, 文物出版社, 2013 年。
⑥ 彭云:《上虞羊山古墓葬发掘》,《沪杭甬高速公路考古报告》, 文物出版社, 2002 年。

第三章　两汉墓葬

第一节　墓葬分述

共 59 座，分为土坑墓、砖椁墓和砖室墓三大类，其中土坑墓 51 座，砖椁墓 1 座，砖室墓 7 座。

一　土坑墓

共 51 座，可分为带墓道和不带墓道两类。带墓道者共 5 座，分别是 M16、M33、M46、M64 和 M80。不带墓道者共 46 座，分别是 M3、M4、M5、M7、M8、M9、M10、M11、M12、M13、M14、M15、M17、M18、M19、M20、M22、M24、M25、M26、M28、M29、M30、M31、M34、M36、M42、M44、M47、M48、M50、M51、M56、M58、M60、M66、M67、M68、M69、M70、M71、M73、M74、M77、M78 和 M79。

M3

M3 位于墓地东北部，梯形竖穴土坑墓，方向 288°。墓葬保存较完整，墓口距离地表深约 0.5 米，墓坑开于生土上。墓壁竖直，修制规整，墓底较为平整。墓坑长 3.63、西端宽 2.55、东端宽 3、深 1.75 米。墓内填土顶部为厚约 0.12 米的小石子，其下为灰黄色土。墓底中部发现红色漆皮痕迹，并见几枚铁棺钉，未发现人骨痕迹（图 3-1A）。

随葬品中壶、罐等容器位于墓底北部，略呈一字形排列，铜钱、铁剑、耳瑱等位于墓底中部。共 24 件（组），包括釉陶盘口壶、瓿、侈口罐，硬陶罍，陶灶、井，铜盆、釜、镟斗、镜、钱，铁刀、棺钉和琉璃耳瑱。

釉陶盘口壶　2 件。盘口，高直颈，溜肩，鼓腹，平底，肩部贴饰对称半环耳一对。颈下部饰两周弦纹，其间饰一组水波纹，肩部饰两组粗弦纹，耳部饰叶脉纹。红褐色胎。口内、肩部及上腹部施青釉。

M3：2，圆唇，底微内凹。下腹饰粗旋纹，近底处有戳印痕。近底处胎体起泡。脱釉严重。口径 14.3、腹径 26.6、底径 12.3、高 35.5 厘米（图 3-1B；彩版八，1）。

M3：3，方唇，矮圈足。盘口下部饰弦纹，其间饰一组水波纹。釉面玻化好，较光滑。内壁有明显指摁痕。口径 15、腹径 32.3、底径 14.8、高 41.5 厘米（图 3-1B；彩版八，2）。

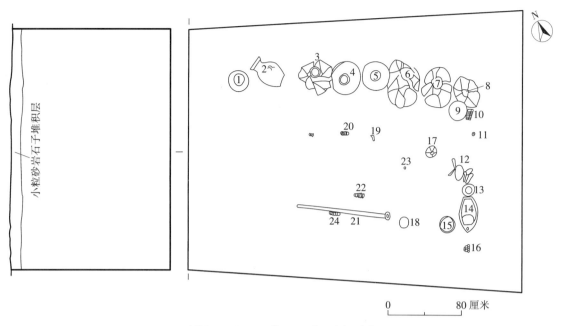

图 3 - 1A　汉墓 M3 平、剖面图

1、8. 釉陶侈口罐　2、3. 釉陶盘口壶　4、6、7. 硬陶罍　5. 釉陶瓿　9. 铜盆　10、11、16、20、22、24. 铜钱
12. 铜鐎斗　13. 陶井　14. 陶灶　15. 铜釜　17、18. 铜镜　19. 琉璃耳瑱　21. 铁刀　23. 铁棺钉

釉陶瓿　1件。

M3：5，敛口，平沿，溜肩，球腹，平底，肩部贴饰对称半环耳一对，耳上端上翘，残损。下腹满饰粗弦纹，耳部饰叶脉纹。红褐色胎，底部起泡。上部施青釉，脱釉严重。口径13.2、腹径29.7、底径12.8、高28.6厘米（图3-1B；彩版九，1）。

釉陶侈口罐　2件。形制类似。口微侈，溜肩，鼓腹，平底，肩部贴饰对称半环耳一对。肩部饰一周弦纹，腹部饰粗弦纹，耳部饰叶脉纹。上部施青釉，釉层脱落殆尽。

M3：1，红色胎。口径11.8、腹径23.7、底径10.9、高23.2厘米（图3-1B；彩版八，3）。

M3：8，颈部饰两周弦纹。青灰色胎。口径11.8、腹径22.5、底径10.7、高22.1厘米（图3-1B）。

硬陶罍　3件。溜肩，球腹，小平底。腹部满饰拍印席纹。

M3：4，直口，平沿。肩部饰三组弦纹，其间饰两组水波纹。灰色胎。口径13.3、腹径35.6、底径16.9、高33.4厘米（图3-1B；彩版九，2）。

M3：7，直口，平沿。肩部饰三组弦纹，其间饰两组水波纹。灰色胎。口径14.5、腹径35.5、底径17.1、高33.5厘米（图3-1B；彩版九，4）。

M3：6，敛口，斜沿，圆唇。红褐色胎。口径19.5、腹径35.7、底径15.3、高31厘米（图3-1B；彩版九，3）。

陶井　1件。

M3：13，泥质灰陶。残碎，无法起取。

陶灶　1件。

M3：14，整体呈船形，灶面设两灶眼，后端开小孔状烟囱，前置方形灶门。泥质灰陶。长37.6、宽21.7、高11.5厘米（图3-1B；彩版一〇，1）。

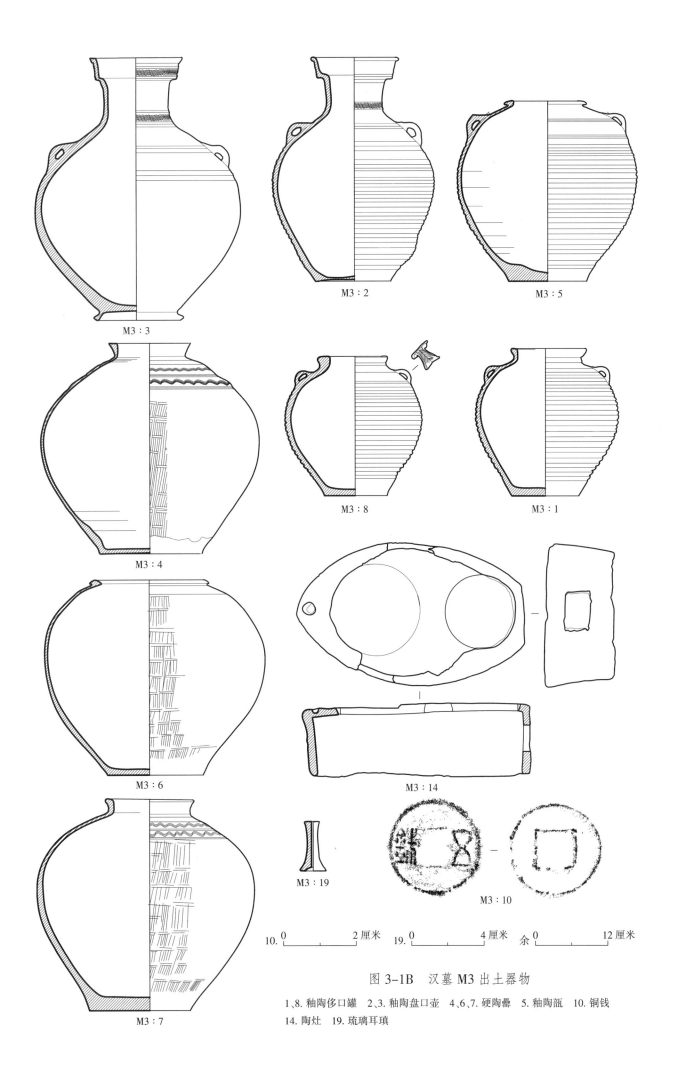

M3：3

M3：2

M3：5

M3：4

M3：8

M3：1

M3：6

M3：14

M3：7

M3：19

M3：10

10. 0   2 厘米   19. 0   4 厘米   余 0   12 厘米

图 3-1B   汉墓 M3 出土器物

1、8. 釉陶侈口罐   2、3. 釉陶盘口壶   4、6、7. 硬陶罍   5. 釉陶瓿   10. 铜钱
14. 陶灶   19. 琉璃耳瑱

铜盆　1 件。

M3：9，残碎。

铜镳斗　1 件。

M3：12，锈蚀严重。敞口，平折沿，弧腹，圜底，底附三扁平兽蹄足，直柄中空。

铜釜　1 件。

M3：15，锈蚀严重。直口，溜肩，球腹，小平底。

铜镜　2 件。

M3：17，八乳博局铭文镜。残碎，拼对后内区残缺较多，除镜面和镜背局部有绿锈侵入镜体外，其余均闪露青黑色金属光泽。镜面微弧。圆纽，圆纽座。内区座外一周弦纹，内有短线纹，外为方框，方框外有八个乳丁，方框外侧正中各伸出一个 T 形符号与 L 形符号相对，方框四角又与 V 形符号相对，三种符号将镜的内区分成四方八等分，鹿配玄武、蟾蜍配羽人和禽鸟纹各占一等分。外侧两周弦纹内为一周栉齿纹。外区由内向外分别饰锯齿纹、弦纹、复线波折纹、锯齿纹和弦纹带。直径 12、高 0.8 厘米（图 3 - 1C）。

M3：18，八乳博局铭文镜。保存基本完整，除局部有土沁外，其余均闪露青黑色金属光泽。镜面微弧。圆纽残，四叶柿蒂纹纽座。内区座外方框，方框外有八个乳丁，方框外侧正中各伸出一个 T 形符号与 L 形符号相对，方框四角又与 V 形符号相对，三种符号将镜的内区分成四方八等分，青龙、白虎、朱雀、玄武分列四方，L 纹的左侧各配一个禽鸟，鹿配白虎，羊配朱雀，仙树配青龙，青龙残缺严重。外侧两周弦纹内为一周环形铭文带，铭文为"尚方作竟真大巧，上有渴饮玉泉饥食□，□□□游四海兮"。铭文带外有一周栉齿纹。外区由内向外分别饰锯齿纹、弦纹、复线波折纹、锯齿纹和弦纹带。直径 16、残高 0.45 厘米（图 3 - 1D）。

铜钱　6 件（组）。均为五铢钱，大小形制相仿，粘连成串。分别是 M3：10、M3：11、M3：16、M3：20、M3：22 和 M3：24。

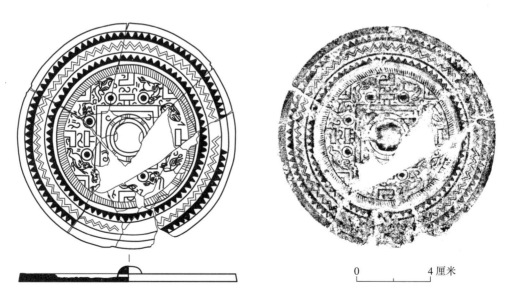

0　　　　　4 厘米

图 3 - 1C　汉墓 M3 出土铜镜（M3：17）

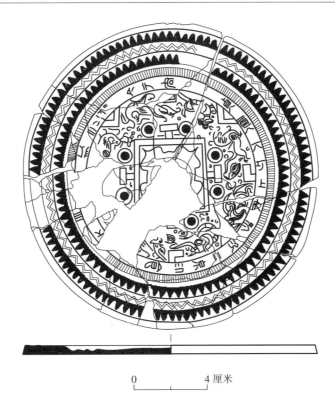

0　　　　4厘米

图 3 - 1D　汉墓 M3 出土铜镜（M3：18）

M3：10，正面穿外无郭，背面穿外有郭。正面穿外有篆文"五铢"二字，钱纹清晰。"五铢"二字略显矮胖，"五"字中间两笔呈弧曲形，上面一横或出头或不出头；"铢"字的金字头呈正三角形，朱字上下均为圆折。直径2.5、厚0.2厘米（图 3 - 1B）。

铁刀　1 件。

M3：21，锈蚀严重。长条形，头、柄均残，一边厚一边薄，截面呈三角形。残宽2.4厘米。

铁棺钉　1 枚。

M3：23，锈蚀严重。

琉璃耳瑱　1 件。

M3：19，喇叭形，中间有一圆孔贯穿上下。深蓝色。高2.6厘米（图 3 - 1B；彩版八，4）。

M4

M4 位于墓地东北部，长方形竖穴土坑墓，方向350°。墓葬上部被现代墓打破，墓口距离地表深约0.4米，墓坑开于生土上。墓壁竖直，修制规整，墓底较为平整。墓坑长2.8、宽1.5、深0.8米。墓内填土为黄褐色土。未见人骨、葬具痕迹（图 3 - 2A）。

随葬品集中分布于墓底西北部，略呈一字形排列，共 11 件（组），包括釉陶喇叭口壶、瓶、侈口罐，陶罐、泥球和铜钱。

釉陶喇叭口壶　1 件。

M4：1，喇叭口，圆唇，高颈，溜肩，鼓腹，平底，圈足，肩部饰对称半环形耳一对。颈部饰弦纹和水波纹，肩部饰两周弦纹，耳部饰叶脉纹。灰褐色胎。口内及上部施青釉，脱釉严重。口径14.9、

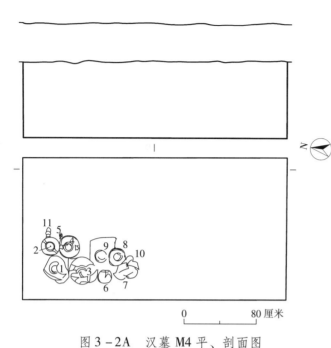

图 3 – 2A　汉墓 M4 平、剖面图

1. 釉陶喇叭口壶　2、3、7. 釉陶侈口罐　4. 釉陶瓿
5. 铜钱　6、8~10. 陶罐　11. 泥球

腹径 28、足径 13.8、高 33.1 厘米（图 3 – 2B；彩版一〇，2）。

釉陶瓿　1 件。

M4:4，敛口，方唇，斜肩，鼓腹，下腹斜收，大平底，肩部贴饰对称铺首耳一对，耳上翘。肩部饰一道弦纹，耳部饰兽面纹，下腹近底处有一周戳印痕，下腹有旋痕。灰色胎。内底及上部施青釉，釉面玻化好，较光滑。口径 10.3、腹径 24.6、底径 16.4、高 19 厘米（图 3 – 2B；彩版一〇，3）。

釉陶侈口罐　3 件。其中，M4:3，残碎。侈口，圆唇，溜肩，鼓腹，平底，肩部贴饰对称半环耳一对。肩部饰一周弦纹，腹部满饰粗旋纹，耳部饰叶脉纹。上部施青釉，釉层脱落殆尽。

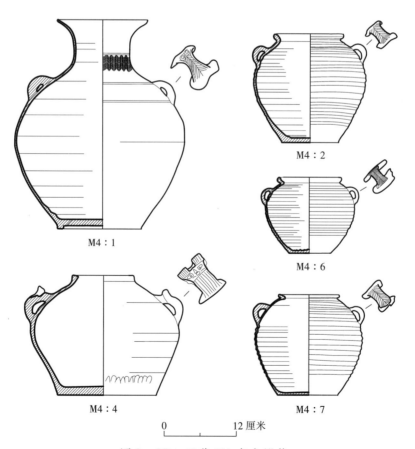

图 3 – 2B　汉墓 M4 出土器物

1. 釉陶喇叭口壶　2、7. 釉陶侈口罐　4. 釉陶瓿　6. 陶罐

M4：2，红色胎。口径 11.3、腹径 18、底径 9.2、高 17.2 厘米（图 3 - 2B；彩版一一，1）。

M4：7，青灰色胎。口径 9.9、腹径 17.5、底径 9.8、高 15.9 厘米（图 3 - 2B；彩版一一，2）。

陶罐　4 件。

M4：6，侈口，圆唇，溜肩，鼓腹，平底，肩部贴饰对称半环耳一对。腹部满饰粗旋纹，耳部饰叶脉纹。泥质红陶。口径 10.4、腹径 14.4、底径 6.7、高 12 厘米（图 3 - 2B；彩版一一，3）。

M4：8~10，均为泥质灰陶。残碎，无法起取。

泥球　1 件。

M4：11，馒首状。泥质灰陶，表面现红色。直径 4、高 2 厘米（彩版一一，4）。

铜钱　1 件（组）。

M4：5，锈残。

M5

M5 位于墓地东北部，长方形竖穴土坑墓，方向 330°。墓口距离地表深约 0.5 米，墓坑开于生土上。墓壁竖直，修制规整，墓壁为黄色土，墓底铺垫一层小石子。墓坑长 3.65、宽 2.06、深 1 米。墓内填土为黄褐色土。墓底发现一些红色漆皮痕迹，未见人骨痕迹（图 3 - 3A）。

随葬品集中分布于墓底东部，略呈一字形排列，共 13 件（组），包括釉陶壶、瓿式罐、侈口罐，硬陶罍，印纹硬陶罐，铜镜、钱和铁釜。

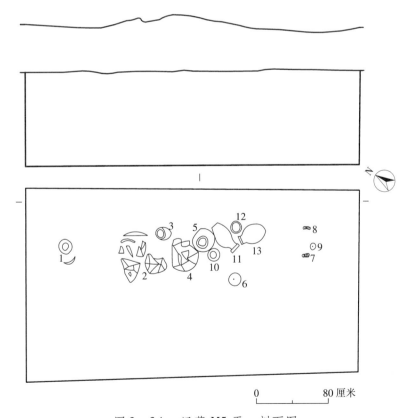

图 3 - 3A　汉墓 M5 平、剖面图

1. 铁釜　2. 硬陶罍　3、4、10、12. 釉陶侈口罐　5. 釉陶瓿式罐　6. 铜镜　7、8. 铜钱　9. 印纹硬陶罐　11、13. 釉陶壶

釉陶壶　2件。高直颈，溜肩，鼓腹，平底，肩部贴饰对称半环耳一对。颈部饰弦纹，腹部满饰旋纹，耳部饰叶脉纹。红色胎。上部施青釉，釉层脱落殆尽。

盘口　1件。

M5：11，圆唇。口下部饰弦纹。口径12.8、腹径21.6、底径10.2、高29.7厘米（图3－3B；彩版一二，1）。

口残　1件。

M5：13，腹径22.3、底径10.1、残高25.8厘米（图3－3B；彩版一二，2）。

釉陶瓿式罐　1件。

M5：5，敛口，平沿，溜肩，鼓腹，平底，肩部贴饰对称半环耳一对。肩部饰三周粗弦纹，腹部饰旋纹，耳部饰叶脉纹。红色胎。上部施青釉，釉层脱落。口径14、腹径25、底径11.4、高22.8厘米（图3－3B；彩版一三，1）。

釉陶侈口罐　4件。侈口，圆唇，溜肩，鼓腹。腹部饰旋纹。红色胎。上部施青釉，釉层脱落。

M5：3，耳缺失，底微内凹。口径10.6、腹径15.4、底径8.3、高12.4厘米（图3－3B；彩版一三，2）。

M5：10，平底，肩部贴饰对称半环耳一对。口径11.8、腹径16、底径8.1、高11.6厘米（图3－3B；彩版一三，3）。

M5：12，平底，肩部贴饰对称半环耳一对。口径10.9、腹径14.2、底径8、高11.6厘米（图3－3B；彩版一三，4）。

M5：4，残碎，无法修复。

硬陶罍　1件。

M5：2，敛口，外折沿，溜肩，鼓腹，平底。腹部满饰拍印席纹。灰褐色胎。口径20.6、腹径35.2、底径15.9、高31.5厘米（图3－3B；彩版一二，3）。

印纹硬陶罐　1件。

M5：9，敛口，尖唇，垂鼓腹，平底，底附两个泥点状足。腹部满饰拍印方格纹。红褐色胎。口径4.7、底径4、高4.7厘米（图3－3B；彩版一三，5）。

铜镜　1件。

M5：6，八乳博局铭文镜。残，拼对后局部残缺，正面局部和背面大部分绿锈侵入镜体，局部闪露青黑色金属光泽。镜面弧凸。圆钮，四叶柿蒂纹钮座。内区座外方框，方框外有八个乳丁，方框外侧正中各伸出一个T形符号与L形符号相对，方框四角又与V形符号相对，三种符号将镜的内区分成四方八等分，四组相对的鸟纹各占一等分。外侧两周弦纹内为一周环形铭文带，铭文为"尚□作竟真大巧，上有仙人不知老，渴饮玉泉饥枣"。铭文带外有一周栉齿纹。外区由内向外分别饰锯齿纹、弦纹、复线波折纹、弦纹和锯齿纹。直径13.6、高0.8厘米（图3－3B；彩版一二，4）。

铜钱　2件（组）。均为五铢钱，大小形制类似。分别是M5：7和M5：8。

M5：7，锈蚀残损严重，粘连成串。正面穿外无郭，背面穿外有郭。正面穿外有篆文"五铢"二字，钱纹清晰。"五铢"二字略显矮胖，"五"字中间两笔呈弧曲形，两横不出头；"铢"字的金字头呈正三角形，朱字上部为方折，下部为圆折。直径2.5、厚0.2厘米（图3－3B）。

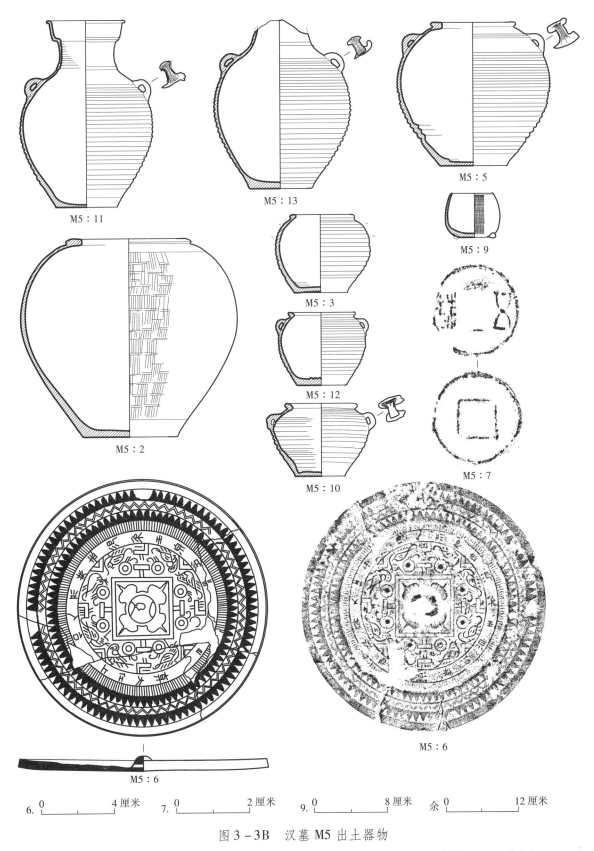

图 3-3B 汉墓 M5 出土器物

2. 硬陶罍 3、10、12. 釉陶侈口罐 5. 釉陶瓿式罐 6. 铜镜 7. 铜钱 9. 印纹硬陶罐 11、13. 釉陶壶

铁釜　1件。

M5：1，锈残。

M7

M7 为长方形竖穴土坑墓，方向 102°①。墓葬保存完整，墓口距离地表深约 0.7 米，墓坑开于生土上。墓壁竖直，修制规整，四壁用白泥粉饰，墓底凹凸不平。墓坑长 3.5、宽 1.36、深 0.5 米。墓内填土上部为厚约 0.05 米的鹅卵石和沙土，下部为黄褐色土。未见人骨、葬具痕迹（图 3 - 4A）。

随葬品集中分布于墓底东端，分布密集，共 20 件（组），包括釉陶喇叭口壶、瓿、罐、麟趾金，铜钱和玉器。

釉陶喇叭口壶　3件。喇叭口，圆唇，高颈，溜肩，鼓腹，肩部贴饰对称半环耳一对。颈下部饰弦纹和一组水波纹，肩部饰数周弦纹，耳部饰叶脉纹。灰色胎。上部施青釉，脱釉严重。

M7：13，矮圈足。耳上部贴饰云纹。口径 14.2、腹径 23.6、底径 14.4、高 33.9 厘米（图 3 - 4B；彩版一四，1）。

M7：14，平底。耳上部贴饰云纹。口径 14.3、腹径 24.4、底径 15、高 33.1 厘米（图 3 - 4B；彩版一四，2）。

M7：15，底略内凹。口径 9.4、腹径 16.2、底径 9.8、高 19.2 厘米（图 3 - 4B；彩版一四，3）。

釉陶瓿　3件。大小形制类似。敛口，斜沿外折，溜肩，鼓腹，平底，肩部饰对称铺首耳一对。肩部饰三周粗弦纹，耳部饰兽面纹，耳上部贴饰云纹。灰色胎。上部施青釉，釉层脱落殆尽。

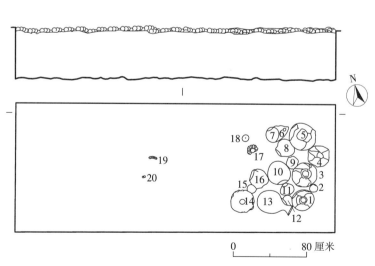

图 3 - 4A　汉墓 M7 平、剖面图

1、5、10. 釉陶瓿　2～4、6～9、11、12、16. 釉陶罐　13～15. 釉陶喇叭口壶　17、19. 铜钱　18. 釉陶麟趾金　20. 玉器

① 墓葬平面分布示意图（参见图 1 - 2）上未标示 M7。

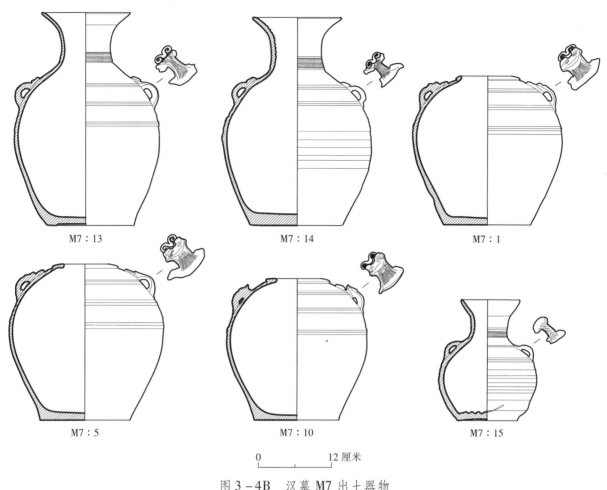

M7：13　　　　　　　　M7：14　　　　　　　　M7：1

M7：5　　　　　　　　M7：10　　　　　　　　M7：15

0　　　　　　　12 厘米

图 3 - 4B　汉墓 M7 出土器物

1、5、10. 釉陶瓿　13～15. 釉陶喇叭口壶

M7：1，口径 10.8、腹径 24.5、底径 15、高 23.7 厘米（图 3 - 4B；彩版一六，1）。

M7：5，口径 10.8、腹径 25.3、底径 15.3、高 24.8 厘米（图 3 - 4B；彩版一五，1）。

M7：10，口径 10.7、腹径 22.9、底径 14.2、高 22.5 厘米（图 3 - 4B；彩版一五，2）。

釉陶罐　10 件。

侈口　3 件。圆唇，溜肩，鼓腹，平底，肩部饰对称半环耳一对。腹部饰旋纹。灰色胎。

M7：4，肩部饰两周粗弦纹和一组水波纹，耳部饰叶脉纹，耳上部饰横向 S 形纹。器身上部施青釉，肩部施青黄色釉，釉面光滑有光泽。口径 11.8、腹径 20.3、底径 11.2、高 17.9 厘米（图 3 - 4C；彩版一六，2）。

M7：7，双耳残缺。肩部饰弦纹。口径 10.7、腹径 16、底径 9.4、高 12.4 厘米（图 3 - 4C；彩版一六，3）。

M7：9，肩部饰弦纹，耳部饰叶脉纹。脱釉严重。口径 11.8、腹径 20.7、底径 11.2、高 18.6 厘米（图 3 - 4C；彩版一六，4）。

母口　7 件。圆唇，溜肩，鼓腹，平底，肩部贴饰对称半环耳一对。腹部饰旋纹，耳部饰叶脉纹。上部施青釉。

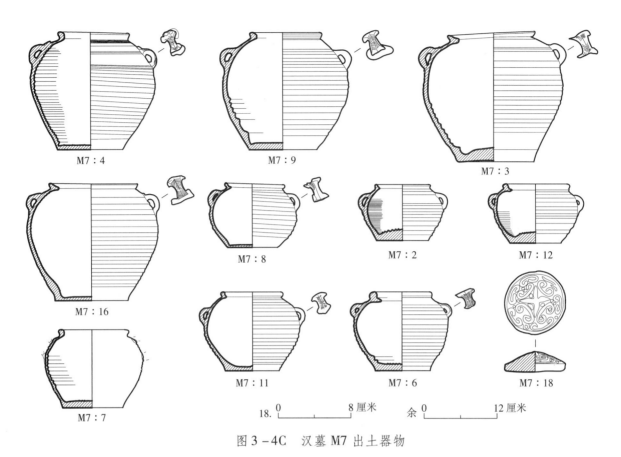

图 3 - 4C　　汉墓 M7 出土器物

2~4、6~9、11、12、16. 釉陶罐　　18. 釉陶麟趾金

　　M7:2，灰色胎，胎体起泡。釉面光滑有光泽。口径 9.1、腹径 13、底径 8.5、高 8.9 厘米（图 3 - 4C，彩版一六，5）。

　　M7:3，底略内凹。肩部饰弦纹。灰色胎。釉层脱落殆尽。口径 14.1、腹径 22.8、底径 12.2、高 20.7 厘米（图 3 - 4C；彩版一七，1）。

　　M7:6，灰色胎。釉层脱落殆尽。口径 10.4、腹径 15.4、底径 9.4、高 12.5 厘米（图 3 - 4C；彩版一七，2）。

　　M7:8，红色胎。釉层脱落殆尽。口径 10.1、腹径 14.6、底径 8.1、高 10.1 厘米（图 3 - 4C；彩版一七，3）。

　　M7:11，红色胎。釉层脱落殆尽。口径 10.3、腹径 15.9、底径 8.7、高 12.5 厘米（图 3 - 4C；彩版一七，5）。

　　M7:12，灰色胎。釉面光滑有光泽，局部脱釉。口径 11.1、腹径 13.6、底径 8.3、高 9.4 厘米（图 3 - 4C；彩版一七，6）。

　　M7:16，肩部饰弦纹。灰色胎。釉层脱落殆尽。口径 14.4、腹径 21.5、底径 12.1、高 18.5 厘米（图 3 - 4C；彩版一七，4）。

　　釉陶麟趾金　1 件。

　　M7:18，馒头形。正面饰云纹。直径 6.6、高 2.1 厘米（图 3 - 4C；彩版一四，4）。

铜钱　2组。均为五铢钱，大小形制类似，粘连锈蚀严重。分别是 M7:17 和 M7:19。

M7:19，锈蚀严重，粘连成串。正面穿外无郭，背面穿外有郭。正面穿外有篆文"五铢"二字，钱纹模糊，隐约可辨。无完整者，直径不明，厚 0.15 厘米。

玉器　1件。

M7:20，未见。

M8

M8 位于墓地中部，长方形竖穴土坑墓，方向0°。墓葬保存较完整，墓口距离地表深约0.4米，墓坑开于生土上。墓壁竖直，修制规整，墓底较为平整。墓坑长3.4、宽1.86、深0.88米。墓内填土顶部为厚约0.1米的小石子，其下为灰褐色土。墓底南部发现一个长方形坑，长1.2、宽0.7、深0.1米，坑内未见器物，仅见一小片红色漆痕。未见人骨、葬具痕迹（图3-5A）。

随葬品位于墓底东部，略呈一字形排列，共16件（组），包括釉陶鼎、盒、喇叭口壶、罐，硬陶罍，铜镜，铁刀，石黛板和料珠。

釉陶鼎　1件。

M8:1，覆钵形盖，盖顶近平，顶部饰弦纹。器身子口微敛，深弧腹，平底，底附三个蹄足，足面饰简化兽面纹。对称长方形立耳一对，耳中间有长方形孔，耳部饰斜线纹。红褐色胎。口径17.9、底径12、通高11.7厘米（图3-5B；彩版一八，1）。

釉陶盒　1件。

M8:2，覆钵形盖，盖顶近平，顶部饰弦纹。器身子口微敛，斜直腹，平底。红褐色胎。口径

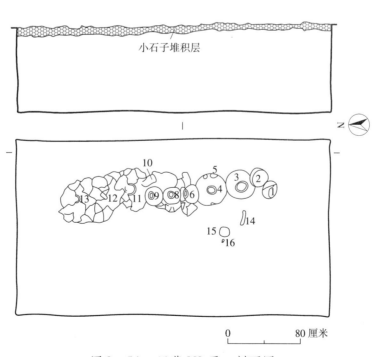

图 3 -5A　汉墓 M8 平、剖面图

1. 釉陶鼎　2. 釉陶盒　3. 釉陶喇叭口壶　4、11、13. 硬陶罍　5. 石黛板　6~10、12. 釉陶罐　14. 铁刀　15. 铜镜　16. 料珠

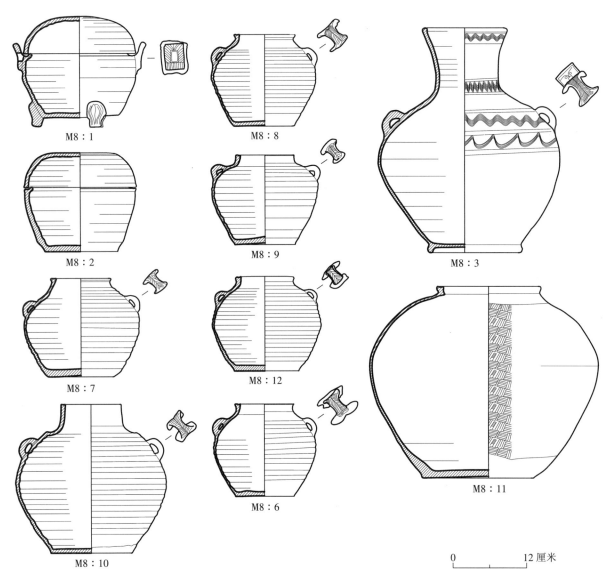

M8：1
M8：2
M8：7
M8：10
M8：8
M8：9
M8：12
M8：6
M8：3
M8：11

0　　　　　　　　12厘米

图 3 – 5B　汉墓 M8 出土器物

1. 釉陶鼎　2. 釉陶盒　3. 釉陶喇叭口壶　11. 硬陶罍　6~10、12. 釉陶罐

18.2、底径 11.8、通高 10.2 厘米（图 3 – 5B；彩版一八，2）。

釉陶喇叭口壶　1 件。

M8：3，喇叭口，高束颈，溜肩，鼓腹，矮圈足外撇，肩部饰对称半环耳一对。口部饰一组弦纹和一组水波纹，颈下部饰两组弦纹和一组水波纹，肩部饰三组粗弦纹和两组水波纹，耳部饰叶脉纹，腹部上有旋纹痕。灰色胎。口径 13.8、腹径 29.5、足径 15.3、高 35.7 厘米（图 3 – 5B；彩版一八，3）。

釉陶罐　6 件。

敛口　5 件。大小相仿，形制类似。敛口，弧肩，鼓腹，平底微内凹，肩部饰对称半环耳一对。肩及腹部满饰旋纹，耳部饰叶脉纹。红褐色胎。

M8：6，口径 9.7、腹径 16.9、底径 9.7、高 14.6 厘米（图 3 – 5B；彩版一九，1）。

M8：7，口径9.8、腹径18.8、底径10.8、高15.7厘米（图3－5B；彩版一九，2）。

M8：8，口径10、腹径17.2、底径10.1、高14.5厘米（图3－5B；彩版一九，3）。

M8：9，口径9.6、腹径17.5、底径10、高14.2厘米（图3－5B；彩版一九，4）。

M8：12，口径9.8、腹径18、底径10.6、高15厘米（图3－5B；彩版二〇，1）。

直口　1件。

M8：10，直口，平沿，溜肩，鼓腹，平底。肩部有一道折棱，饰对称半环耳一对。肩及腹部满饰旋纹，耳部饰叶脉纹。红褐色胎。口径9.8、腹径24.6、底径13.4、高23.6厘米（图3－5B；彩版二〇，2）。

硬陶罍　3件。

M8：11，直口，方唇，弧肩，圆鼓腹，平底微内凹。肩部饰一周弦纹，腹部满饰拍印席纹。红褐色胎。口径16.9、腹径37.3、底径18.2、高30.4厘米（图3－5B；彩版二〇，3）。

M8：4、13，未见。

铜镜　1件。

M8：15，残碎。

铁刀　1件。

M8：14，锈蚀严重。

石黛板　1件。

M8：5，未见。

料珠　1组。

M8：16，一串。均为圆柱形，中间穿孔。紫褐色者共9颗，较大，直径0.7厘米。蓝色者共2颗，较大，直径0.7厘米。绿色者共15颗，较小，直径0.5厘米（彩版二〇，4）。

M9

M9位于墓地中部偏西，长方形竖穴土坑墓，方向90°。墓葬保存较完整，墓口距离地表深约0.4米，墓坑开于生土上。墓壁竖直，修制规整，墓底用小石子铺砌。墓坑长3.7、宽2.4、深1.4米。墓内填土为黄褐色，距离墓底0.9米处墓壁四周用小石子夯实。未见人骨、葬具痕迹（图3－6A）。

随葬品位于墓底北部，呈一字形排列，共23件（组），包括釉陶鼎、盒、壶、瓿、直口罐，硬陶罍，铜镜、钱和料珠。

釉陶鼎　2件。覆钵形盖。器身子口，曲腹较深，长方形立耳一对，耳上端微外侈，耳中有长方形孔，大平底。红褐色胎。器盖施青釉，脱釉严重。

M9：4，腹部饰一周弦纹，耳部饰竖线纹。口径19.6、底径11.3、通高17.2厘米（图3－6B；彩版二一，1）。

M9：5，盖饰三周弦纹，耳部饰兽面纹。口径18.2、底径10.7、通高17.7厘米（图3－6B；彩版二一，2）。

釉陶盒　2件。覆钵形盖。器身敛口，弧腹，平底。内壁饰旋纹。盖顶施釉，脱釉。

M9：6，盖顶略平。青灰色胎。口径19.4、底径11.7、通高18.2厘米（图3－6B；彩版二一，3）。

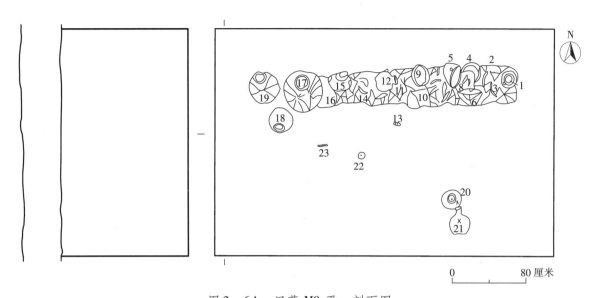

图 3 - 6A　汉墓 M9 平、剖面图

1、3、11. 釉陶直口罐　2、8、14. 釉陶瓿　4、5. 釉陶鼎　6、9. 釉陶盒　7、10. 硬陶罍

12、15～21. 釉陶壶　13. 铜钱　22. 铜镜　23. 料珠

M9：9，红色胎。口径 18.6、底径 12、通高 17.8 厘米（图 3 - 6B；彩版二一，4）。

釉陶壶　8 件。平沿，高束颈，溜肩，鼓腹，圈足，肩部贴饰对称半环形耳。灰胎。上部施青釉。

喇叭口　3 件。

M9：12，口沿下部、颈下部及肩部饰水波纹和弦纹，耳部饰叶脉纹。口径 10.5、腹径 22.5、足径 10.8、高 28.9 厘米（图 3 - 6B；彩版二二，1）。

M9：19，口沿下部饰一组水波纹和弦纹，肩部饰两组羽鸟纹和戳印点纹，环耳上饰兽面纹，下饰衔环。脱釉严重。口径 15、腹径 38.1、足径 18.4、高 47.5 厘米（图 3 - 6B；彩版二二，2）。

M9：21，口沿下部饰一组水波纹和弦纹，肩部饰一组水波纹，下腹部饰弦纹。脱釉严重。口径 10.7、腹径 21.6、足径 12、高 28.6 厘米（图 3 - 6B；彩版二四，1）。

盘口　5 件。微现盘口。

M9：15，口沿下部、颈下部及肩部饰水波纹和弦纹，耳部上端贴饰羊角形卷云纹，下端饰衔环。口径 10.3、腹径 21.7、足径 13.2、高 28.4 厘米（图 3 - 6B；彩版二四，2）。

M9：16，口沿下部饰一组水波纹和弦纹，下腹部饰弦纹。脱釉严重。耳上端饰方形兽面纹，下端饰衔环。口径 12.2、腹径 27.4、足径 13.6、高 35.5 厘米（图 3 - 6B；彩版二三，1）。

M9：17，口沿下部饰一组水波纹和弦纹，环耳上端饰卷云纹，下端饰衔环。釉层明显，釉面光滑有光泽。口径 15、腹径 37.1、足径 18、高 46 厘米（图 3 - 6B；彩版二三，2）。

M9：18，腹部饰旋纹。脱釉严重。口径 11.8、腹径 26.4、足径 13.2、高 34.6 厘米（图 3 - 6B；彩版二三，3）。

M9：20，口沿下部饰一组水波纹和弦纹，颈部饰弦纹，肩部饰两组水波纹，腹部饰旋纹。脱釉严重。口径 11.2、腹径 24.8、足径 13.9、高 32.6 厘米（图 3 - 6B；彩版二四，3）。

M9：4

M9：5

M9：6

M9：16

M9：18

M9：20

M9：12

M9：15

M9：21

M9：17

M9：9

M9：19

0   12厘米

图 3－6B 汉墓 M9 出土器物

4、5. 釉陶鼎   6、9. 釉陶盒   12、15～21. 釉陶壶

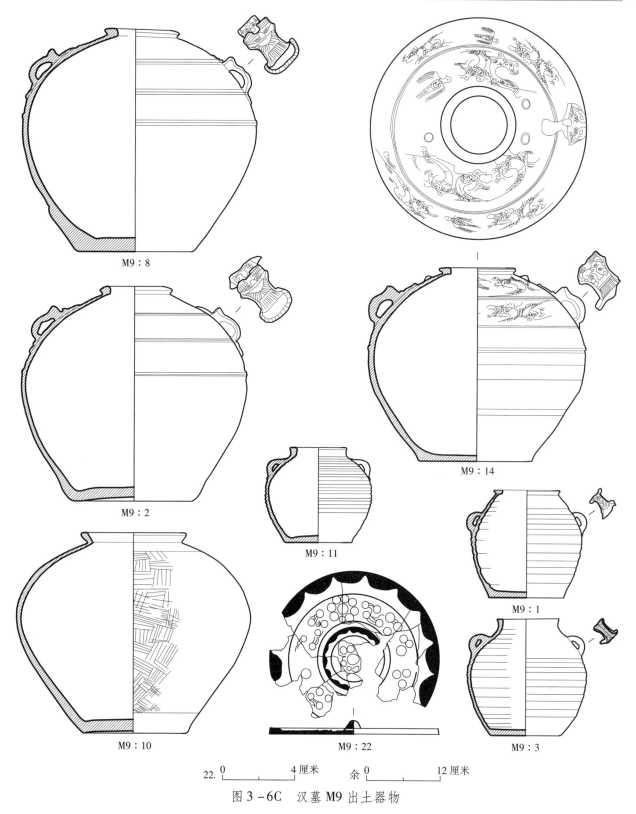

M9：8

M9：2

M9：11

M9：14

M9：10

M9：22

M9：1

M9：3

22. 0 _____ 4厘米　　余 0 _____ 12厘米

图 3－6C　汉墓 M9 出土器物

1、3、11. 釉陶直口罐　2、8、14. 釉陶瓿　10. 硬陶罍　22. 铜镜

　　釉陶瓿　3件。敛口，弧肩，鼓腹，肩部贴塑对称铺首耳一对。肩部及上腹部饰三组凸弦纹，耳部饰兽面纹，耳部上端饰方形兽面纹，下端饰衔环。灰色胎。施青釉，有脱釉现象。

　　M9：2，斜沿，平底内凹。口径 12、腹径 36.6、底径 19.2、高 34.1 厘米（图 3－6C；彩版二五，1）。

M9：8，平沿，平底。口径 12.1、腹径 38.4、底径 18.6、高 35.4 厘米（图 3 –6C；彩版二五，2）。

M9：14，底残。肩部饰两组羽鸟纹和戳印点纹。口径 12.7、腹径 35.6、底径 18.6、高 30.7 厘米（图 3 –6C；彩版二五，3）。

釉陶直口罐　3 件。平沿，溜肩，平底，肩部贴塑半环耳一对。腹部满饰旋纹，耳部饰叶脉纹。红色胎。

M9：1，深弧腹。口径 10.9、腹径 17.5、底径 12.1、高 17.1 厘米（图 3 –6C；彩版二六，1）。

M9：3，鼓腹。口径 9.9、腹径 19.5、底径 12、高 18.5 厘米（图 3 –6C；彩版二六，2）。

M9：11，口微敛，鼓腹。口径 10.9、腹径 18、底径 10.8、高 15.1 厘米（图 3 –6C；彩版二六，3）。

硬陶罍　2 件。

M9：7，残，未修复。

M9：10，侈口，圆唇，弧肩，鼓腹，下腹弧收，平底浅凹。腹部饰拍印席纹。口径 17.3、腹径 38.3、底径 16.2、高 31.8 厘米（图 3 –6C；彩版二六，4）。

铜镜　1 件。

M9：22，星云纹镜。圆形。残碎，拼对后局部残缺，正面局部和背面局部有绿锈侵入镜体，其余均闪露青黑色金属光泽。镜面微弧。博山组，圆组座。座外饰弦纹，弦纹外为内向十六连弧纹，外侧两周弦纹夹星云纹带，四枚并蒂连珠座的大乳丁将纹带分成四区，每区各有七枚小乳丁，乳丁间以细线连接。镜缘饰内向十六连弧纹。直径 9.3、高 0.7 厘米（图 3 –6C；彩版二七，1）。

铜钱　1 组。

M9：13，均为五铢钱。大小形制相仿，粘连成串。正面穿外无郭，背面穿外有郭。正面穿外有篆文"五铢"二字，钱纹模糊。直径 2.5、厚 0.2 厘米。

料珠　1 组。

M9：23，6 颗。白色，算珠状。直径 2.1、高 2.2 厘米（彩版二六，5）。

M10

M10 位于墓地中部偏西，长方形竖穴土坑墓，方向 288°。墓葬保存较完整，墓口距离地表深约 0.45 米，墓坑开于生土上。墓壁竖直，修制规整。墓坑长 3.1、宽 2.4、深 0.8 米。墓内填土为黄褐色，四边呈黄色。未见人骨、葬具痕迹（图 3 –7A）。

随葬品位于墓底北部，共 13 件，包括釉陶壶、瓿、罐，硬陶罍，陶盂、釜、灶。

釉陶壶　3 件。圆唇，高束直颈，溜肩，鼓腹，平底，肩部贴饰对称半环耳一对。腹部满饰旋纹，耳部饰叶脉纹。

喇叭口　1 件。

M10：7，口沿内饰一周弦纹，颈部饰一组水波纹，肩部饰三组细弦纹。红色胎。脱釉严重。口径 15、腹径 24.3、底径 13.3、高 33.1 厘米（图 3 –7B）。

盘口　1 件。

M10：9，口微侈。黄褐色胎。仅肩部一周施有青黄色釉，有脱釉现象。口径 8.5、腹径 15.3、底径 9.3、高 20.8 厘米（图 3 –7B；彩版二七，4）。

图 3 – 7A　汉墓 M10 平、剖面图

1~3、10、12. 釉陶罐　4. 硬陶罍　5. 釉陶瓿　6、7、9. 釉陶壶　8. 陶釜　11. 陶盂　13. 陶灶

口部残　1 件。

M10：6，下腹斜收。颈部饰一组水波纹，肩部饰三组细弦纹，耳部饰叶脉纹，上端贴饰横向 S 形纹。灰色胎。脱釉严重。腹径 22.8、底径 13.4、残高 30.1 厘米（图 3 – 7B；彩版二七，3）。

釉陶瓿　1 件。

M10：5，敛口，宽沿外斜，弧肩，鼓腹，下腹弧收，平底，肩部贴饰对称铺首耳一对。肩部饰三组弦纹，腹部满饰旋纹，耳部饰兽面纹，其上贴饰横向 S 形纹。红褐色胎。脱釉严重。口径 9.9、腹径 24.6、底径 12.5、高 25.4 厘米（图 3 – 7B；彩版二八，1）。

釉陶罐　5 件。其中，M10：2、12，未见。宽沿内斜，弧肩，鼓腹，下腹弧收，平底，肩部贴饰对称半环耳一对。腹部满饰旋纹，耳部饰叶脉纹。红色胎。

M10：1，侈口，尖唇。口径 14、腹径 20.7、底径 11.7、高 17.2 厘米（图 3 – 7B；彩版二八，3）。

M10：3，侈口，圆唇。口径 9、腹径 12、底径 7.5、高 8.8 厘米（图 3 – 7B；彩版二八，4）。

M10：10，子母口，尖唇。口径 7.9、腹径 12、底径 6.5、高 8.8 厘米（图 3 – 7B；彩版二八，5）。

硬陶罍　1 件。

M10：4，敛口，宽平沿，尖唇，弧肩，鼓腹，下腹弧收，平底。器身满饰拍印席纹。红褐色胎。口径 20、腹径 33.7、底径 16.3、高 28.1 厘米（图 3 – 7B；彩版二八，2）。

陶盂　1 件。

M10：11，敛口，内斜沿，尖唇，斜肩，折腹，平底浅内凹。口径 7.3、腹径 10.1、底径 6.1、

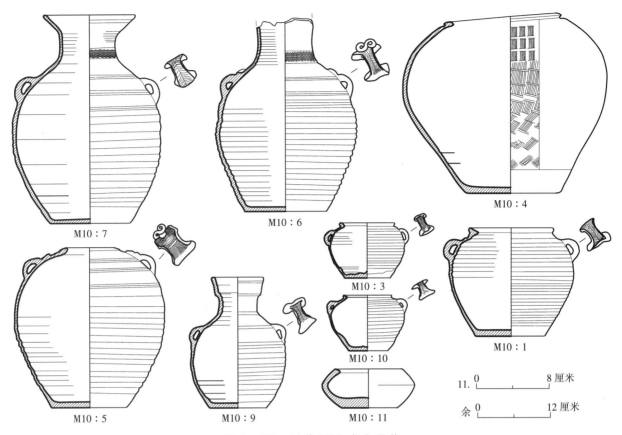

图 3 - 7B　汉墓 M10 出土器物

1、3、10. 釉陶罐　4. 硬陶罍　5. 釉陶瓿　6、7、9. 釉陶壶　11. 陶盂

高 4.1 厘米（图 3 - 7B；彩版二七，2）。

陶釜　1 件。

M10∶8，残碎。

陶灶　1 件。

M10∶13，残碎。

M11

M11 位于墓地中部偏西，长方形竖穴土坑墓，方向 348°。墓葬于早年遭到破坏，墓口未发现，墓坑开于生土中。墓壁竖直，修制规整，墓底用小块砂岩铺垫。墓坑长 2.75、宽 1.5、残深 0.45 米。墓内填土为黄色。未见人骨、葬具痕迹（图 3 - 8A）。

随葬品位于墓底东壁一带，呈一字形排列，共 6 件，包括釉陶壶、瓿、敛口罐和原始瓷碗。

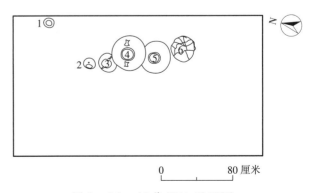

图 3 - 8A　汉墓 M11 平面图

1. 原始瓷碗　2、3. 釉陶敛口罐　4、5. 釉陶瓿　6. 釉陶壶

釉陶壶　1件。

M11:6，口残，溜肩，鼓腹，下腹弧收，平底，肩部贴饰对称半环耳一对。腹部饰旋纹，耳部饰叶脉纹。红色胎。脱釉。残高25.4、腹径26.9、底径15.2厘米（图3-8B；彩版二九，3）。

釉陶瓿　2件。溜肩，鼓腹，下腹弧收，平底，肩部贴饰对称铺首耳一对。腹部饰旋纹，耳部饰兽面纹。红色胎。脱釉。

M11:4，直口，宽沿外斜。肩部饰两组弦纹。口径11.1、腹径31.1、底径17.3、高30.7厘米（图3-8B；彩版二九，1）。

M11:5，敛口，宽平沿。口径10.8、腹径28.0、底径15.0、高26.0厘米（图3-8B；彩版二九，2）。

釉陶敛口罐　2件。形制相似。敛口，溜肩，鼓腹，平底，肩部贴饰对称半环耳一对。腹部满饰旋纹，耳部饰叶脉纹。

M11:2，红褐色胎。有脱釉现象。口径8.3、腹径13.8、底径8.1、高10.2厘米（图3-8B；彩版三○，2）。

M11:3，下腹斜收，底残。红色胎。脱釉。口径10.5、腹径20.4、底径10.8、高17.0厘米（图3-8B；彩版三○，1）。

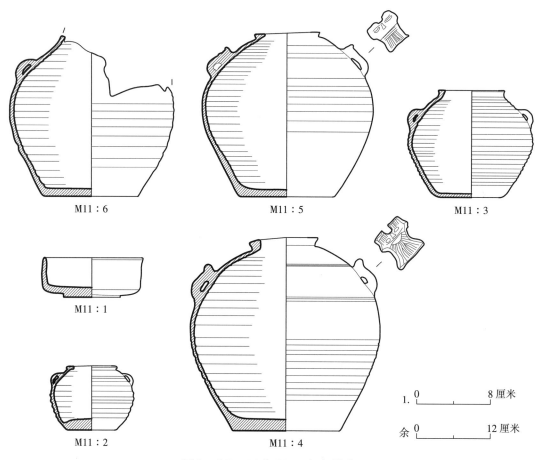

图3-8B　汉墓M11出土器物

1.原始瓷碗　2、3.釉陶敛口罐　4、5.釉陶瓿　6.釉陶壶

原始瓷碗　1件。

M11：1，直口，尖唇，直腹，平底，圆饼足。原始瓷，胎色偏黄。口径10.7、底径6.2、高4.2厘米（图3-8B；彩版三〇，3）。

M12

M12位于墓地中部，长方形竖穴土坑墓，方向270°。墓葬保存不完整，墓口残，墓坑开于砂石层中。墓壁竖直，修制规整，墓底有木炭铺垫。墓坑长3.30、宽1.86、残深1.4米。墓内填土为五花土，内有石子。未见人骨、葬具痕迹（图3-9A）。

随葬品位于墓底北侧，呈一字形排列，共12件，包括釉陶喇叭口壶、瓿、罐，陶灶和铁刀、钉。

釉陶喇叭口壶　4件。喇叭口，尖唇，粗束颈，溜肩，鼓腹，矮圈足，肩部贴饰对称半环耳一对。口下部饰一组水波纹，颈下部饰两周弦纹和一组水波纹。肩部和上腹部饰三组凸弦纹、两组云气纹和戳印点纹，腹部饰旋纹，耳部饰叶脉纹。灰褐色胎。褐釉，脱釉严重。

M12：2，耳上部贴饰横向S形纹。口径14.4、腹径25.9、底径14.6、高33.6厘米（图3-9B；彩版三一，1）。

M12：6，平沿，尖唇。耳上部贴饰云纹。口径14.8、腹径25.9、底径13.9、高33.6厘米（图3-9B；彩版三一，2）。

M12：9，平沿，尖唇，下腹弧收。耳上部贴饰云纹，下部饰圆环，圆环上饰压印纹。口径16.8、腹径35.2、底径17.2、高42厘米（图3-9B；彩版三二，1）。

M12：10，平沿，下腹弧收。耳上部贴饰云纹，下部饰圆环，圆环上饰压印纹。口径16.8、腹径35.2、底径17.2、高42厘米（图3-9B；彩版三二，2）。

釉陶瓿　2件。敛口，宽沿外斜，尖唇，溜肩，鼓腹，平底，肩部贴饰对称铺首耳一对。肩部和上腹部饰三组凸弦纹、两组云气纹和戳印点纹，腹部饰旋纹，耳部饰兽面纹，耳上部贴饰羊角状卷云纹。灰褐色胎。腹部施青釉，脱釉严重。

M12：7，口径12.2、腹径34.5、底径16.7、高30.9厘米（图3-9C；彩版三三，1）。

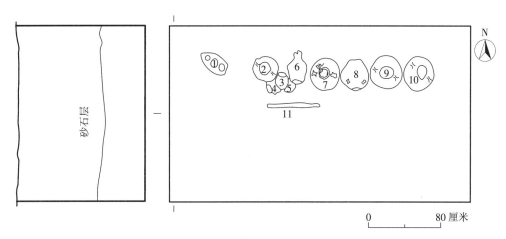

图3-9A　汉墓M12平、剖面图

1. 陶灶　2、6、9、10. 釉陶喇叭口壶　3~5. 釉陶罐　7、8. 釉陶瓿　11. 铁刀

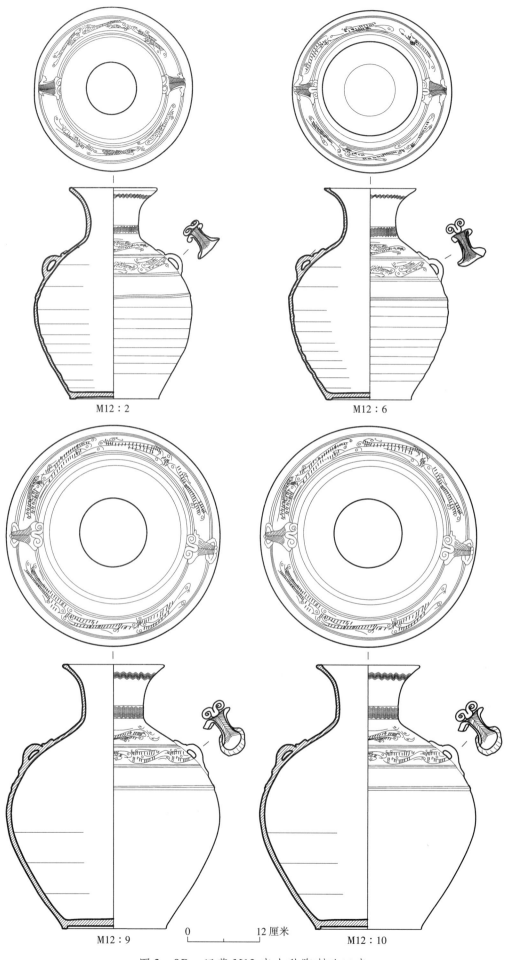

M12：2   M12：6

M12：9 0   12厘米 M12：10

图3-9B 汉墓M12出土釉陶喇叭口壶

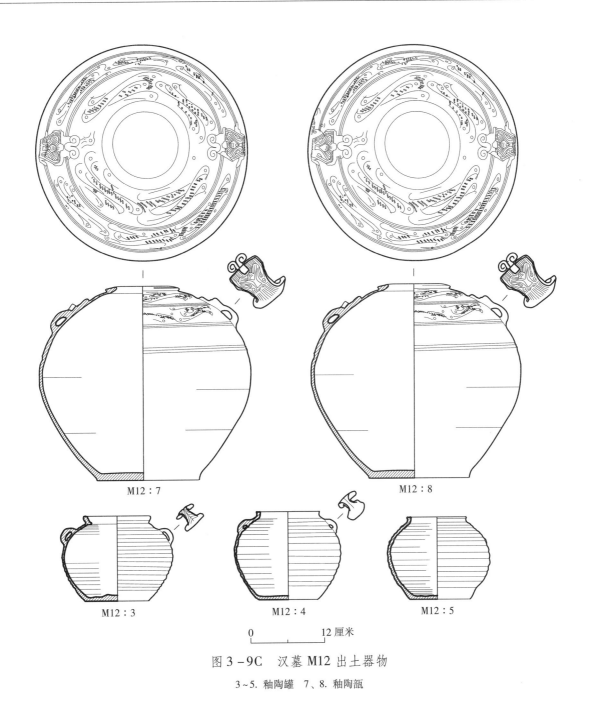

图 3 - 9C　汉墓 M12 出土器物

3~5. 釉陶罐　7、8. 釉陶瓿

M12:8，口径 12、腹径 34.5、底径 16.7、高 30.9 厘米（图 3 - 9C；彩版三三，2）。

釉陶罐　3 件。弧肩，鼓腹，平底，肩部贴饰对称半环耳一对。肩腹部饰旋纹，耳部饰叶脉纹。红色胎。脱釉。

母口　1 件。

M12:3，圆唇，束颈。口径 11、腹径 18.1、底径 10.4、高 13.6 厘米（图 3 - 9C；彩版三〇，4）。

直口　2 件。

M12:4，平沿，尖唇，短直颈。口径 10.2、腹径 17.3、底径 9.2、高 14 厘米（图 3 - 9C；彩版三〇，5）。

M12:5，直口微敛，平沿，尖唇，短直颈，耳部脱落。口径9.9、腹径17.1、底径10、高13.1厘米（图3-9C；彩版三〇，6）。

陶灶　1件。

M12:1，残损严重，有灶眼。

铁刀　1件。

M12:11，锈残。残长34.8、宽2.5厘米。

铁钉　1件。

M12:12，锈残。残长11.2、宽2.5厘米。

M13

M13位于墓地中部，梯形竖穴土坑墓，方向274°。墓葬保存较完整，墓口距离地表残深约0.5米，墓坑开于生土上。墓壁竖直，用鹅卵石砌成，修制规整，墓壁和墓底为灰白色土。墓坑长3.3、宽1.75~1.85、残深0.6米。墓内填土为黄褐色，距离西壁0.65米处有一条宽0.25米的枕木沟，距离东壁0.4米处有一条宽0.25米的枕木沟，沟深均0.1米。未见人骨、葬具痕迹（图3-10A）。

随葬品位于墓底南部，共9件，包括釉陶喇叭口壶、瓿、侈口罐和陶灶。

釉陶喇叭口壶　3件。其中，M13:6，未见。喇叭口，平沿微斜，圆唇，束颈，溜肩，鼓腹，矮圈足，肩部贴饰对称半环耳一对。颈下部饰弦纹和一组水波纹，肩部和上腹饰三组凸弦纹，腹部饰旋纹，耳部饰叶脉纹，耳上部贴饰横向S形纹。红色胎。脱釉。

M13:2，口径14.2、腹径22.8、足径12.2、高32.9厘米（图3-10B；彩版三四，1）。

图3-10A　汉墓M13平、剖面图

1、5、8、9. 釉陶侈口罐　2、3、6. 釉陶喇叭口壶　4. 釉陶瓿　7. 陶灶

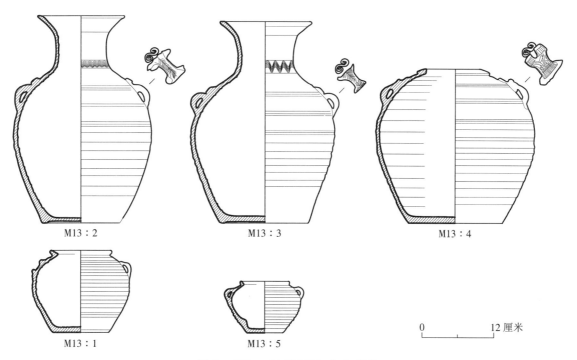

M13：2　　　　　　　　　M13：3　　　　　　　　　M13：4

M13：1　　　　　　　M13：5

0　　　　　　　12 厘米

图 3 - 10B　汉墓 M13 出土器物

1、5. 釉陶侈口罐　2、3. 釉陶喇叭口壶　4. 釉陶瓿

M13：3，沿上饰一周浅凹槽。口径 14.5、腹径 23.5、足径 14.0、高 31.6 厘米（图 3 - 10B；彩版三四，2）。

釉陶瓿　1 件。

M13：4，敛口，平沿外斜，方唇，弧肩，鼓腹，下腹弧收，平底，肩部贴饰对称铺首耳一对。肩部和上腹饰三组凸弦纹，腹部饰旋纹，耳部饰兽面纹，耳部上端贴饰横向 S 形纹。红色胎。脱釉。内口径 8.9、腹径 26.2、底径 15.5、高 24.5 厘米（图 3 - 10B；彩版三四，3）。

釉陶侈口罐　4 件。其中，M13：8、9，残碎。侈口，内斜沿，圆唇，弧肩，鼓腹，下内斜收，平底，肩部贴饰对称半环耳一对。肩、腹部饰旋纹，耳部饰叶脉纹。红色胎。脱釉。

M13：1，耳部叶脉纹的上下两端均印一对鬼眼纹。口径 10.2、腹径 15.6、底径 9.0、高 12.8 厘米（图 3 - 10B；彩版三五，1）。

M13：5，腹下部内壁加厚。口径 7.8、腹径 11.3、底径 5.8、高 8.4 厘米（图 3 - 10B；彩版三五，2）。

陶灶　1 件。

M13：7，残碎。

M14

M14 位于墓地中部，长方形竖穴土坑墓，方向 80°。墓葬保存较完整，墓口距离地表深约 1.2 米，墓坑开于生土上。墓壁竖直，修制规整，墓壁涂抹有光滑的白色粉末。墓口大，墓底小，墓底长 4.1、

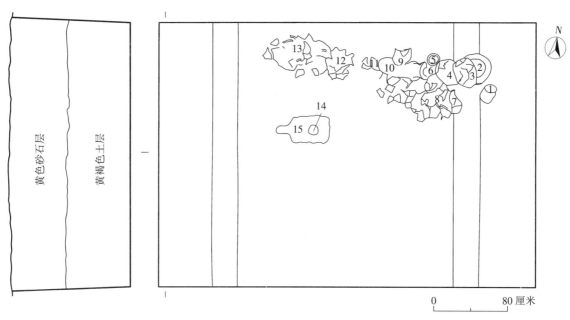

图 3 - 11A　汉墓 M14 平、剖面图

1. 陶器　2. 铁釜　3、8、13. 釉陶壶　4、11、12. 釉陶瓿式罐　5、10. 釉陶敛口罐　6. 釉陶双唇罐　7、9. 硬陶罍　14. 铜镜　15. 木架

宽 2.8、深 1.3 米。墓内填土分成上下两层，上层为 0.6 米厚的黄色砂石层，砂石嵌入四壁，下层填土为黄褐色。墓底有两条南北向长 2.8、宽 0.3、深 0.1 米的枕木沟，分别距东西壁 0.6 米。未见人骨、葬具痕迹（图 3 -11A）。

随葬品位于墓底北部，略呈一字形排列，共 15 件，包括釉陶壶、瓿式罐、敛口罐、双唇罐，硬陶罍，陶器，铜镜，铁釜和木架。

釉陶壶　3 件。束颈，弧肩，鼓腹，下腹弧收，平底，肩部贴饰对称半环耳一对。耳部饰叶脉纹。

盘口　2 件。

M14:3，圆唇。盘口下部、颈部及肩部饰弦纹，腹部满饰旋纹。红褐色胎。施青釉，脱釉严重。口径 8.8、腹径 15.1、底径 8.6、高 21 厘米（图 3 -11B；彩版三六，3）。

M14:13，圆唇。盘口下部饰两道弦纹，颈下部饰两道弦纹和一组水波纹，肩部饰两组凸弦纹，腹部满饰旋纹。灰黄色胎。脱釉。口径 15.1、腹径 27.4、底径 13.6、高 36.6 厘米（图 3 -11B；彩版三六，2）。

口残　1 件。

M14:8，口下部饰两道弦纹，颈下部饰两道弦纹和一组水波纹，肩部饰两组凸弦纹，腹部满饰旋纹。红色胎。脱釉。腹径 25.4、底径 11.7、残高 31.2 厘米（图 3 -11B；彩版三六，1）。

釉陶瓿式罐　3 件。敛口，平沿，尖唇，弧肩，鼓腹，下腹斜收，平底，肩部贴饰对称半环耳一对。肩、部饰两组凸弦纹，腹部满饰旋纹，耳部饰叶脉纹。灰胎。施青釉，脱釉严重。

M14:4，平沿微外斜。口径 13.4、腹径 26.6、底径 13.7、高 25.8 厘米（图 3 -11B；彩版三七，1）。

M14:11，平沿微外斜。口径 13.4、腹径 26.6、底径 13.7、高 25.8 厘米（图 3 -11B；彩版三七，2）。

M14:12，口径 11.8、腹径 21.9、底径 10.7、高 20.5 厘米（图 3 -11B；彩版三七，3）。

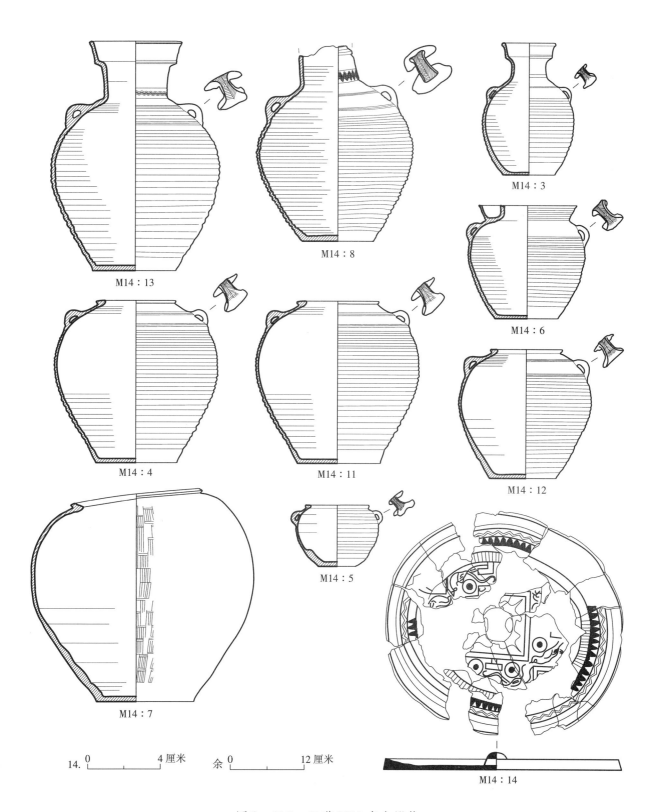

图 3 –11B　汉墓 M14 出土器物

3、8、13. 釉陶壶　4、11、12. 釉陶瓿式罐　5. 釉陶敛口罐　6. 釉陶双唇罐　7. 硬陶罍　14. 铜镜

釉陶敛口罐　2 件。

M14：5，敛口，平沿，方唇，弧肩，鼓腹，下腹斜收，平底，肩部贴饰对称半环耳一对。肩、腹部满饰旋纹，耳部饰叶脉纹。红褐色胎。脱釉。口径 10.4、腹径 13.5、底径 6.1、高 9.7 厘米（图 3 - 11B；彩版三五，4）。

M14：10，残碎。

釉陶双唇罐　1 件。

M14：6，无盖。器身直口微侈，双唇，内外同高，外唇外敞较甚，肩部贴饰对称半环耳一对。口部和腹部满饰旋纹，耳部饰叶脉纹。灰褐色胎。脱釉。口径 16.1、腹径 19.3、底径 10.4、高 17.9 厘米（图 3 - 11B；彩版三七，4）。

硬陶罍　2 件。

M14：7，敛口，方唇，溜肩，鼓腹，下腹弧收，平底。器物口部变形严重。腹部满饰拍印席纹。灰褐色胎。口径 21.4、腹径 36.2、底径 15.9、高 33 厘米（图 3 - 11B；彩版三五，3）。

M14：9，残碎。

陶器　1 件。

M14：1，泥质灰陶。残碎，无法提取。

铜镜　1 件。

M14：14，八乳博局镜。残碎，拼对后残缺较多，镜面、镜背多处有绿锈侵入镜体，局部闪露青黑色金属光泽。镜面微弧。圆纽，四叶柿蒂纹纽座。内区座外有方框，方框外有八个乳丁，方框外侧正中各伸出一个 T 形符号与 L 形符号相对，方框四角又与 V 形符号相对，三种符号将镜的内区分成四方八等分，仅可辨禽鸟纹，外有一周栉齿纹。外区由内向外分别饰锯齿纹、弦纹、复线波折纹和弦纹带。直径 13、高 0.9 厘米（图 3 - 11B）。

铁釜　1 件。

M14：2，锈残。

木架　1 件。

M14：15，朽残，无法提取。

M15

M15 位于墓地中部，长方形竖穴土坑墓，方向 270°。墓葬保存较完整，墓口距离地表深约 1.1 米，墓坑开于生土上。墓壁竖直，修制规整。墓坑长 3.9、宽 2.54、深 1.48 米。墓内填土为黄褐色，填土上部为厚约 0.1 米的砂石层。墓底较平，用小石子铺砌。墓底有两条长 2.54、宽 0.15、深 0.05 米的枕木沟，分别距离东、西壁 0.8 米。墓底中部发现数枚棺钉，墓底东端发现一处红色漆皮痕迹。骨架已腐朽不见（图 3 - 12A）。

随葬品位于墓底东部和中部，共 9 件（组），包括硬陶罍，铜镜、钱和铁刀、棺钉。

硬陶罍　1 件。

M15：1，敛口，斜沿，尖唇，溜肩，鼓腹，平底。肩、腹部饰拍印块状网格纹不及底。红褐色胎。口径 21、腹径 33.7、底径 12.9、高 27.2 厘米（图 3 - 12B；彩版三八，2）。

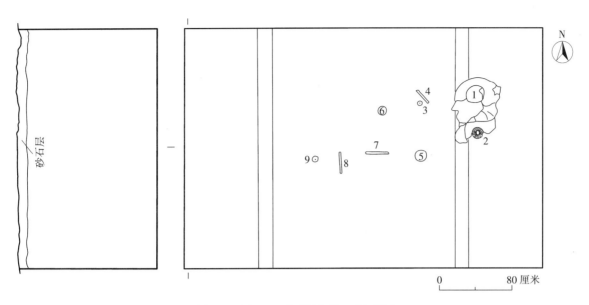

图 3 – 12A　汉墓 M15 平、剖面图

1. 硬陶罍　2、3、9. 铜钱　4、8. 铁棺钉　5、6. 铜镜　7. 铁刀

铜镜　2 件。

M15:6，四乳四禽镜。残碎，拼对后局部残缺，镜面局部与镜缘部分有绿锈侵入镜体，其余部分均闪露青黑色金属光泽。圆纽，圆纽座。内区纽座外饰两周凸弦纹，外侧为四乳四禽纹，四个禽鸟形态类似，其外为两周弦纹，弦纹之间填充短线。外区由内向外饰栉齿纹、锯齿纹和弦纹。斜缘。直径 10.1、厚 1.3 厘米（图 3 – 12B；彩版三八，1）。

M15:5，圆形铜镜。残碎，拼对后内区残缺较多，除镜缘局部有绿锈侵入镜体外，其余均闪露青黑色金属光泽。圆纽，圆纽座。外区由内向外饰栉齿纹、锯齿纹和弦纹。直径 8.5、高 0.7 厘米（图 3 – 12B）。

铜钱　3 件（组）。均为五铢钱。大小形制类似，粘连锈蚀严重。分别是 M15:2、M15:3 和 M15:9。

M15:2，锈蚀严重，粘连成串。正面穿外无郭，背面穿外有郭。正面穿外有篆文"五铢"二字，钱纹清晰。"五铢"二字略显矮胖，"五"字中间两笔呈斜交，弧曲较甚，两横不出头；"铢"字的金字头呈三角形，朱字上下部均为圆折。直径 2.6、厚 0.15 厘米（图 3 – 12B）。

铁刀　1 件。

M15:7，长条形，锈残，形制不辨。

铁棺钉　2 件。

M15:4、8，锈残。

M16

M16 位于墓地中部，凸字形竖穴土坑墓，方向 290°。墓葬保存较完整，墓口距离地表深约 0.6 米，墓坑开于生土上。墓道位于西端，呈斜坡状，长 2.5、宽 1.45、深 1 米。墓坑长 4、宽 3、深 1 米，墓壁竖直，修制规整。墓内填土为黄褐色五花土。未见人骨、葬具痕迹（图 3 – 13A）。

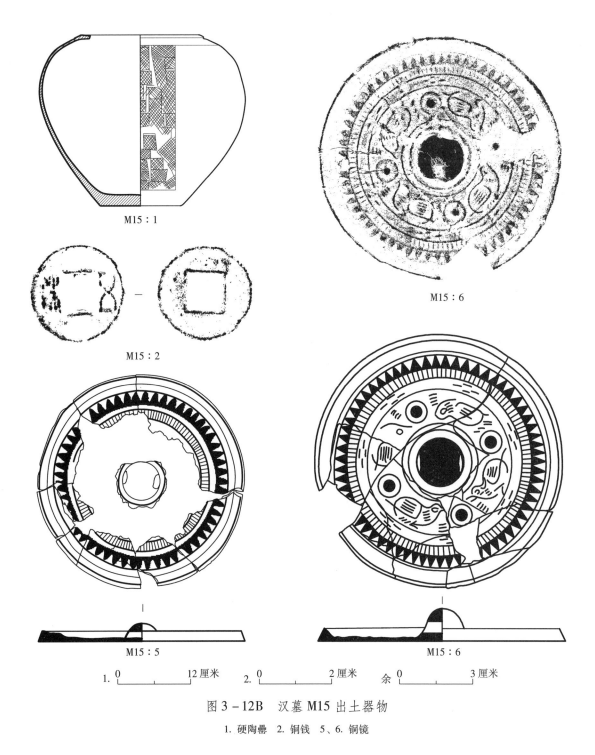

图 3 – 12B　汉墓 M15 出土器物

1. 硬陶罍　2. 铜钱　5、6. 铜镜

随葬品均位于墓底中部，共23件（组），包括釉陶盘口壶、瓿、俉口罐，硬陶罍，陶俉口罐、灶、铜盆、碗、钱，铁器、镰斗、斧和料珠。

釉陶盘口壶　3件。盘口，圆唇，束颈，溜肩，鼓腹，平底，肩部贴饰对称半环耳一对。腹部满饰旋纹，耳部饰叶脉纹。灰褐色胎。

M16：1，平底内凹。盘口下部饰两道弦纹，颈下部饰两道弦纹及一组水波纹，肩部及上腹部饰三组弦纹。脱釉严重，仅在口内和腹部残留有青釉。口径15、腹径25.3、底径13.6、高36.4厘米

（图 3 - 13B；彩版三九，1）。

M16:2，盘口下部饰两道弦纹，颈下部饰两道弦纹及一组水波纹，肩部及上腹部饰三组弦纹。脱釉。口径 14.8、腹径 24.7、底径 12、高 34.5 厘米（图 3 - 13B；彩版三九，2）。

M16:9，盘口上部饰一道弦纹，盘口下部饰两道弦纹，颈下部饰两道弦纹，肩部饰两道弦纹。口内及肩部施青釉，脱釉严重。口径 9.1、腹径 14.7、底径 8.2、高 21.4 厘米（图 3 - 13B；彩版三九，3）。

釉陶瓿　2 件。敛口，平沿，弧肩，鼓腹，下腹弧收，平底，肩部贴饰铺首耳一对。肩部饰两组凸弦纹，下腹满饰旋纹，耳部饰兽面纹。灰色胎。施青釉，脱釉严重。

M16:12，口径 12.8、腹径 25、底径 11、高 22.3 厘米（图 3 - 13B；彩版四〇，1）。

M16:15，口径 13.2、腹径 26.2、底径 13.9、高 25.4 厘米（图 3 - 13B；彩版四〇，2）。

釉陶侈口罐　1 件。

M16:11，侈口，圆唇，弧肩，鼓腹，下腹弧收，平底，肩部贴饰对称半环耳一对。肩腹部满饰旋纹，耳部饰叶脉纹。灰色胎，脱釉严重。口径 11.5、腹径 18.5、底径 8.2、高 15.7 厘米（图 3 - 13B；彩版四〇，3）。

硬陶罍　2 件。敛口，内斜沿，方唇，鼓肩，鼓腹，下腹弧收，平底。腹部满饰拍印席纹。器物口部变形严重。

M16:13，棕褐色胎。口径 22.3、腹径 36.5、底径 15、高 30.2 厘米（图 3 - 13B；彩版四一，4）。

M16:14，灰褐色胎。口径 20.4、腹径 35.5、底径 15.5、高 29.3 厘米（图 3 - 13B；彩版四一，5）。

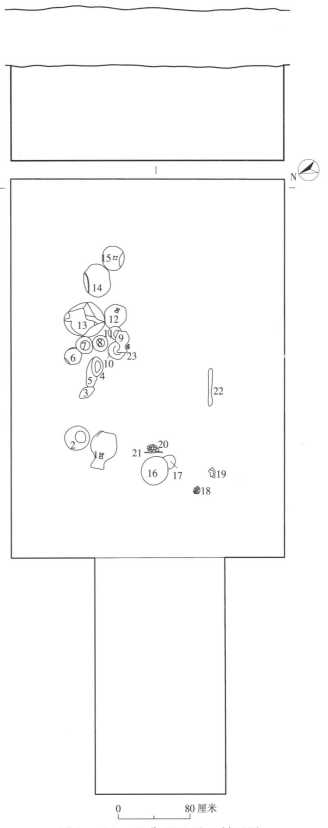

图 3 - 13A　汉墓 M16 平、剖面图

1、2、9. 釉陶盘口壶　3. 铁镌斗　4. 铁釜　5. 陶灶　6~8、10. 陶侈口罐　11. 釉陶侈口罐　12、15. 釉陶瓿　13、14. 硬陶罍　16. 铜盆　17. 铜碗　18、20. 铜钱　19、21、22. 铁器　23. 料珠

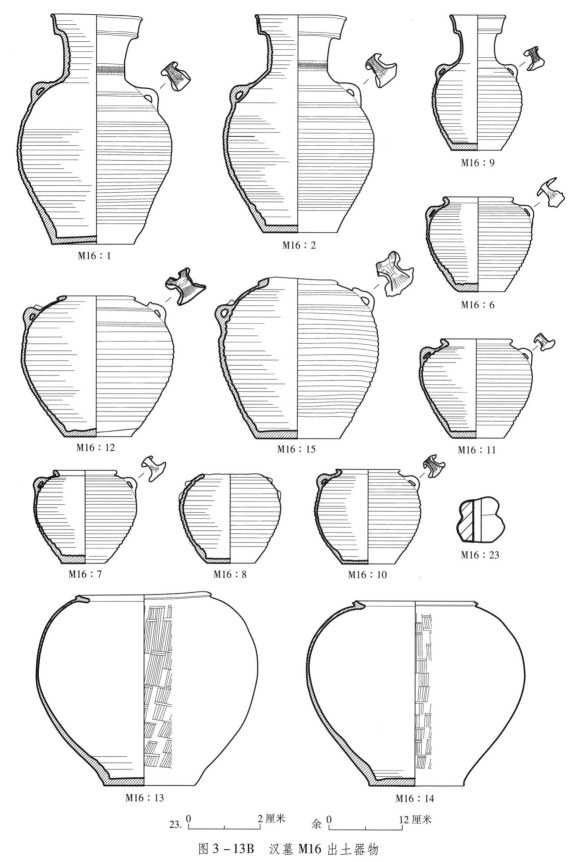

M16：1　　M16：2　　M16：9

M16：6

M16：12　　M16：15　　M16：11

M16：7　　M16：8　　M16：10　　M16：23

M16：13　　M16：14

23. 0 ____ 2厘米　　余 0 ____ 12厘米

图 3－13B　汉墓 M16 出土器物

1、2、9. 釉陶盘口壶　6~8、10. 陶侈口罐　11. 釉陶侈口罐　12、15. 釉陶瓿　13、14. 硬陶罍　23. 料珠

陶侈口罐　4件。侈口，弧肩，鼓腹，下腹弧收，平底，肩部贴饰对称半环耳一对。肩腹部满饰旋纹，耳部饰叶脉纹。红色胎。

M16:6，口径11.5、腹径17.2、底径7.7、高15厘米（图3-13B；彩版四一，1）。

M16:7，口径10.4、腹径16.9、底径7.2、高14.7厘米（图3-13B；彩版四一，2）。

M16:10，口径10.5、腹径17.3、底径8.9、高15厘米（图3-13B）。

M16:8，口残，耳残缺。腹径16.9、底径8、残高14.1厘米（图3-13B；彩版四一，3）。

陶灶　1件。

M16:5，泥质灰陶，无法提取。

铜盆　1件。

M16:16，锈蚀严重。口残，折腹，腹部饰半环耳，耳下套圆环，浅圈足。足径16.8、残高6.5厘米。

铜碗　1件。

M16:17，锈残。圈足。

铜钱　2件（组）。均为五铢钱，大小形制类似，粘连锈蚀严重。

M16:18、20，钱纹模糊，隐约可辨"五铢"二字。无完整者，尺寸不明。

铁镳斗　1件。

M16:3，锈残。单柄。

铁釜　1件。

M16:4，锈残。

铁器　3件。

M16:19、21、22，均锈蚀严重，器形难辨。

料珠　1组。

M16:23，3颗。白色。整体呈扁葫芦形，中间有圆孔直通上下。仅有1颗完整。直径1.3、高1.1厘米（图3-13B）。

M17

M17位于墓地中部，长方形竖穴土坑墓，与M18为并穴合葬墓，M17在南，M18在北，方向270°。墓葬保存较完整，与M18在同一封土堆下，墓口距离地表深约1.2米，墓坑开于生土上。墓壁竖直，修制规整，墓底不太平整。墓坑长3.5、宽1.9、残深0.6米。墓内填土为黄褐色，有木炭痕迹。墓底有两条宽0.1、深0.15米的枕木沟，分别距离东西两侧0.5米。未见人骨、葬具痕迹（图3-14A）。

随葬品位于墓底偏南部，共20件（组），包括釉陶鼎、盒、喇叭口壶、瓿、直口罐，陶器、泥钱，铜镜、钱和铁刀。

釉陶鼎　2件。覆钵形盖，弧顶近平，顶部饰弦纹。器身子口微敛，弧腹，平底，肩部贴饰对称铺首耳一对。耳部饰兽面纹，腹部内壁饰旋纹，内底饰螺旋纹。红色胎。脱釉。

M17:9，口径18.1、底径12、通高15厘米（图3-14B；彩版四二，1）。

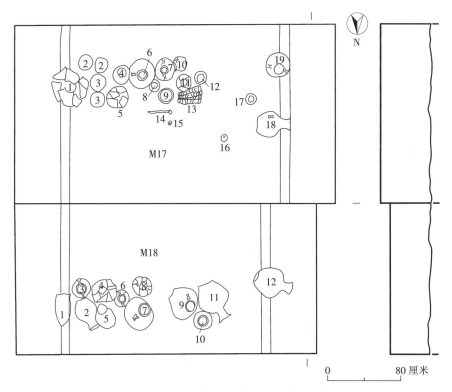

图 3 – 14A　汉墓 M17 和 M18 平、剖面图

M17 器物：1. 陶器　2、3. 釉陶盒　4、7、8、10~12、17. 釉陶直口罐　5、6. 釉陶瓿　9. 釉陶鼎　13. 泥钱　14. 铁刀
　　　　　15. 铜钱　16. 铜镜　18、19. 釉陶喇叭口壶

M18 器物：1. 陶灶　2、5、11、12. 釉陶壶　3、6、8、10. 釉陶直口罐　4. 陶器　7、9. 釉陶瓿

M17：20，口径 16.8、底径 9.5、通高 15 厘米（图 3 – 14B）。

釉陶盒　2 件。覆钵形盖，弧顶近平，顶部饰弦纹。器身子口微敛，弧腹，平底。腹部内壁饰旋纹，内底饰螺旋纹。红色胎。脱釉。

M17：2，口径 16.8、底径 10、通高 15.7 厘米（图 3 – 14B；彩版四二，2）。

M17：3，口径 18、底径 10、高 14.5 厘米（图 3 – 14B；彩版四二，3）。

釉陶喇叭口壶　2 件。喇叭口，圆唇，高束颈，溜肩，鼓腹，圈足，肩部贴饰对称半环耳一对。口沿下饰一组水波纹，颈下部饰两道弦纹和一组水波纹，肩部饰两周弦纹，腹部饰旋纹，耳部饰叶脉纹。灰色胎。口内、颈部、肩部及上腹施青釉。

M17：18，口径 12.6、腹径 28.4、足径 17、高 34.2 厘米（图 3 – 14B；彩版四二，4）。

M17：19，口径 12.7、腹径 27.1、足径 14.7、高 31.8 厘米（图 3 – 14B；彩版四三，1）。

釉陶瓿　2 件。平沿，方唇，溜肩，鼓腹，下腹斜收，平底，肩部贴饰对称铺首耳一对。肩部饰弦纹，腹部饰旋纹，耳部饰兽面纹，内壁饰弦纹。灰色胎。脱釉。

M17：5，敛口。口径 10.6、腹径 28.7、底径 15.7、高 26.2 厘米（图 3 – 14B；彩版四三，2）。

M17：6，直口。口径 11.8、腹径 29.2、底径 15.9、高 26.3 厘米（图 3 – 14B；彩版四三，3）。

釉陶直口罐　7 件。口微敛，平沿中间浅凹，溜肩，鼓腹，平底，肩部贴饰对称半环耳一对。腹部饰旋纹，耳部饰叶脉纹，内壁饰弦纹。灰褐色胎。脱釉。

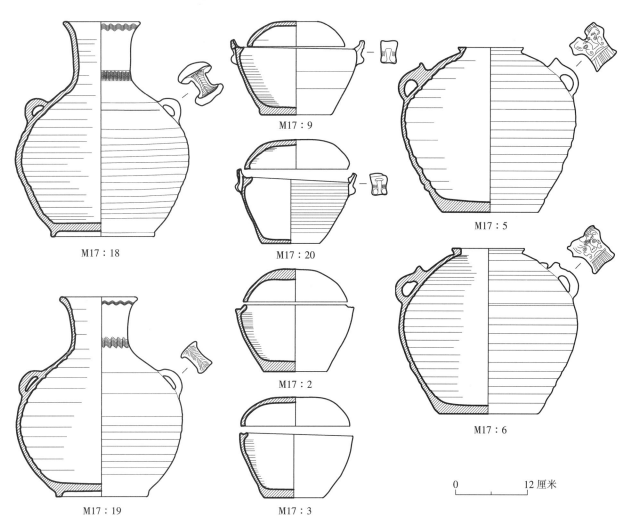

图 3 – 14B 汉墓 M17 出土器物

2、3. 釉陶盒 5、6. 釉陶瓿 9、20. 釉陶鼎 18、19. 釉陶喇叭口壶

M17：4，口径 9.9、腹径 18.2、底径 11.2、高 16.4 厘米（图 3 – 14C；彩版四四，1）。

M17：7，耳部饰叶脉纹和鬼眼纹。口径 10.9、腹径 22、底径 12.2、高 20 厘米（图 3 – 14C；彩版四四，2）。

M17：8，口径 9.0、腹径 14.5、底径 9.7、高 11.4 厘米（图 3 – 14C；彩版四四，3）。

M17：10，口径 10.5、腹径 17.9、底径 12.1、高 15.4 厘米（图 3 – 14C；彩版四四，4）。

M17：11，耳部饰叶脉纹和鬼眼纹。口径 9.7、腹径 16.9、底径 10.3、高 15 厘米（图 3 – 14C；彩版四五，1）。

M17：12，口部下饰一周弦纹。口径 10.1、腹径 14、底径 7.2、高 11.6 厘米（图 3 – 14C；彩版四五，2）。

M17：17，外底有十字形刻划符号。口径 8.9、腹径 12.5、底径 6.9、高 9.9 厘米（图 3 – 14C）。

陶器 1 组。

M17：1，若干片。灰色陶质。

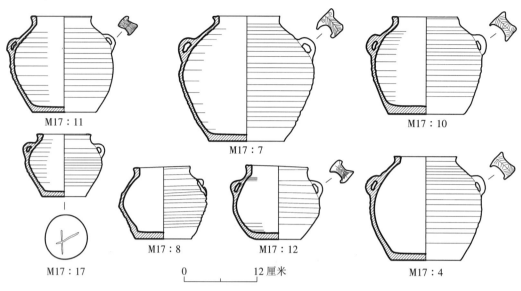

M17：11　　　　　　　　　　M17：7　　　　　　　　　　　M17：10

M17：17　　　　M17：8　　　M17：12　　　　　　　　　M17：4

0　　　　　　12 厘米

图 3 – 14C　汉墓 M17 出土釉陶直口罐

泥钱　1 组。

M17：13，若干枚。圆形方穿，表面无纹无字。泥质灰陶。直径 2.5 厘米。

铜镜　1 件。

M17：16，锈残。素宽平沿，内饰一周叶脉纹，残留卷云纹。有六字铭文，可识别出"青"字。直径 7.8 厘米。

铜钱　1 组。

M17：15，锈蚀严重，粘连成串。隐约可辨"五铢"二字。尺寸不详。

铁刀　1 件。

M17：14，锈残。残长 48、宽 4.5 厘米。

M18

M18 位于墓地中部，长方形竖穴土坑墓，与 M17 为并穴合葬墓，M17 在南，M18 在北，方向 270°。墓葬保存较完整，与 M17 在同一封土堆下，墓口距离地表深约 1.2 米，墓坑开于生土上。墓壁竖直，修制规整，墓底不太平整。墓坑长 3.3、宽 1.6、残深 0.5 米。墓内填土为黄褐色，有木炭痕迹。墓底有两条宽 0.1、深 0.15 米的枕木沟，分别距离东西两壁 0.5 米。未见人骨、葬具痕迹（图 3 – 14A）。

随葬品位于墓底北部，共 12 件，包括釉陶壶、瓿、直口罐和陶灶、陶器。

釉陶壶　4 件。平沿，高束颈，溜肩，鼓腹，肩部贴饰对称半环耳一对。颈下部饰两道弦纹和一组水波纹，耳部饰叶脉纹。灰色胎。脱釉。

喇叭口　3 件。

M18：2，圆唇，矮圈足。颈上部饰一周弦纹，肩部饰两道弦纹，腹部满饰旋纹。口径 13.7、腹径 23.9、足径 12.2、高 30.6 厘米（图 3 – 15；彩版四六，1）。

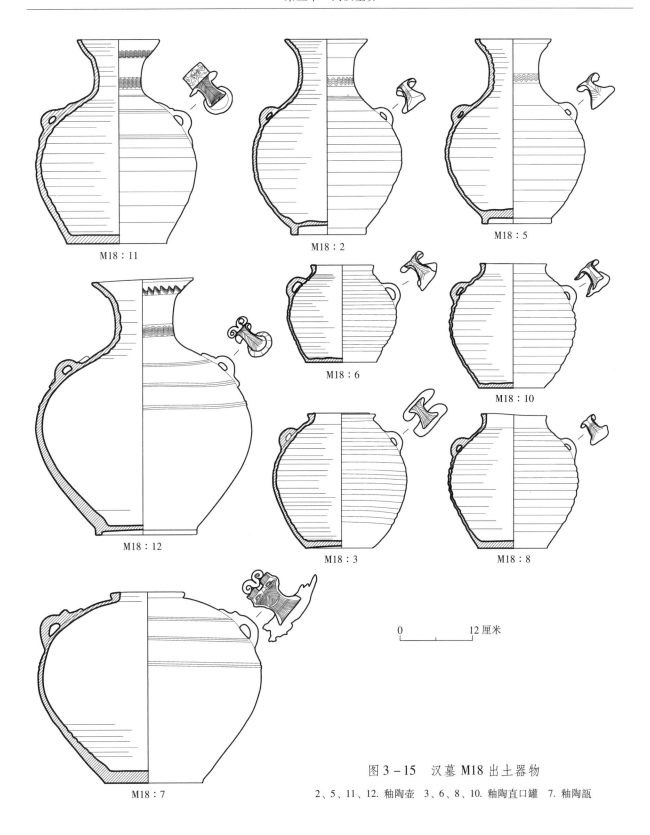

图 3 - 15　汉墓 M18 出土器物

2、5、11、12. 釉陶壶　3、6、8、10. 釉陶直口罐　7. 釉陶瓿

　　M18:5，尖唇，矮圈足。肩部饰两道弦纹，腹部满饰旋纹。口径 12.3、腹径 22.7、足径 11.3、高 28.9 厘米（图 3 - 15；彩版四六，2）。

　　M18:11，平底。口下部饰水波纹，肩部饰两组弦纹，耳部饰铺首衔环，腹部饰旋纹。口径 13.2、腹径 25.8、底径 16.1、高 31.9 厘米（图 3 – 15）。

盘口　1 件。

M18：12，盘口微现，尖唇，上腹鼓，下腹弧收，矮圈足。口下饰一周弦纹和一组水波纹，肩部及上腹饰三组凸弦纹，环耳上端贴饰云纹，下端饰圆环，圆环上饰压印纹。口径 16.3、腹径 34.7、足径 16.4、高 39.9 厘米（图 3 – 15；彩版四六，3）。

釉陶瓿　2 件。

M18：7，直口，弧肩，鼓腹，平底，肩部贴饰对称铺首耳一对。肩部和上腹部饰三组凸弦纹，耳部饰兽面纹，耳上部贴饰羊角状卷云纹。灰褐色胎。腹部施青釉。口径 12、腹径 35.9、底径 15.8、29.9 厘米（图 3 – 15；彩版四五，3）。

M18：9，未见。

釉陶直口罐　4 件。直口微敛，平沿上有一周浅凹，溜肩，鼓腹，平底，肩部贴饰对称半环耳一对。肩部饰弦纹，腹部饰旋纹，耳部饰叶脉纹，内壁饰弦纹。红褐色胎。施青釉，脱釉严重。

M18：3，口径 10.9、腹径 21.6、底径 10.8、高 21.1 厘米（图 3 – 15；彩版四七，1）。

M18：6，颈部饰一周弦纹。口径 10.1、腹径 17.6、底径 11.5、高 15.2 厘米（图 3 – 15；彩版四七，2）。

M18：8，口径 10.7、腹径 21.2、底径 11.3、高 20.9 厘米（图 3 – 15；彩版四七，3）。

M18：10，口径 10.8、腹径 20.6、底径 10.8、高 19.4 厘米（图 3 – 15；彩版四七，4）。

陶灶　1 件。

M18：1，残碎，无法提取。

陶器　1 件。

M18：4，残碎。

M19

M19 位于墓地中部，长方形竖穴土坑墓，方向 260°。墓葬保存较完整，墓口距离地表残深约 1 米，墓坑开于生土上。墓壁竖直，修制规整。墓坑长 3.65、宽 2.6、残深 0.8 米。墓内填土顶部为厚约 0.1 米的小石子，下部为黄褐色土，墓壁镶嵌黄褐色鹅卵石。未见人骨、葬具痕迹（图 3 – 16A）。

随葬品多集中位于墓底北部，还有几件零散分布在墓底中南部，共 29 件（组），包括釉陶壶、瓿、罐、樽、盆，硬陶罍，陶器、罐、灶、泥钱，铜器、带钩、矛、镜、钱，铁釜和料珠。

釉陶壶　4 件。其中，M19：4，未见。平沿，圆唇，直颈，溜肩，弧腹，肩部贴饰对称半环耳一对。耳部饰叶脉纹。

喇叭口　2 件。

M19：3，矮圈足。颈部上下各饰一组水波纹，肩部饰三组凸弦纹，腹部饰旋纹，耳上部贴饰横向 S 形纹。褐色胎。口内和肩部施青黄色釉，不及下腹。口径 13.1、腹径 23.9、足径 13、高 33.2 厘米（图 3 – 16B；彩版四八，1）。

M19：5，平底。口下部和颈部各饰一组水波纹，肩部弦纹之间饰云气纹，耳上部贴饰横向 S 形纹。

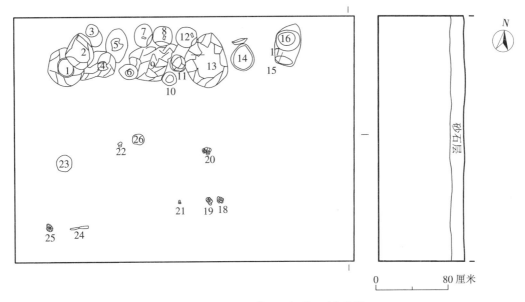

图 3 – 16A　汉墓 M19 平、剖面图

1、13. 硬陶罍　2. 红陶罐　3~6. 釉陶壶　7、8、10、12. 釉陶罐　9. 釉陶瓿　11. 陶器　14. 釉陶盆　15、16. 铁釜　17. 陶灶　18、20、25. 铜钱　19. 铜带钩　21. 料珠　22. 铜器　23. 釉陶樽　24. 铜矛　26. 铜镜

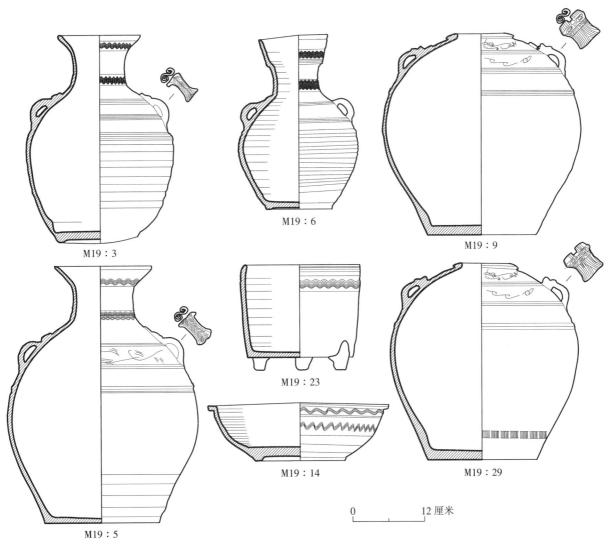

M19：3

M19：6

M19：9

M19：5

M19：23

M19：14

M19：29

图 3 – 16B　汉墓 M19 出土器物

3、5、6. 釉陶壶　9、29. 釉陶瓿　14. 釉陶盆　23. 釉陶樽

口径15.6、腹径31.2、底径18.5、高40.8厘米（图3-16B；彩版四九，1）。

盘口　1件。

M19:6，矮圈足。口中下部及颈部饰弦纹和水波纹。肩部饰弦纹，腹部饰旋纹。灰色胎。脱釉严重。口径11.1、腹径19.4、足径10.6、高27.7厘米（图3-16B；彩版四八，2）。

釉陶瓿　2件。敛口，斜沿，弧肩，鼓腹，平底，肩部贴饰对称铺首耳一对。肩部饰两组凸弦纹，中间饰云气纹，上腹部饰三组凸弦纹，耳部饰兽面纹。灰褐色胎。脱釉。

M19:9，平底微内凹。口径11.4、腹径32.7、底径17.8、高32厘米（图3-16B；彩版五〇，1）。

M19:29，口部刻划十字形符号。下腹部饰一周席纹。口径10.8、腹径31、底径18、高31.2厘米（图3-16B；彩版五〇，2）。

釉陶罐　5件。斜沿，溜肩，鼓腹，平底，肩部贴饰对称半环耳一对。耳部饰叶脉纹，内壁饰弦纹，内底饰旋纹。灰褐色胎，脱釉。

侈口　4件。

M19:7，尖唇。肩、腹部饰旋纹。口径13.4、腹径21、底径12.3、高19.4厘米（图3-16C；彩版五一，1）。

M19:10，方唇。肩、腹部饰旋纹。口径9.4、腹径16.6、底径9.8、高13.2厘米（图3-16C；彩版五一，2）。

M19:12，肩部饰三组弦纹，腹部饰旋纹，耳上部贴饰横向S形纹。口径11.7、腹径22.9、底径12.1、高18.8厘米（图3-16C；彩版五一，3）。

M19:28，斜沿内有凹槽，似母口。肩、腹部饰旋纹。口径10.4、腹径16.3、底径9.1、高13厘米（图3-16C；彩版五一，4）。

敛口　1件。

M19:8，斜沿内有凹槽，圆唇。肩、腹部饰旋纹。口径12.4、腹径21.1、底径11.2、高18.6厘米（图3-16C；彩版五一，5）。

釉陶樽　1件。

M19:23，敛口，圆唇，弧腹，平底，底部等距离附三个蹄形足。上腹部饰弦纹及水波纹，内壁饰旋纹。灰胎。脱釉。口径18.5、底径16.9、通高16.7厘米（图3-16B）。

釉陶盆　1件。

M19:14，敞口，斜沿，方唇，弧腹，矮圈足。口沿、上腹部各施有水波纹，腹部内外饰弦纹。褐色胎。脱釉。口径30、足径14.4、高9.2厘米（图3-16B）。

硬陶罍　2件。

M19:1，侈口，方唇，鼓腹，平底。肩、腹部饰拍印席纹。红色胎。口径22.2、腹径37.6、底径16.9、高30.9厘米（图3-16C；彩版四九，2）。

M19:13，侈口，折沿，方尖唇，溜肩，鼓腹，平底。器身饰拍印席纹，内壁饰弦纹。红色胎。口径24.4、腹径46.7、底径21.5、高43.2厘米（图3-16C；彩版四九，3）。

陶罐　1件。

M19:2，红色胎。残碎。

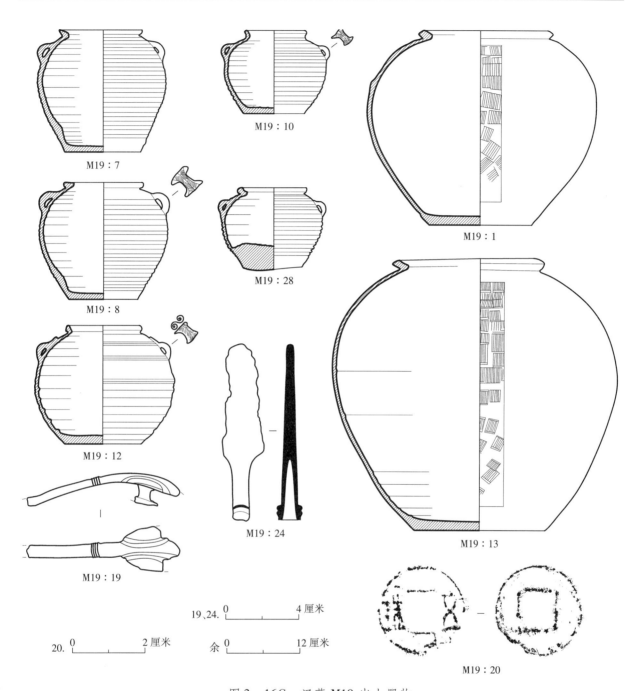

图 3-16C 汉墓 M19 出土器物

1、13. 硬陶罍 7、8、10、12、28. 釉陶罐 19. 铜带钩 20. 铜钱 24. 铜矛

陶灶 1件。

M19:17,残碎,无法提取。

陶器 1件。

M19:11,残碎。

泥钱 1组。

M19:27,一串。大小形制类似。圆形方穿,一面穿外有郭,一面穿外无郭。无钱纹。泥质灰陶。
直径2.6、厚0.5厘米。

铜带钩 1 件。

M19:19，残。圆形纽面，圆柱形纽柱，钩首、钩尾均残，钩面为禽羽形，钩体细长，饰三道凸弦纹。残长 8.3、高 1.6 厘米（图 3－16C；彩版四八，3）。

铜矛 1 件。

M19:24，残。柳叶形叶，无铤，方形骹，椭圆形骹孔，残存箍边。残长 9.3 厘米（图 3－16C；彩版四八，4）。

铜器 1 件。

M19:22，未见。

铜镜 1 件。

M19:26，未见。

铜钱 3 件（组）。均为五铢钱，大小形制相仿，粘连成串。分别是 M19:18、M19:20 和 M19:25。

M19:20，正面穿外无郭，背面穿外有郭。正面穿外有篆文"五铢"二字，钱纹清晰。"五铢"二字矮胖，"五"字中间两笔呈弧曲形斜交，两横不出头；"铢"字的金字头呈三角形，朱字上下均为圆折。直径 2.4、厚 0.2 厘米（图 3－16C）。

铁釜 2 件。

M19:15、16，未见。

料珠 1 组。

M19:21，一串，共 4 颗，1 颗残碎。均为圆柱形，中间穿孔，均为深蓝色。直径均 0.47 厘米（彩版四八，5）。

M20

M20 位于墓地中部偏北，长方形竖穴土坑墓，方向 350°。墓葬上部被推土机推掉，墓坑开于生土上。墓壁竖直，墓底用小石子铺砌。墓坑长 3.6、宽 2.2、残深 1.32 米。墓内填土为黄褐色。未见人骨、葬具痕迹（图 3－17A）。

随葬品位于墓底偏西壁一侧，呈一字形排列，共 17 件，包括釉陶鼎、盒、喇叭口壶、瓿、敛口罐，硬陶罍，陶罐、灶，铜镜和料珠。

釉陶鼎 2 件。覆钵形盖，弧顶近平，顶部饰弦纹。器身子口微敛，弧腹，平底。对称长方形立耳一对，耳外撇，耳中间有长方形孔。腹部饰弦纹，内底饰螺旋纹。红褐色胎。脱釉。

M20:11，耳部饰刻划纹。口径 17.8、底径 10.5、通高 13.9 厘米（图 3－17B；彩版五三，1）。

M20:12，耳部饰兽面纹，下饰胡须形纹。口径 17.6、底径 10.1、通高 14.8 厘米（图 3－17B；彩版五三，2）。

釉陶盒 2 件。覆钵形盖，弧顶近平，顶部饰弦纹。器身子口微敛，深弧腹，平底。腹部饰弦纹，内底饰螺旋纹。红褐色胎。脱釉。

M20:13，口径 18、底径 9.4、高 15 厘米（图 3－17B；彩版五三，3）。

M20:14，口径 18.1、底径 10.1、高 13.8 厘米（图 3－17B；彩版五三，4）。

釉陶喇叭口壶 3 件。喇叭口，圆唇，束颈，弧肩，鼓腹，矮圈足，肩部贴饰对称半环耳一对。

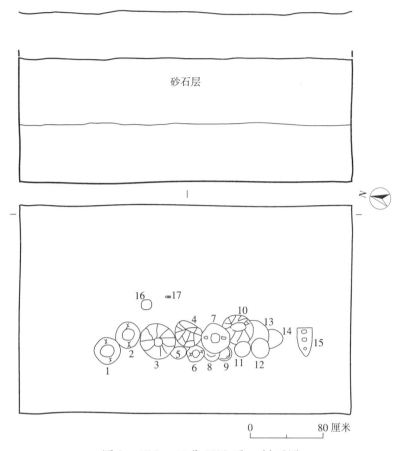

图 3 - 17A　汉墓 M20 平、剖面图

1、2、6. 釉陶喇叭口壶　3. 硬陶罍　4、7. 釉陶瓿　5、8、9. 釉陶敛口罐　10. 陶罐　11、12. 釉陶鼎

13、14. 釉陶盒　15. 陶灶　16. 铜镜　17. 料珠

口上部、颈下部饰两道弦纹和一组水波纹，肩、腹部饰旋纹，耳部饰叶脉纹和卷云纹。灰褐色胎。口内及器身上部施青釉。

　　M20∶1，口径 13.8、腹径 27.2、足径 14.8、高 33.6 厘米（图 3 - 17B；彩版五二，1）。

　　M20∶2，口径 16、腹径 28.6、足径 16.3、高 34.7 厘米（图 3 - 17B；彩版五二，2）。

　　M20∶6，口微敛。肩部饰一道弦纹和一组水波纹。脱釉严重。口径 10.7、腹径 18.6、足径 11.2、高 21.5 厘米（图 3 - 17B；彩版五二，3）。

　　釉陶瓿　2 件。敛口，平沿，广肩，鼓腹，平底内凹，肩部贴饰对称铺首耳一对，耳部上翘。肩部饰两组弦纹，肩、腹部饰旋纹，耳部饰兽面纹，下饰胡须状纹。灰褐色胎。脱釉严重。

　　M20∶4，耳部兽面纹模糊不清。口径 12.1、腹径 29.6、底径 17.5、高 25.1 厘米（图 3 - 17C；彩版五四，3）。

　　M20∶7，口径 12.8、腹径 30.7、底径 17.9、高 25.7 厘米（图 3 - 17C；彩版五四，4）。

　　釉陶敛口罐　3 件。敛口，平沿，弧肩，鼓腹，平底，肩部贴饰对称半环耳一对。肩部及腹部满饰弦纹。红色胎。脱釉。

　　M20∶5，耳部饰叶脉纹。口径 10.8、腹径 17.2、底径 10.9、高 16.6 厘米（图 3 - 17B；彩

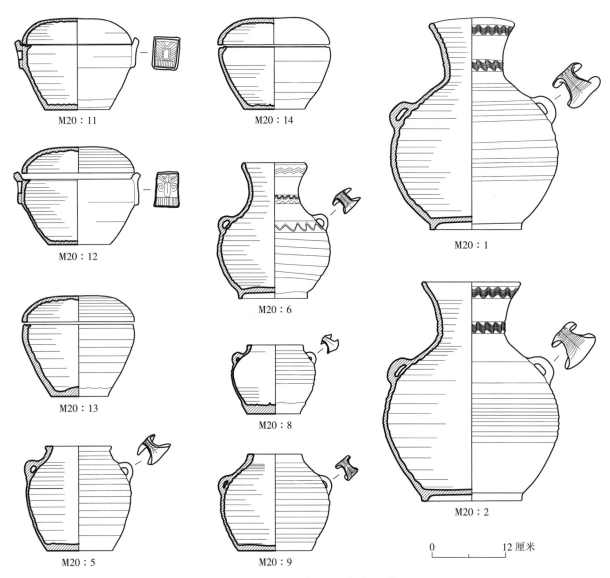

图 3 – 17B   汉墓 M20 出土器物

1、2、6. 釉陶喇叭口壶   5、8、9. 釉陶敛口罐   11、12. 釉陶鼎   13、14. 釉陶盒

版五三，5）。

M20：8，口径 9.2、腹径 13.8、底径 8.8、高 10.9 厘米（图 3 – 17B；彩版五四，1）。

M20：9，耳部饰叶脉纹。口径 9、腹径 18、底径 12.2、高 15.3 厘米（图 3 – 17B；彩版五四，2）。

硬陶罍   1 件。

M20：3，上部残，鼓腹，平底微内凹。腹部满饰拍印席纹。褐色胎。腹径 36.3、底径 16.5、残高 27.6 厘米（图 3 – 17C）。

陶罐   1 件。

M20：10，未见。

陶灶   1 件。

M20：15，残。整体呈长方体，一头尖。

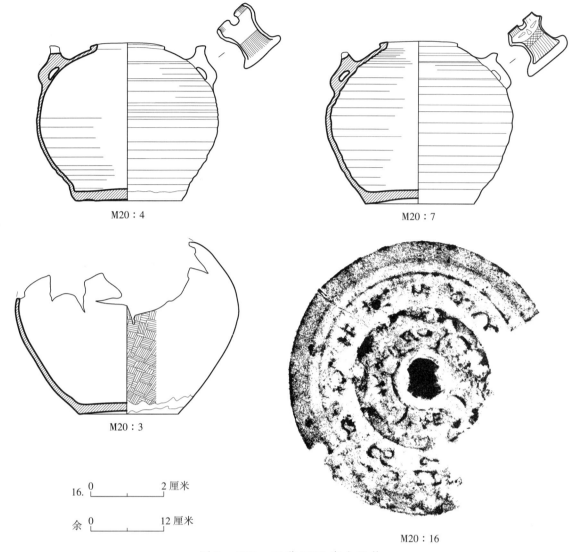

图 3 – 17C 汉墓 M20 出土器物

3. 硬陶罍 4、7. 釉陶瓿 16. 铜镜

铜镜 1 件。

M20：16，日光镜。残碎，拼对后局部残缺，镜面、镜背多处绿锈侵蚀镜体，其余部分闪露青黑色金属光泽。镜面平。圆纽，圆纽座。座外饰凸弦纹，弦纹外侧有四条弧线与外侧的八个内向连弧纹相接，内有"长生□□"四字铭文。连弧纹外为铭文带，镜铭为"见日之光长毋□□"。外侧为弦纹和一周栉齿纹。宽素缘。直径 7.5、高 0.67 厘米（图 3 -17C；彩版五五，1）。

料珠 1 件。

M20：17，残。白色。圆柱形，中间穿孔，外饰一道凹棱。直径 1.3、残长 1.2 厘米。

M22

M22 位于墓地中部，长方形竖穴土坑墓，方向 272°。墓葬保存较完整，墓口距离地表深约 1 米，墓坑开于生土上。墓壁竖直，修制规整。墓坑长 2.98、宽 1.8、深 0.85 米。墓内填土为黄褐色。未见人骨、葬具痕迹（图 3 -18A）。

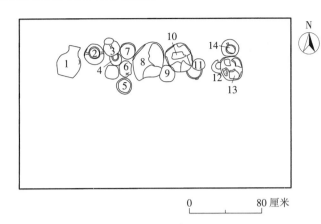

图 3-18A　汉墓 M22 平面图

1、2. 釉陶喇叭口壶　3、4、6、12、14. 釉陶直口罐　5、7. 釉陶盒

8. 硬陶罍　9、11. 釉陶鼎　10、13. 釉陶瓿

随葬品位于墓底北部，呈一字形排列，共 14 件，包括釉陶鼎、盒、喇叭口壶、瓿、直口罐和硬陶罍。

釉陶鼎　2 件。器身子口微敛，弧腹，平底。对称长方形立耳一对，耳外撇，耳中间有长方形孔，孔上还贴一对小圆纽。腹部饰弦纹，内壁饰旋纹，内底饰螺旋纹。红褐色胎。脱釉。

M22:9，无盖。口径 17、底径 11、高 10 厘米（图 3-18B；彩版五五，2）。

M22:11，覆钵形盖，盖顶近平，顶部饰弦纹。器身平底内凹。腹部饰一道凸弦纹。口径 16.8、底径 10.1、通高 13.8 厘米（图 3-18B；彩版五五，3）。

釉陶盒　2 件。覆钵形盖，盖顶近平，顶部饰弦纹。器身子口微敛，深弧腹，平底。腹部饰弦纹，内壁饰旋纹，内底饰螺旋纹。红褐色胎。脱釉。

M22:5，口径 17.2、底径 11、通高 15.3 厘米（图 3-18B；彩版五五，4）。

M22:7，口径 16.9、底径 11.6、通高 16 厘米（图 3-18B；彩版五五，5）。

釉陶喇叭口壶　2 件。喇叭口，圆唇，高束颈，弧肩，鼓腹，矮圈足，肩部贴饰对称半环耳。口上部、颈下部各饰两道弦纹和一组细密水波纹，腹部饰弦纹，耳部饰叶脉纹。灰褐色胎。口内及器体上部施青釉，脱釉严重。

M22:1，口径 12.2、腹径 27.6、足径 15.5、高 34.7 厘米（图 3-18B；彩版五六，1）。

M22:2，肩部饰有一组细密水波纹。口径 11.9、腹径 22.5、底径 13.4、高 26.8 厘米（图 3-18B；彩版五六，2）。

釉陶瓿　2 件。敛口，平沿，弧肩，鼓腹，下腹弧收，平底微凹，肩部贴饰铺首耳一对。肩部饰弦纹，腹部饰旋纹，耳部饰兽面纹。灰褐色胎。脱釉。

M22:10，口径 11.3、腹径 29.9、底径 15.2、高 25.7 厘米（图 3-18B；彩版五六，3）。

M22:13，口径 11.6、腹径 28.7、底径 15.1、高 24.8 厘米（图 3-18B；彩版五六，4）。

釉陶直口罐　5 件。直口，平沿，弧肩，鼓腹，平底，肩部贴饰对称半环耳。肩、腹部饰旋纹，耳部饰叶脉纹。

M22:3，红褐色胎。脱釉。口径 10.2、腹径 18.2、底径 11、高 16 厘米（图 3-18B；彩版五七，1）。

M22:4，灰色胎。脱釉。口径 9.7、腹径 14.1、底径 9.1、高 9.6 厘米（图 3-18B；彩版五七，2）。

M22:6，红褐色胎。脱釉。口径 10.8、腹径 18.3、底径 10.6、高 13.9 厘米（图 3-18B；彩版五七，3）。

M22:12，灰色胎。青黄色釉，脱釉严重。口径 8.8、腹径 13.8、底径 8.5、高 10.8 厘米（图 3-18B；彩版五七，4）。

M22:14，红褐色胎。脱釉。口径 11、腹径 18.2、底径 11.5、高 13.2 厘米（图 3-18B；彩版五七，5）。

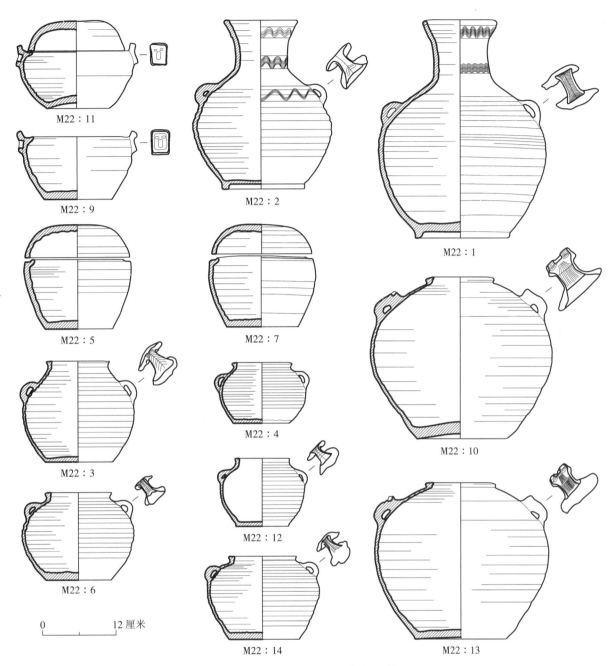

M22：11

M22：9

M22：2

M22：1

M22：5

M22：7

M22：3

M22：4

M22：10

M22：6

M22：12

M22：14

M22：13

图 3－18B　汉墓 M22 出土器物

1、2. 釉陶喇叭口壶　3、4、6、12、14. 釉陶直口罐　5、7. 釉陶盒　9、11. 釉陶鼎　10、13. 釉陶瓿

0　　　　　　　　12 厘米

硬陶罍　1 件。

M22：8，残碎。灰色胎。

M24

M24 位于墓地东部，长方形竖穴土坑墓，方向 344°。墓葬保存较完整，墓口距离地表深约 1 米，墓坑开于生土上。墓壁竖直，修制规整。墓坑长 3.15、宽 1.8、深 0.95 米。墓内填土为黄褐色。墓壁施泥涂饰，墓底有两条东西向的枕木沟，长同墓宽，宽 0.4、深 0.1 米，分别距离南北两壁 0.6 米。未

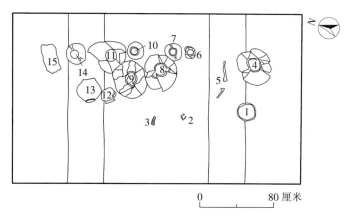

图 3 - 19A　汉墓 M24 平面图

1. 铜盆　2. 料珠　3. 铜钱　4、8、9. 硬陶罍　5. 铁钉　6、7、10 ~ 12. 釉陶敛口罐
13. 釉陶瓿　14. 釉陶喇叭口壶　15. 陶灶

见人骨、葬具痕迹（图 3 - 19A）。

随葬品位于墓底东侧，呈一字形排列，共 15 件（组），包括釉陶喇叭口壶、瓿、敛口罐，硬陶罍，陶灶，铜盆、钱，铁钉和料珠。

釉陶喇叭口壶　1 件。

M24：14，喇叭口，圆唇，束颈，溜肩，鼓腹，矮圈足，肩部贴饰对称半环耳一对。口下部和颈下部都饰有两道弦纹和一组水波纹，肩部有一道细弦纹，肩、腹部饰旋纹，耳部饰叶脉纹。灰褐色胎。口内及器身上部施青釉，釉面光滑发亮，有脱釉现象。口径 11、腹径 20.4、底径 11.9、高 26.9 厘米（图 3 - 19B；彩版五八，1）。

釉陶瓿　1 件。

M24：13，敛口，平沿，溜肩，鼓腹，下腹弧收，平底，肩部贴饰对称铺首耳一对，耳低于口唇。肩部饰一道凹弦纹，腹部饰旋纹，耳部饰兽面纹。红褐色胎。脱釉。口径 11.1、腹径 27.1、底径 13.6、高 25 厘米（图 3 - 19B；彩版六〇，1）。

釉陶敛口罐　5 件。敛口，平沿浅凹，溜肩，鼓腹，肩部贴塑对称半环耳一对。肩、腹部饰旋纹，耳部饰叶脉纹。

M24：6，平底。叶脉纹上端饰鬼眼纹。红色胎。脱釉。口径 8.9、腹径 13.8、底径 8.5、高 11.5 厘米（图 3 - 19B；彩版五九，1）。

M24：7，平底内凹。灰褐色胎。脱釉。口径 9.6、腹径 18.6、底径 11.2、高 15.7 厘米（图 3 - 19B；彩版五七，3）。

M24：10，耳残，平底。灰褐色胎。脱釉。口径 9.9、腹径 17.6、底径 10.6、高 14.7 厘米（图 3 - 19B；彩版五九，2）。

M24：12，平底。耳部叶脉纹下饰泥点状圆纽。灰褐色胎。施青釉，脱釉严重。口径 9.9、腹径 18.6、底径 11.3、高 16 厘米（图 3 - 19B；彩版五七，4）。

M24：11，残碎。

硬陶罍　3 件。其中，M24：4，残碎。敞口，平沿，弧肩，鼓腹，平底内凹。通体满饰拍印席纹。

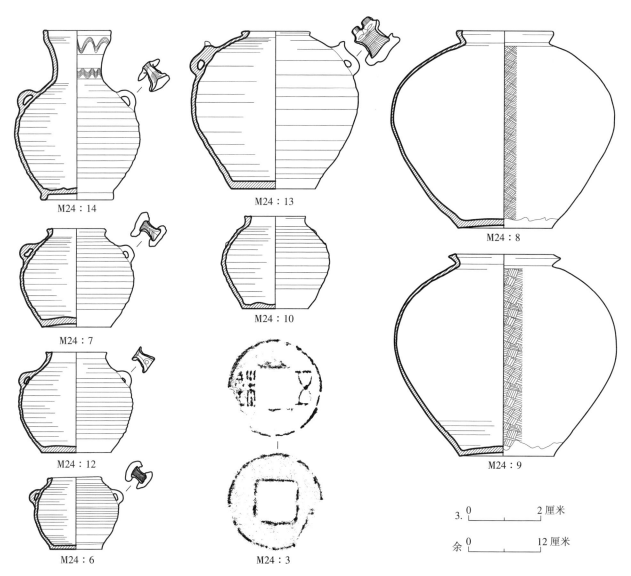

M24：14　　　　　　M24：13　　　　　　　M24：8

M24：7　　　　　　M24：10

M24：12　　　　　　M24：9

M24：6　　　　　　M24：3

3.　0 ———— 2 厘米

余　0 ———— 12 厘米

图 3 - 19B　汉墓 M24 出土器物

3. 铜钱　8、9. 硬陶罍　6、7、10、12. 釉陶敛口罐　13. 釉陶瓿　14. 釉陶喇叭口壶

青灰色胎，硬陶。

M24：8，肩上部饰一周弦纹。口径 16、腹径 36.8、底径 15.5、高 31.3 厘米（图 3 - 19B；彩版五八，2）。

M24：9，平沿外斜。口径 18.4、腹径 36.6、底径 15.6、高 32.1 厘米（图 3 - 19B；彩版五八，3）。

陶灶　1 件。

M24：15，残损严重。黄色胎。

铜盆　1 件。

M24：1，未见。

铜钱　1 组。

M24：3，均为五铢钱，大小形制相仿，粘连成串。正面穿外无郭，背面穿外有郭。正面穿外有篆文"五铢"二字，钱纹清晰。"五铢"二字瘦高，"五"字中间两笔斜交，两横不出头；"铢"字的金字头呈三角形，朱字上面为方折，下面为圆折。直径 2.6、厚 0.2 厘米（图 3 - 19B）。

铁钉　1 件。

M24：5，锈蚀严重。

料珠　1 组。

M24：2，一串，共 6 颗。圆球形，中间穿孔。均为灰白色。直径 0.9 厘米（彩版五九，5）。

M25

M25 位于墓地中部北侧，长方形竖穴土坑墓，方向 352°。墓葬保存较完整，墓口距离地表深约 1 米，墓坑开于生土上。墓壁竖直，修制规整。墓坑长 3.55、宽 2、深 0.65 米。墓底设两条枕木沟，长 2、宽 0.25、深 0.08 米。墓内填土为黄褐色，未见人骨、葬具痕迹（图 3 - 20A）。

随葬品多位于墓底东部，共 28 件（组），包括釉陶壶、瓿、侈口罐，硬陶罍，陶侈口罐、泥钱，铜镜、钱，铁器、釜、镤斗和料珠。

釉陶壶　4 件。高束颈，溜肩，鼓腹，矮圈足，肩部贴塑对称半环耳一对。耳部饰叶脉纹。

喇叭口　2 件。平沿。肩部饰三组凸弦纹，耳部上端贴饰横向 S 形纹。灰褐色胎。口内及上部施青釉，局部脱釉。

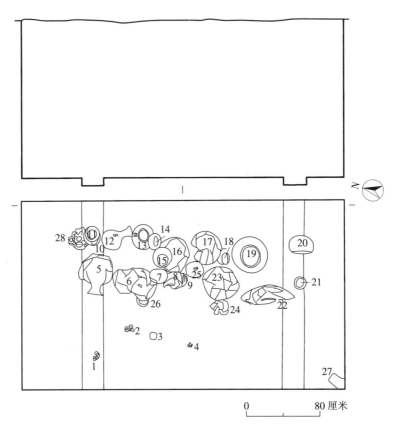

图 3 - 20A　汉墓 M25 平、剖面图

1、2. 铜钱　3. 铜镜　4. 料珠　5、6、12、13. 釉陶壶　7~9、11、14、18、24、26. 陶侈口罐　10、15、25. 釉陶侈口罐
16、19、22. 硬陶罍　17、23. 釉陶瓿　20. 铁釜　21. 铁镤斗　27. 铁器　28. 泥钱

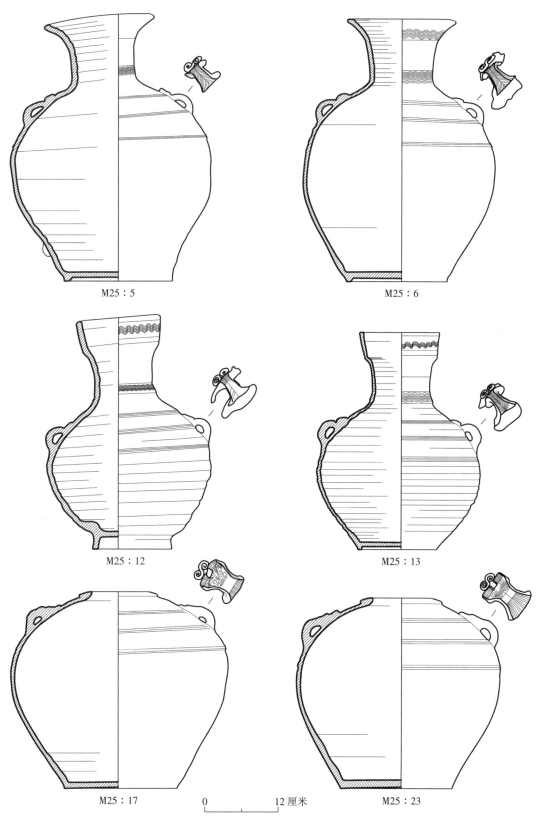

M25：5

M25：6

M25：12

M25：13

M25：17

0   12厘米

M25：23

图 3 - 20B 汉墓 M25 出土器物

5、6、12、13. 釉陶壶 17、23. 釉陶瓿

M25：5，方唇。颈部饰两道弦纹和一组细密水波纹。口径17.9、腹径32.7、足径17.6、高42.4厘米（图3-20B；彩版六一，1）。

M25：6，圆唇。口沿下和颈下部都饰有一道弦纹和一组细密水波纹。口径17.9、腹径31.6、足径16.8、高41.8厘米（图3-20B；彩版六一，2）。

盘口　2件。圆唇。盘口及颈下部饰一组水波纹和两道弦纹，肩部饰三组凸弦纹，腹部饰旋纹，耳部上端贴饰卷云纹。

M25：12，黄褐色胎。口内及肩部施青釉，釉面发亮，玻化较好。口径13.7、腹径26.8、足径12.9、高36.8厘米（图3-20B；彩版六一，3）。

M25：13，棕褐色胎。脱釉严重。口径13.3、腹径27、足径13、高34.5厘米（图3-20B；彩版六二，1）。

釉陶瓿　2件。敛口，平沿外斜，广肩，鼓腹，平底内凹，肩部贴塑对称铺首耳一对。肩部及上腹部饰三组凸弦纹，耳部饰兽面纹，耳部上端贴饰横向S形纹。灰褐色胎。口部及上腹部施青釉。

M25：17，口径12.8、腹径35.5、底径18.4、高31.2厘米（图3-20B；彩版六〇，2）。

M25：23，口径13.6、腹径33.7、底径18.5、高30.3厘米（图3-20B；彩版六〇，3）。

釉陶侈口罐　3件。侈口，圆唇，弧肩，鼓腹，平底，肩部贴塑对称半环耳一对。腹部饰旋纹，耳部饰叶脉纹。灰褐色胎。脱釉。

M25：10，口径14.4、腹径20.4、底径11.8、高18.1厘米（图3-20C；彩版六三，1）。

M25：15，口径12.1、腹径19.7、底径12.7、高17厘米（图3-20C；彩版六三，2）。

M25：25，耳部叶脉纹上下均饰一对鬼眼纹。口径12.5、腹径20.1、底径11.3、高16.3厘米（图3-20C；彩版六三，3）。

硬陶罍　3件。其中，M25：16，残碎。侈口，斜沿，方唇，溜肩，鼓腹，平底。腹部满饰拍印席纹。红褐色胎，硬陶。

M25：19，口径19.6、腹径38.3、底径19.5、高32.5厘米（图3-20C；彩版六二，3）。

M25：22，口径20.3、腹径38.1、底径16.8、高30.8厘米（图3-20C；彩版六二，4）。

陶侈口罐　8件。其中，M25：7、9、24这3件残碎。侈口，圆唇，弧肩，鼓腹，肩部贴塑对称半环耳一对。腹部饰旋纹，耳部饰叶脉纹。泥质红陶。

M25：8，平底内凹。口径13、腹径20.6、底径11.3、高18厘米（图3-20C；彩版六三，4）。

M25：11，平底。口径10.8、腹径16.5、底径9.9、高13.9厘米（图3-20C；彩版六三，5）。

M25：14，平底。双耳残缺。口径12.4、腹径16.7、底径10.9、高12.3厘米（图3-20C）。

M25：18，平底内凹。口径12.2、腹径18.2、底径10.3、高15.5厘米（图3-20C；彩版六三，6）。

M25：26，平底。口径8.9、腹径13.2、底径7.7、高10.8厘米（图3-20C；彩版六四，1）。

泥钱　1枚。

M25：28，无法起取。

铜镜　1件。

M25：3，日光镜。圆形铜镜。残碎，拼对后镜缘残缺较多，镜背沾满黄色土沁，局部闪露青黑色金属光泽。圆纽，圆纽座。纽座外饰两周凸弦纹，外侧饰一周粗弦纹带，其外为两周弦纹夹一周环形

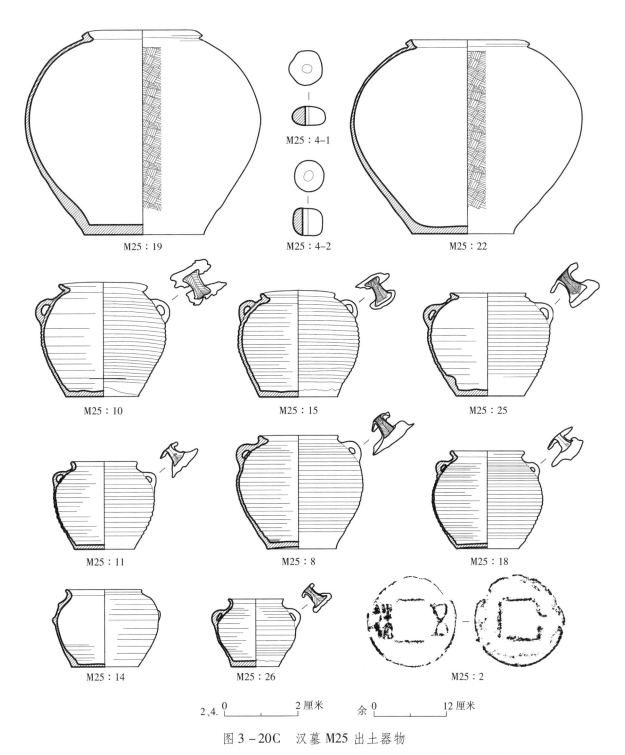

M25：4-1

M25：4-2

M25：19　　　　　　　　　　　　M25：22

M25：10　　　　　　M25：15　　　　　　M25：25

M25：11　　　　　　M25：8　　　　　　M25：18

M25：14　　　　　　M25：26　　　　　　M25：2

2、4. 0 ———— 2厘米　　余 0 ———— 12厘米

图 3-20C　汉墓 M25 出土器物

2. 铜钱　4. 料珠　8、11、14、18、26. 陶侈口罐　10、15、25. 釉陶侈口罐　19、22. 硬陶罍

铭文带，镜铭为"见日之光，长毋相忘"，铭文每两字之间用云纹间隔。外缘为宽弦纹带。直径7.8、高0.9厘米（图 3-20D）。

　　铜钱　2组。均为五铢钱，大小形制相仿，粘连成串。分别是 M25：1 和 M25：2。

　　M25：2，穿钱的麻绳尚存。正面穿外无郭，背面穿外有郭。正面穿外有篆文"五铢"二字，钱纹

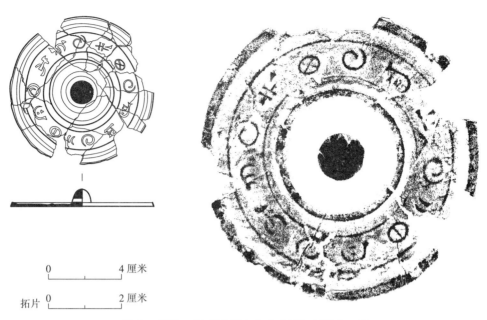

0   4 厘米

拓片 0   2 厘米

图 3 - 20D   汉墓 M25 出土铜镜（M25：3）

清晰。"五"字中间两笔呈斜交略弧曲，两横不出头；"铢"字的金字头呈正三角形，朱字上下均为圆折。直径 2.45、厚 0.18 厘米（图 3 - 20C）。

铁釜   1 件。

M25：20，锈残严重。

铁镳斗   1 件。

M25：21，锈残严重。

铁器   1 件。

M25：27，未见。

料珠   1 组。

M25：4，料器，共 16 颗。大小不一，中间穿孔。绿色（彩版六二，2）。

M25：4 - 1，直径 0.9、高 0.5 厘米（图 3 - 20C）。

M25：4 - 2，直径 0.8、高 0.7 厘米（图 3 - 20C）。

M26

M26 位于墓地中部北侧，长方形竖穴土坑墓，方向 350°。墓葬保存较完整，墓口距离地表深约 1 米，墓坑开于生土上。墓壁竖直，修制规整。墓坑长 3.8、宽 2.2、残深 0.2 米。红色墓壁，墓内填土为一层灰白色膏泥和一层五花色土，至距离墓底约 1 米处填土呈黄褐色。未见人骨、葬具痕迹（图 3 - 21A）。

随葬品散布于墓底，共 18 件（组），包括釉陶壶、侈口罐，陶灶，铜钱、铜器和铁镳斗、刀、铁器。

釉陶壶   3 件。其中，M26：12，残碎。束颈，弧肩，鼓腹，下腹弧收，平底内凹，肩部贴塑对称半环耳一对。颈下部饰一组弦纹，弦纹之间饰细密水波纹，腹部满饰旋纹，耳部饰叶脉纹。

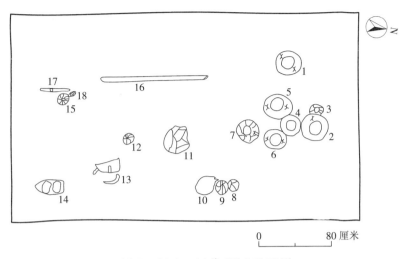

图 3 – 21A　汉墓 M26 平面图

1~9. 釉陶侈口罐　10~12. 釉陶壶　13. 铁镣斗　14. 陶灶　15. 铜器　16. 铁刀　17. 铁器　18. 铜钱

盘口　1件。

M26:10，圆唇。盘口下部饰两道弦纹，肩部及上腹部饰三组凸弦纹。灰色胎。脱釉。口径 15.6、腹径25、底径13.5、高33厘米（图3 – 21B；彩版六四，3）。

口残　1件。

M26:11，肩部饰两组弦纹。红褐色胎。脱釉。腹径25、底径10.7、残高28.8厘米（图3 – 21B；彩版六四，4）。

釉陶侈口罐　9件。其中，M26:3、7~9 这4件残碎。侈口，圆唇，弧肩，鼓腹，平底，肩部贴塑对称半环耳一对。腹部满饰旋纹，耳部饰叶脉纹。红褐色胎。脱釉。

M26:1，颈肩部饰一周弦纹，肩部饰两组凸弦纹。口径14.6、腹径26.9、底径13.5、高26.4厘米（图3 – 21B；彩版六四，2）。

M26:2，颈肩部饰一周弦纹，肩部饰三组凸弦纹。口径15.8、腹径27.6、底径13.5、高27.2厘米（图3 – 21B；彩版六五，1）。

M26:4，口径10.6、腹径15.2、底径8、高12.3厘米（图3 – 21B；彩版六五，2）。

M26:5，颈肩部饰一周弦纹，肩部饰三组凸弦纹。口径16.4、腹径27.8、底径13.5、高27.3厘米（图3 – 21B；彩版六五，3）。

M26:6，平底内凹。颈肩部饰两周弦纹，肩部饰三组弦纹，耳部叶脉纹下有鬼眼纹。口径12.6、腹径23、底径11.3、高23.5厘米（图3 – 21B；彩版六五，4）。

陶灶　1件。

M26:14，残碎。

铜器　1件。

M26:15，锈残。扁平状。

铜钱　1组。

M26:18，锈残。形制不辨。

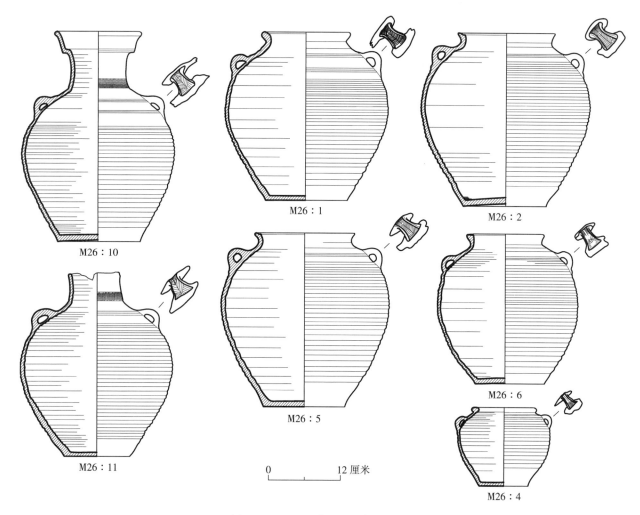

图 3 – 21B　汉墓 M26 出土器物

1、2、4~6. 釉陶侈口罐　10、11. 釉陶壶

铁镞斗　1 件。

M26:13，锈蚀严重。敛口，折腹，小平底。口径 13.6、腹径 19.3、底径 5.8、高 13.5 厘米。

铁刀　1 件。

M26:16，锈蚀严重。残长 96 厘米。

铁器　1 件。

M26:17，锈残。

M28

M28 位于墓地中部，梯形竖穴土坑墓，方向 0°。墓坑开于生土上，墓壁竖直，修制规整。墓上部已被推土机破坏，长 3.53、北端宽 2.7、南端宽 2.5、残高 0.4~0.6 米。墓底距南壁 0.8 米处，有一条东西向枕木沟，宽 0.2、深 0.2 米。墓内填土为黄褐色土，其内夹杂有小石块。未见人骨、葬具痕迹（图 3 – 22A）。

随葬品多位于墓底西侧和西北角，共 16 件（组），包括釉陶盘口壶、瓿、侈口罐、双唇罐，硬陶

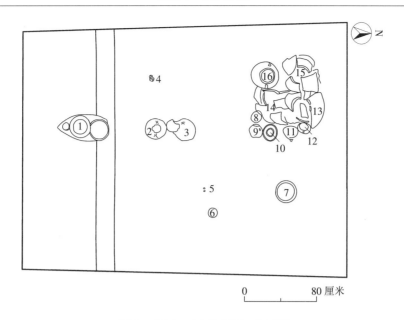

0　　　　　　80 厘米

图 3 – 22A　汉墓 M28 平面图

1. 陶灶　2、3. 釉陶盘口壶　4. 铜钱　5. 料珠　6. 铜镜　7. 铜盆　8. 釉陶侈口罐　9、11、12. 陶侈口罐
10. 釉陶双唇罐　13、16. 釉陶瓿　14、15. 硬陶罍

罍，陶侈口罐、灶，铜镜、盆、钱和料珠。

釉陶盘口壶　2 件。盘口，圆唇，束颈，溜肩，鼓腹，肩部贴塑对称半环耳一对。灰褐色胎。上部施青釉，脱釉严重。

M28：2，平底。口下部饰两道弦纹，颈上部有旋纹痕，颈下部饰两道弦纹，弦纹之间饰一组水波纹，肩部饰三组凸弦纹，下腹满饰旋纹，耳部饰叶脉纹和鬼眼纹。口径 14.9、腹径 23.9、底径 11.9、高 35 厘米（图 3 – 22B；彩版六六，1）。

M28：3，平底内凹。口下部饰一道弦纹，颈下部饰两道弦纹，弦纹之间饰一组水波纹，肩部饰两组凸弦纹，下腹满饰旋纹，耳部饰叶脉纹。口径 14.1、腹径 24.2、底径 12.3、高 34.6 厘米（图 3 – 22B；彩版六六，2）。

釉陶瓿　2 件。敛口，平沿，广肩，鼓腹，下腹弧收，平底，肩部贴塑对称铺首耳一对。肩部饰两组凸弦纹，下腹饰旋纹，耳部饰叶脉纹和兽面纹。灰褐色胎。器身上部施青釉，有脱釉现象。

M28：13，口径 14、腹径 26.8、底径 12.4、高 26.9 厘米（图 3 – 22B；彩版六六，3）。

M28：16，口径 14.6、腹径 26.6、底径 12.2、高 26.5 厘米（图 3 – 22B；彩版六七，1）。

釉陶侈口罐　1 件。

M28：8，侈口，平沿，溜肩，鼓腹，下腹弧收，平底，肩部贴塑对称半环耳一对。腹部满饰旋纹，耳部饰叶脉纹。灰褐色胎。脱釉。口径 10.5、腹径 14.6、底径 7.6、高 11.4 厘米（图 3 – 22B；彩版六五，5）。

釉陶双唇罐　1 件。

M28：10，无盖。器身直口微侈，双唇，外唇外敞较甚，方唇，鼓腹，平底内凹，肩部贴塑对称半环耳一对。腹部满饰旋纹，耳部饰叶脉纹。灰褐色胎，胎体起泡。脱釉严重。内口径 8.8、外口径 16.5、腹径 18.9、底径 9.8、高 18.6 厘米（图 3 – 22B；彩版六七，2）。

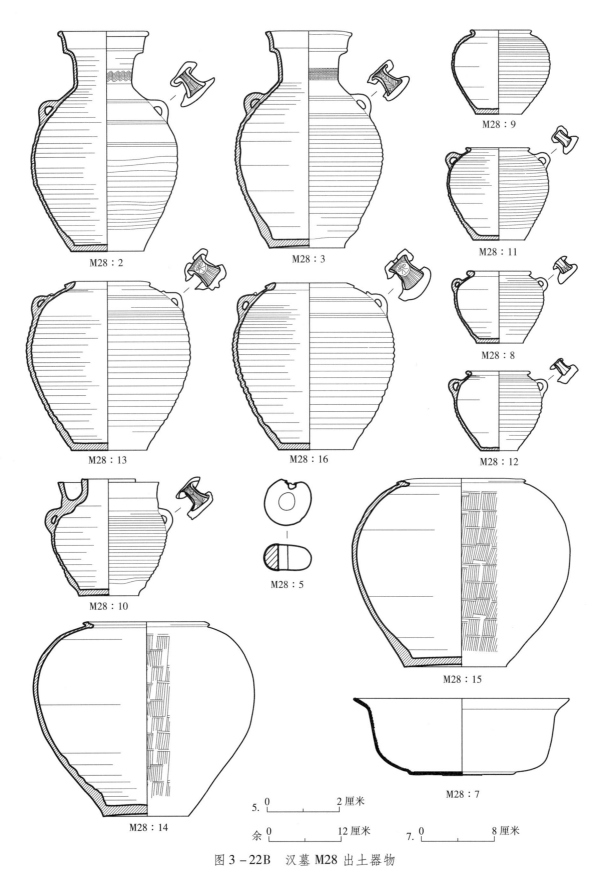

图 3 – 22B　汉墓 M28 出土器物

2、3. 釉陶盘口壶　5. 料珠　7. 铜盆　8. 釉陶侈口罐　9、11、12. 陶侈口罐　10. 釉陶双唇罐　13、16. 釉陶瓿　14、15. 硬陶罍

硬陶罍　2件。敛口，凹沿，鼓肩，上腹鼓，下腹弧收，平底内凹。器身饰拍印席纹。青灰色胎。

M28：14，口径20.8、腹径36.4、底径14、高30.9厘米（图3-22B；彩版六八，4）。

M28：15，口径21、腹径35.5、底径16.6、高30厘米（图3-22B；彩版六八，5）。

陶侈口罐　3件。侈口，溜肩，鼓腹，下腹弧收，平底。肩、腹部满饰旋纹。红褐色胎。

M28：9，圆唇。口径10、腹径16.1、底径7.5、高13.4厘米（图3-22B；彩版六七，3）。

M28：11，口径10.4、腹径16.6、底径8.5、高14.7厘米（图3-22B；彩版六七，4）。

M28：12，口径10.5、腹径14.3、底径6、高12.7厘米（图3-22B；彩版六八，1）。

陶灶　1件。

M28：1，残碎，无法起取。

铜镜　1件。

M28：6，几何纹简化博局镜。圆形，保存基本完整，镜背部分绿锈侵入镜体较多，其余部分均闪露青黑色金属光泽。圆纽，圆纽座。内区座外一周弦纹带，四方各有三条短线与纽座相连，其外为一周栉齿纹，外为四乳几何纹，与短线相对应处为V形纹，外为一周弦纹和一周栉齿纹。外区由内向为分别饰弦纹带、波折纹和弦纹带。直径8.6、厚0.75厘米（图3-22C；彩版六九）。

铜盆　1件。

M28：7，敞口，折沿，弧腹，平底。底部饰一条凸棱。口径23.4、底径11.7、高8.2厘米（图3-22B；彩版六八，2）。

铜钱　1组。

M28：4，锈蚀严重，粘连成串。隐约可辨"五铢"二字。直径2.5、厚0.1厘米。

料珠　1组。

M28：5，两颗。扁圆状，中间有穿孔。直径1.3、高0.7厘米（图3-22B；彩版六八，3）。

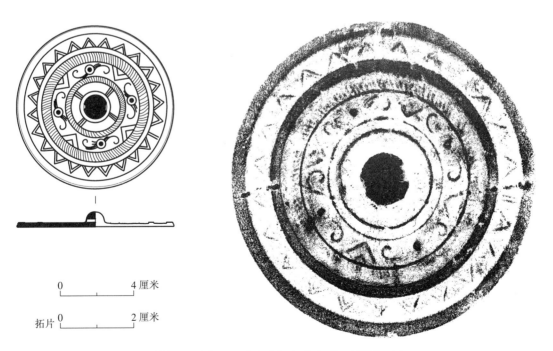

0　　　　　4厘米

拓片 0　　　　　2厘米

图3-22C　汉墓M28出土铜镜（M28：6）

M29

M29 位于墓地中部，长方形竖穴土坑墓，方向88°。墓葬保存较完整，墓口距离地表深约0.8米，墓坑开于生土上。墓壁竖直，修制规整，墓底四壁用红色土夯筑宽约0.4米的熟土二层台，墓底高低不平。墓坑长3.6、宽2.7、深1.2米。墓内填土为黄褐色，距离墓底0.9米处墓壁四周用小石子夯实。墓底发现数枚棺钉，棺木痕迹可见。铜钱铺遍棺木痕迹上（图3-23A）。

随葬品位于墓底南部和东部，其中铜镶斗外面用丝织品包裹，铜盆放在漆盒里面，墓中铜钱均已腐朽，不能采集。共23件（组），包括釉陶盘口壶、瓿、侈口罐，硬陶罍，陶敛口罐、灶，铜盆、甂、釜、镶斗、镜，铁刀和料珠。

釉陶盘口壶　3件。盘口，束颈，溜肩，鼓腹，下腹弧收，肩部贴塑对称半环耳一对。下腹满饰旋纹，耳部饰叶脉纹。灰褐色胎。脱釉严重。

M29:8，平底。口下部和颈下部饰一道弦纹，肩部饰一组凹弦纹。口径10.9、腹径15.4、底径7.1、高22厘米（图3-23B；彩版七〇，1）。

M29:17，平底内凹。口下部饰两道弦纹，颈下部饰两道弦纹和一组水波纹，肩部饰三组凸弦纹，耳部饰叶脉纹和鬼眼纹。胎体有气泡变形。口径14.3、腹径27.4、底径12.2、高37.5厘米（图3-23B；彩版七〇，2）。

M29:18，平底内凹。口下部饰两道弦纹，颈下部饰两道弦纹和一组水波纹，肩部饰三组凸弦纹，耳部饰叶脉纹和鬼眼纹。口径15.7、腹径26、底径12.8、高37厘米（图3-23B；彩版七〇，3）。

釉陶瓿　4件。敛口，宽沿，鼓腹，肩部贴塑对称铺首耳一对。肩及上腹部饰两组凸弦纹，耳部饰兽面纹。

图3-23A　汉墓M29平、剖面图

1. 陶灶　2. 铜甂　3、21. 铜釜　4、5. 陶敛口罐　6、10~12. 釉陶瓿　7. 釉陶侈口罐　8、17、18. 釉陶盘口壶
9、13. 硬陶罍　14. 铜盆　15. 铜镜　16. 铜镶斗　19、23. 铁刀　20. 料珠

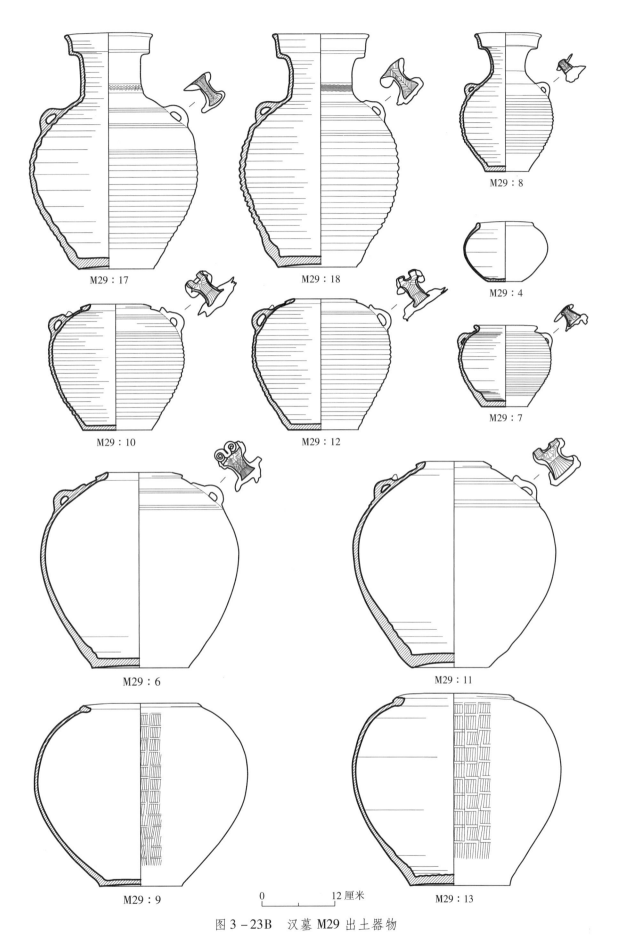

M29：17　　　　M29：18

M29：8

M29：4

M29：10　　　　M29：12

M29：7

M29：6　　　　M29：11

0　　　　12 厘米

M29：9　　　　M29：13

图 3 - 23B　汉墓 M29 出土器物

4. 陶敛口罐　6、10~12. 釉陶瓿　7. 釉陶侈口罐　8、17、18. 釉陶盘口壶　9、13. 硬陶罍

M29：6，平底内凹。耳部上端贴塑卷云纹。灰褐色胎。口及肩部施青釉。口径14.1、腹径32.3、底径15.7、高31厘米（图3–23B；彩版七一，1）。

M29：10，平底。腹部饰旋纹。红褐色胎。脱釉。口径11.5、腹径22.1、底径11.3、高20厘米（图3–23B；彩版七一，2）。

M29：11，平底内凹。灰褐色胎，胎体有气泡。口及肩部施青釉。口径12.5、腹径33.5、底径13、高32.7厘米（图3–23B；彩版七一，3）。

M29：12，平底。腹部饰旋纹。红褐色胎。脱釉。口径11.7、腹径22.6、底径11.4、高20.7厘米（图3–23B；彩版七二，1）。

釉陶侈口罐　1件。

M29：7，侈口，圆唇，弧肩，鼓腹，平底，肩部贴塑对称半环耳一对。腹部满饰旋纹，耳部饰叶脉纹。灰褐色胎。脱釉。口径10.4、腹径15.3、底径7.6、高12.9厘米（图3–23B；彩版七二，2）。

硬陶罍　2件。敛口，斜沿，方唇，溜肩，圆鼓腹，平底内凹。腹部满饰拍印席纹。红褐色胎。

M29：9，口径19.9、腹径34.8、底径13.4、高29厘米（图3–23B；彩版七二，3）。

M29：13，斜沿中间饰一周凸棱。口径20.1、腹径34.5、底径16.8、高30.5厘米（图3–23B；彩版七二，4）。

陶敛口罐　3件。

M29：4，敛口，圆唇，弧肩，鼓腹，平底。灰褐色胎。口径9.5、腹径13.8、底径5.6、高9.5厘米（图3–23B）。

M29：5、22残碎。

陶灶　1件。

M29：1，残碎。

铜盆　1件。

M29：14，敞口，弧腹，下腹急收为小平底，矮足。口径14.4、足径3.6、高6.8厘米（图3–23C）。

铜甑　1件。

M29：2，敞口，折沿，弧腹，平底，底附五孔，矮圈足。口径19.2、足径10.4、高8.9厘米（图3–23C；彩版七三，1）。

铜釜　2件。

M29：3，敞口，平沿，上腹较直，下腹弧内收，双耳残缺，圜底，底中部有长方形凸起。锈蚀严重。口径13.5、高6.6厘米（图3–23C；彩版七三，2）。

M29：21，敛口，弧肩，球腹，小平底。腹部饰一周凸棱，底部饰一条横棱。口径12.3、腹径19.9、底径3.7、高12.5厘米（图3–23C；彩版七三，3）。

铜鐎斗　1件。

M29：16，敞口，折沿，弧腹，圜底，底附三扁足，腹部有一把手。口径17.8、通高12.5厘米（图3–23C；彩版七四，2）。

铜镜　1件。

M29：15，七乳四神镜。圆形，残碎，拼对后局部残缺，除镜缘部分有绿锈侵入镜体外，其余部分

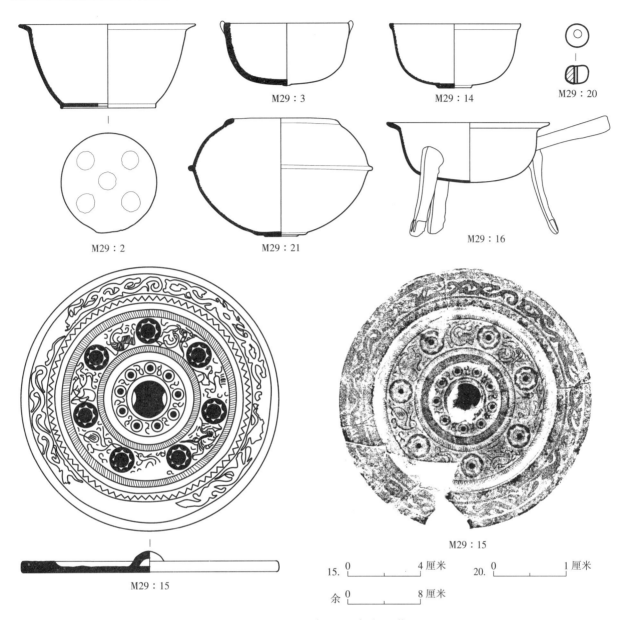

图 3 - 23C　汉墓 M29 出土器物

2. 铜甑　3、21. 铜釜　14. 铜盆　15. 铜镜　16. 铜鐎斗　20. 料珠

均闪露青黑色金属光泽。圆纽，圆纽座。内区座外环列九枚乳丁，乳丁间以卷云纹相隔，外为一周弦纹带，其外为一周栉齿纹，外为两周弦纹夹七乳四神禽兽纹，七乳均有八个内向连弧纹座，大乳丁间饰青龙、白虎、朱雀、玄武和瑞兽，外为一周栉齿纹。外区由内向外分别饰锯齿纹、弦纹、连续流云纹和弦纹带。直径 14、厚 1.1 厘米（图 3 - 23C；彩版七四，1）。

铁刀　2 件。

M29：19、23，锈残严重。

料珠　1 组。

M29：20，若干颗。近球体，截面呈扁圆形，中间有圆孔。蓝色。直径 0.3、高 0.2 厘米（图 3 - 23C；彩版七三，4）。

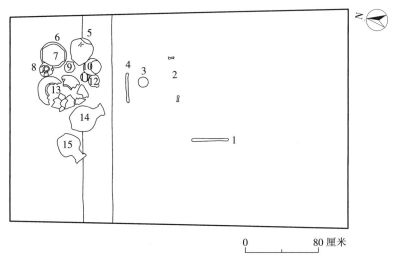

图 3 - 24A　汉墓 M30 平面图

1、4. 铁刀　2. 琉璃耳瑱　3. 铜镜　5、6. 釉陶瓿式罐　7~9. 釉陶罐　10. 铁釜　11. 陶井

12. 铁镦斗　13. 硬陶罍　14、15. 釉陶盘口壶

M30

M30 位于墓地西部，梯形竖穴土坑墓，方向 350°。墓葬保存较完整，墓口距离地表深约 1.5 米，墓坑开于生土上。墓壁竖直，修制规整。墓底不甚平整，距离北壁 0.8 米处有一条宽 0.3、深 0.1 米的枕木沟。墓坑长 3.7、北端宽 2.15、南端宽 2.3、深 0.7 米。墓内填土为黄褐色。未见人骨、葬具痕迹（图 3 - 24A）。

随葬品位于墓底北部，共 15 件（组），包括釉陶盘口壶、瓿式罐、罐，硬陶罍，陶井，铜镜，铁刀、釜、镦斗和琉璃耳瑱。

釉陶盘口壶　2 件。盘口，圆唇，束颈，鼓腹，平底，肩部贴塑对称半环耳一对。口下部及肩部饰弦纹，颈下部饰弦纹和水波纹，腹部饰旋纹，耳部饰叶脉纹。红色胎。脱釉。

M30：14，口径 13.3、腹径 25、底径 12.7、高 34.7 厘米（图 3 - 24B；彩版七五，1）。

M30：15，口径 13.8、腹径 25.2、底径 11.3、高 33.3 厘米（图 3 - 24B；彩版七五，2）。

釉陶瓿式罐　2 件。敛口，方唇，广肩，鼓腹，下腹弧收，平底略内凹，肩部饰半环形耳一对，耳低于口唇。肩部饰两道较粗的凸弦纹，腹部满饰旋纹，耳部饰叶脉纹和鬼眼纹。灰褐色胎。脱釉。

M30：5，口径 12.1、腹径 27.3、底径 13.7、高 26.4 厘米（图 3 - 24B；彩版七六，1）。

M30：6，口径 13.0、腹径 27.2、底径 11.8、高 26.7 厘米（图 3 - 24B；彩版七六，2）。

釉陶罐　3 件。其中，M30：8，残碎。

直口　1 件。

M30：7，口微敛，凹沿，弧肩，鼓腹，底残，肩部贴塑对称半环耳一对。肩部饰弦纹，腹部饰旋纹，耳部饰叶脉纹和鬼眼纹。红色胎。脱釉。口径 14.3、腹径 22.3、底径 10.3、高 22.4 厘米（图 3 - 24B；彩版七六，3）。

侈口　1 件。

M30：9，圆唇，溜肩，鼓腹，平底，肩部贴塑对称半环耳一对，一耳残。腹部满饰旋纹，耳部饰叶脉纹。红色胎。脱釉。口径 11.2、腹径 16.3、底径 7.7、高 12.5 厘米（图 3 - 24B；彩版七六，4）。

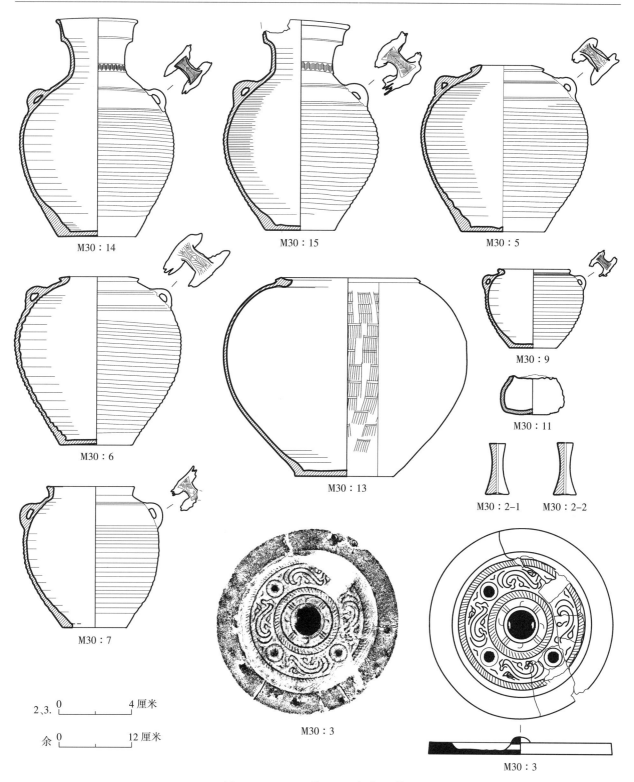

M30：14

M30：15

M30：5

M30：6

M30：9

M30：11

M30：13

M30：2-1　　M30：2-2

M30：7

M30：3

M30：3

2、3. [0＿＿＿＿4 厘米]

余 [0＿＿＿＿12 厘米]

图 3 - 24B　汉墓 M30 出土器物

2. 琉璃耳瑱　3. 铜镜　5、6. 釉陶瓿式罐　7、9. 釉陶罐　11. 陶井　13. 硬陶罍　14、15. 釉陶盘口壶

硬陶罍　1 件。

M30：13，敛口，斜沿，方唇，弧肩，鼓腹，下腹弧收，平底。腹部满饰拍印席纹。灰褐色胎。口径 23.7、腹径 39.8、底径 16.3、高 31.5 厘米（图 3 - 24B；彩版七五，3）。

陶井 1 件。

M30：11，敛口，斜腹，平大底。残损。残底径 8.9、残高 5.7 厘米（图 3 – 24B）。

铜镜 1 件。

M30：3，四乳四螭镜。圆形。残，拼对后局部残缺，镜面局部与镜缘部分有绿锈侵入，其余均闪露青黑色金属光泽。圆纽，圆纽座。内区纽座外饰两周凸弦纹，其间为一周栉齿纹，外侧为四乳四螭纹，其外为一周弦纹和一周栉齿纹。宽素缘。直径 10.1、高 0.9 厘米（图 3 – 24B；彩版七七）。

铁刀 2 件。锈蚀，残损。

M30：1，残长 21、宽 3 厘米。

M30：4，残长 17.5、宽 4.5 厘米。

铁釜 1 件。

M30：10，锈蚀，残损严重。

铁镰斗 1 件。

M30：12，锈蚀粘连。折腹。

琉璃耳瑱 1 组 2 件。喇叭形，中间有一圆孔贯穿上下。深蓝色（彩版七六，5）。

M30：2 – 1，高 2.7 厘米（图 3 – 24B）。

M30：2 – 2，高 2.8 厘米（图 3 – 24B）。

M31

M31 位于墓地西部，长方形竖穴土坑墓，方向 170°。上部被推掉，墓坑开于生土上。墓壁竖直，修制规整。墓坑长 3.6、宽 1.9、残深 0.6~0.8 米。墓壁为紫红色生土，墓内填土为黄褐色，其内夹杂小石子。墓底距南北壁 0.4 米处各有一枕木沟，均宽 0.24、深 0.07 米。未见人骨、葬具痕迹（图 3 – 25A）。

随葬品位于墓底东部，共 23 件（组），包括釉陶盘口壶、罐，硬陶罍，陶罐，铜镜、钱，铁剑、刀、釜和玉环。

釉陶盘口壶 3 件。盘口，圆唇，束颈，溜肩，鼓腹，肩部贴塑对称半环耳一对。腹部满饰旋纹，耳部饰叶脉纹。

M31：6，平底。口上下部饰两道弦纹，颈下部饰旋弦纹和水波纹，肩部饰两组凸弦纹，耳部饰叶脉纹和鬼眼纹。红褐色胎。口径 13.4、腹径 25.9、底径 12.9、高 34.4 厘米（图 3 – 25B；彩版七八，1）。

M31：8，平底内凹。口下部饰两道弦纹，肩部饰两组弦纹。灰褐色胎。口径 12、腹径 18.5、底径 10.1、高 26.4 厘米（图 3 – 25B；彩版七八，2）。

M31：9，平底。口上下部饰两道弦纹，颈下部饰旋纹和水波纹，肩部饰三组凸弦纹。黄褐色胎。脱釉严重。口径 15.4、腹径 26.4、底径 12.8、高 37.2 厘米（图 3 – 25B；彩版七八，3）。

釉陶罐 4 件。溜肩，弧腹，平底，肩部贴塑对称半环耳一对。腹部满饰旋纹，耳部饰叶脉纹。红褐色胎。脱釉。

侈口 1 件。

M31：16，平沿，器体变形。口径 11.4、腹径 16.5、底径 7.5、高 16.7 厘米（图 3 – 25B；彩版七九，1）。

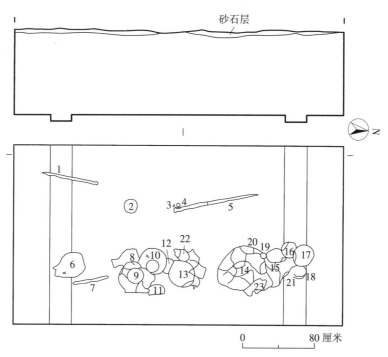

图 3 – 25A　汉墓 M31 平、剖面图

1、5. 铁剑　2. 铜镜　3. 铜钱　4. 玉环　6、8、9. 釉陶盘口壶　7. 铁刀　11~13、17、19、20. 陶罐

14、15. 硬陶罍　16、10、22、23. 釉陶罐　18、21. 铁釜

直口　3 件。

M31：10，凹沿。肩部饰两组弦纹，耳部饰叶脉纹和鬼眼纹。口径 14.5、腹径 25.9、底径 13.1、高 26.8 厘米（图 3 – 25B；彩版七九，2）。

M31：22，口微敛，凹沿，圆唇。肩部饰两组弦纹，耳部饰叶脉纹和鬼眼纹。口径 14.9、腹径 27.6、底径 13.7、高 28.6 厘米（图 3 – 25B；彩版七九，4）。

M31：23，口微敛，平沿。口径 9.8、腹径 18.1、底径 10.9、高 15.1 厘米（图 3 – 25B）。

硬陶罍　2 件。

M31：14，敛口，沿面内凹，方唇，弧肩，鼓腹，下腹弧收，平底。腹部饰拍印席纹。灰褐色胎。口径 20.9、腹径 35.3、底径 12.8、高 30.4 厘米（图 3 – 25B；彩版七九，3）。

M31：15，残碎。

陶罐　6 件。

M31：11~13、17、19、20，均残碎。

铜镜　1 件。

M31：2，四乳博局镜。圆形，完整。除正面局部和背面外区局部有绿锈侵入镜体外，其余均闪露青黑色金属光泽。镜面微弧。圆钮，圆钮座。内区座外方框，方框内四角均饰小字形纹饰。方框外有四个乳丁，方框外侧正中各伸出一个 T 形符号与 L 形符号相对，四乳将镜的内区分成四方八等分，四组相对的禽鸟纹和仙草纹各占一等分，外侧一周弦纹，外有一周栉齿纹。外区由内向外分别饰锯齿纹、

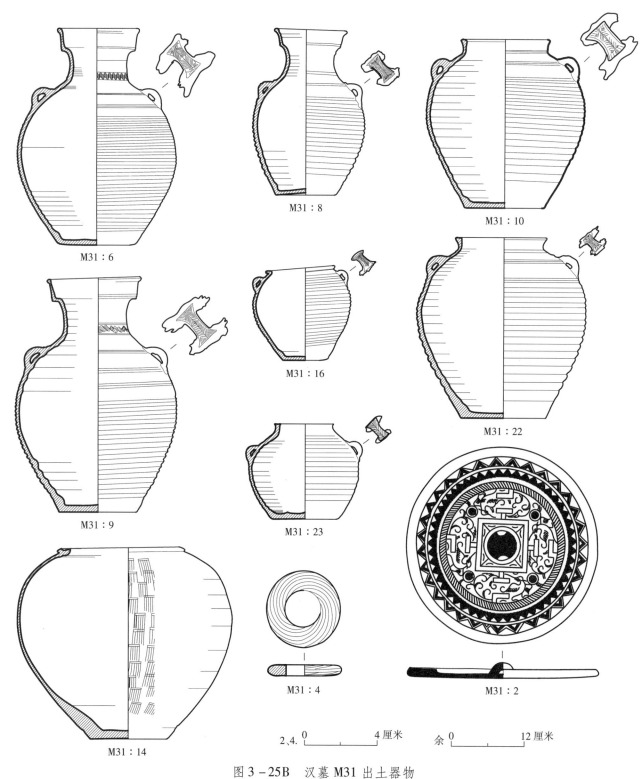

M31：6

M31：8

M31：10

M31：9

M31：16

M31：22

M31：23

M31：14

M31：4

M31：2

2、4. 0 —— 4厘米　　　余 0 —— 12厘米

图 3－25B　汉墓 M31 出土器物

2. 铜镜　4. 玉环　6、8、9. 釉陶盘口壶　14. 硬陶罍　10、16、22、23. 釉陶罐

弦纹、复线波折纹和弦纹带。直径10.4、高0.8厘米（图3－25B、3－25C；彩版八〇）。

铜钱　1组。

M31:3，锈蚀严重，粘连成串。钱纹不辨，尺寸不详。

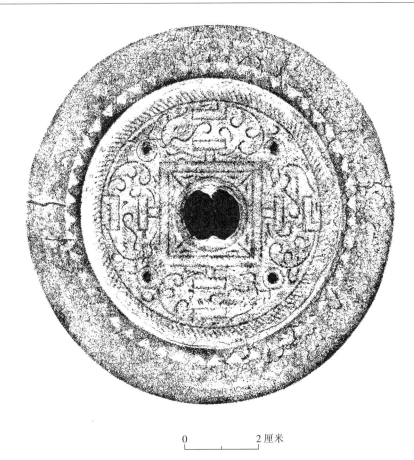

0　　　　　2厘米

图 3－25C　汉墓 M31 出土铜镜（M31：2）

铁剑　2 件。

M31：1，锈残。残长 52、宽 3.5 厘米。

M31：5，锈残。

铁刀　1 件。

M31：7，未见。

铁釜　2 件。

M31：18，锈残粘连。

M31：21，未见。

玉环　1 件。

M31：4，圆环形。饰绞丝纹。直径 4.1 厘米（图 3－25B；彩版七九，5）。

M33

M33 位于墓地中部，刀把形竖穴土坑墓，方向 80°。墓葬保存较完整，墓口距离地表深约 2 米，上部被推土机破坏，墓坑开于生土上。墓壁竖直，修制规整。由墓道和墓室组成，墓道位于墓室东南角，斜坡形，长 1.6、宽 2.05 米。墓室长 3.4、宽 1.95、残深 0.5 米。墓底距离南壁 0.8 米处和距离北壁 0.4 米处各有一条长 2、宽 0.25、深 0.1 米的枕木沟，墓底不甚平整。墓内填土为黄褐色，下部填土包含小石子。未见人骨、葬具痕迹（图 3－26A）。

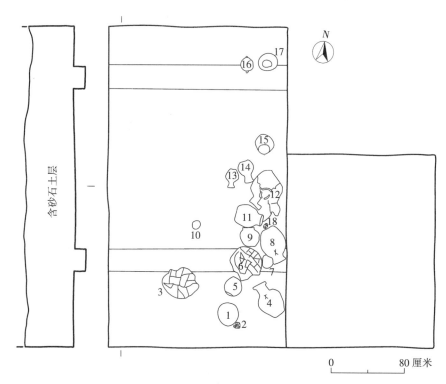

图 3 - 26A　汉墓 M33 平、剖面图

1. 铜盒　2、18. 铜钱　3、5、6、15. 陶侈口罐　4、7、8、11、13、14. 釉陶盘口壶

9. 釉陶瓿式罐　10. 铜镜　12. 硬陶罍　16. 铜釜　17. 铁釜

随葬品位于墓底东部，呈一字形排列，共 18 件（组），包括釉陶盘口壶、瓿式罐，硬陶罍，陶侈口罐，铜盒、釜、镜、钱和铁釜。

釉陶盘口壶　6 件。盘口，圆唇，束颈，溜肩，鼓腹，平底略内凹，肩部贴塑对称半环耳一对。盘口下部、颈下部和肩部饰弦纹，腹部满饰旋纹，耳部饰叶脉纹和鬼眼纹。红褐色胎。脱釉。

M33：4，颈下部弦纹间饰水波纹。口径 15、腹径 21、底径 13.7、高 37.6 厘米（图 3 - 26B；彩版八一，1）。

M33：7，口径 8.9、腹径 14、底径 7.5、高 19.2 厘米（图 3 - 26B；彩版八一，2）。

M33：8，颈下部弦纹间饰水波纹。口径 15.3、腹径 27、底径 13.8、高 36.7 厘米（图 3 - 26B；彩版八一，3）。

M33：11，颈下部弦纹间饰水波纹。口径 15.1、腹径 27.2、底径 12.9、高 35.6 厘米（图 3 - 26B；彩版八二，1）。

M33：13，口径 8.6、腹径 14.1、底径 7.3、高 18.9 厘米（图 3 - 26B；彩版八二，2）。

M33：14，口径 10、腹径 16.1、底径 7.8、高 22.5 厘米（图 3 - 26B；彩版八二，3）。

釉陶瓿式罐　1 件。

M33：9，敛口，内斜沿，尖唇，矮颈，溜肩，鼓腹，平底内凹，肩部贴塑对称铺首耳一对。肩部饰弦纹，腹部饰旋纹，耳部饰兽面纹。红褐色胎。脱釉。口径 11.2、腹径 19.7、底径 9.9、高 17.9 厘米（图 3 - 26B；彩版八三，1）。

M33：7

M33：4

M33：13

M33：11

M33：8

M33：14

M33：12

M33：15

M33：9

M33：5

0　　　　　　　12 厘米

图 3－26B　汉墓 M33 出土器物

5、15. 陶侈口罐　4、7、8、11、13、14. 釉陶盘口壶　9. 釉陶瓿式罐　12. 硬陶罍

硬陶罍　1 件。

M33：12，敛口，斜沿，方唇，弧肩，鼓腹，下腹弧收，平底内凹。通体拍印梳状纹。灰褐色胎。口径 19.9、腹径 37.3、底径 15.3、高 32.5 厘米（图 3－26B；彩版八三，2）。

陶侈口罐　4 件。其中，M33：3、6，残碎。侈口，凹沿，圆唇，溜肩，鼓腹，平底，肩部贴塑对称半环耳一对。肩、腹部饰旋纹，耳部饰叶脉纹。

M33：5，红色胎。口径 12.6、腹径 19.9、底径 8.8、高 15.7 厘米（图 3－26B；彩版八三，3）。

M33：15，红褐色胎。口径 13.8、腹径 20.6、底径 9.5、高 15.7 厘米（图 3－26B；彩版八三，4）。

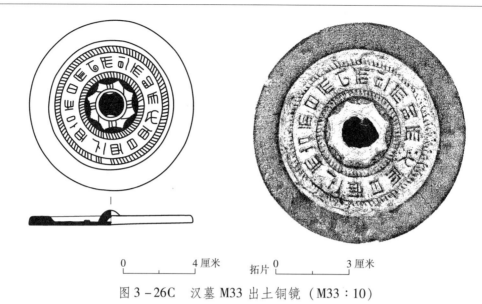

　　　　　　　　　　图 3 – 26C　汉墓 M33 出土铜镜（M33：10）

铜盒　1 件。

M33：1，未见。

铜釜　1 件。

M33：16，未见。

铜镜　1 件。

M33：10，连弧纹昭明镜。圆形铜镜。保存基本完
好，除背面有土沁外，其余均闪露青黑色金属光泽。圆
纽，圆纽座。内区纽座外饰一周凸弦纹，外侧一周为内
向八连弧纹带，连弧纹与弦纹之间有短线相连，外侧为
栉齿纹带，其外为一周铭文带，镜铭为"昭而日而以
而昭而明而光而日而夫而"16 字。铭文带外侧为一周
弦纹和一周栉齿纹。外区素面。直径 9、高 1 厘米（图
3 – 26C；彩版八四）。

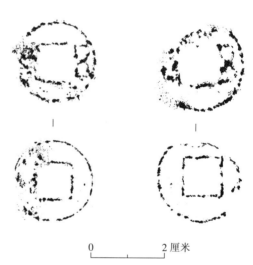

图 3 – 26D　汉墓 M33 出土铜钱（M33：2）

　　铜钱　2 组。均为五铢钱，形制类似，大小有别。粘连锈蚀严重。分别是 M33：2 和 M33：18。

　　M33：2，锈蚀严重，粘连成串。正面穿外无郭，背面穿外有郭。正面穿外有篆文"五铢"二
字，钱纹清晰。"五"字中间两笔呈斜交，弧曲较甚，两横不出头；"铢"字的金字头呈三角形，
朱字上部为方折，下部为圆折。有两种尺寸，一种直径 2.5、厚 0.2 厘米；另一种直径 2.2、厚
0.15 厘米（图 3 – 26D）。

　　铁釜　1 组。

　　M33：17，2 件。锈残。

M34

　　M34 位于墓地中部偏西，梯形竖穴土坑墓，方向 354°。墓葬保存不完整，墓上端遭到破坏，墓坑
开于生土上。墓壁竖直，修制规整。墓坑长 3.75、南端宽 2.25、北端宽 2.35、残深 0.4～0.9 米。墓

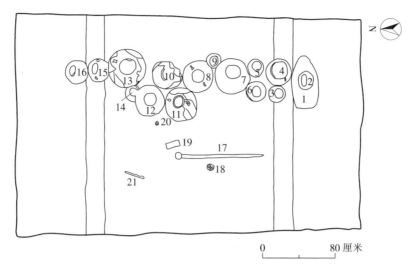

图 3 - 27A　汉墓 M34 平面图

1. 陶灶　2. 铁釜　3、6、9、14. 陶侈口罐　4. 釉陶侈口罐　5、8、12、13、15、16. 釉陶壶　7. 硬陶罍

10、11. 釉陶瓿　17. 铁剑　18. 铜钱　19. 石黛板　20. 石研黛器　21. 铁器

底距离南北两壁约 0.7 米处，各有一条东西向宽 0.2、深 0.1 米的枕木沟。墓内填土为黄褐色。未见人骨、葬具痕迹（图 3 - 27A；彩版一五九，1）。

随葬品位于墓底东部和中部，呈一字形排列，共 21 件（组），包括釉陶壶、瓿、侈口罐，硬陶罍，陶侈口罐、灶，铜钱，铁釜、剑、铁器和石黛板、研黛器。

釉陶壶　6 件。高束颈，弧肩，鼓腹，下腹弧收，肩部贴塑半环耳一对。耳部饰叶脉纹。灰褐色胎。口内及肩部施青釉，脱釉严重。

喇叭口　5 件。

M34：5，凹沿，尖唇矮圈足。颈部饰弦纹和细密水波纹，肩部饰两组凹弦纹，腹部满饰旋纹。口径 10.1、腹径 15.9、足径 9、高 21.6 厘米（图 3 - 27B；彩版八五，1）。

M34：8，平沿，矮圈足。口下部、颈下部饰弦纹和水波纹，肩部及上腹部饰三组弦纹，耳部上端贴塑横向 S 形纹。胎体有气泡。口径 16.3、腹径 31.9、足径 15.3、高 40.6 厘米（图 3 - 27B；彩版八五，2）。

M34：12，平沿，平底略内凹。颈部饰弦纹和水波纹，肩部饰三组弦纹，耳部上端贴塑横向 S 形纹。胎体有气泡。口径 16.8、腹径 30.6、足径 15.8、高 40 厘米（图 3 - 27B；彩版八五，3）。

M34：13，矮圈足。口下部、颈下部饰弦纹和水波纹，肩部饰三组弦纹，其间饰云气纹和篦点纹，耳部上端贴塑横向 S 形纹。胎体有气泡。口径 15.8、腹径 30.1、足径 16.3、高 39.2 厘米（图 3 - 27B；彩版八六，1）。

M34：15，凹沿，方唇，平底。颈部饰弦纹和细密水波纹，肩部饰三组弦纹，下腹满饰旋纹。口径 15.4、腹径 23.2、底径 13.2、高 33.4 厘米（图 3 - 27B；彩版八六，2）。

口残　1 件。

M34：16，矮圈足。颈部饰弦纹和水波纹，肩部饰三组弦纹，耳部上端贴塑横向 S 形纹。腹径 24.2、足径 13.5、残高 30.5 厘米（图 3 - 27B；彩版八七，1）。

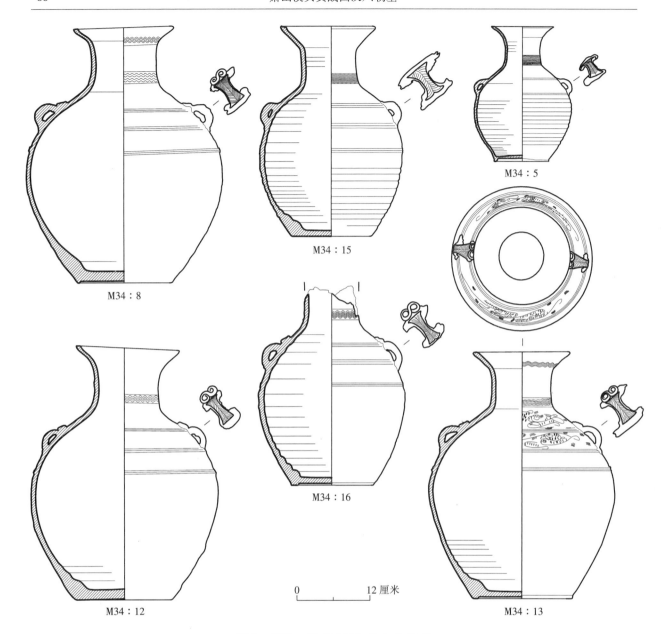

图 3－27B　汉墓 M34 出土釉陶壶

釉陶瓿　2 件。敛口，外斜沿，尖唇，溜肩，鼓腹，下腹弧收，平底略内凹，肩部贴塑对称铺首耳一对。肩部及上腹部饰三道弦纹，耳部饰兽面纹。灰褐色胎。肩部施青釉，脱釉严重。

M34：10，耳部上端贴塑横向 S 形纹。口径 11.5、腹径 31、底径 15.6、高 29.4 厘米（图 3－27C；彩版八七，3）。

M34：11，耳部上端贴塑卷云纹。口径 11.3、腹径 30.4、底径 16.7、高 28.4 厘米（图 3－27C；彩版八七，4）。

釉陶侈口罐　1 件。

M34：4，侈口，内斜沿，圆唇，弧肩，鼓腹，平底，肩部贴塑半环耳一对。腹部满饰旋纹，耳部饰叶脉纹和卷云纹。灰褐色胎。脱釉。口径 19.7、腹径 27.8、底径 15.3、高 23 厘米（图 3－27C；彩版八八，1）。

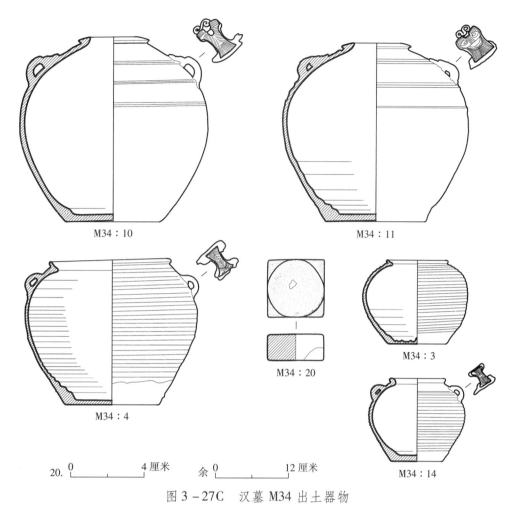

图 3 – 27C　汉墓 M34 出土器物

3、14. 陶侈口罐　4. 釉陶侈口罐　10、11. 釉陶瓿　20. 石研黛器

硬陶瓿　1 件。

M34:7，残碎。敛口，平底。腹部满饰拍印席纹。

陶侈口罐　4 件。其中，M34:6、9 残碎。侈口，圆唇，弧肩，鼓腹，平底，肩部贴塑半环耳一对。腹部满饰旋纹，耳部饰叶脉纹。红褐色胎。

M34:3，耳残。口径 10.3、腹径 17.3、底径 9.6、高 13.3 厘米（图 3 – 27C；彩版八八，2）。

M34:14，口径 9.3、腹径 15.9、底径 8.6、高 13.2 厘米（图 3 – 27C；彩版八八，3）。

陶灶　1 件。

M34:1，残碎。

铜钱　1 组。

M34:18，锈蚀严重，粘连成串。隐约可辨"五铢"二字，尺寸不详。

铁釜　1 件。

M34:2，未见。

铁剑　1 件。

M34:17，未见。

铁器　1件。

M34:21，未见。

石黛板　1件。

M34:19，未见，图中标示为长方形石黛板。

石研黛器　1件。与 M34:19 石黛板应为一组。

M34:20，灰色砂岩质。下方上圆。顶、底面均磨光。边长3、高1.4厘米（图3-27C；彩版八七，2）。

M36

M36 位于墓地西部，长方形竖穴土坑墓，方向280°。墓葬保存较完整，墓口距离地表深约2.5米，墓坑开于白色砂岩石中。墓坑长3.7、宽2.3、残深0.7~1.5米。墓壁不太平整，其中南壁已塌，墓底亦不平整。墓内填土为黄褐色黏土。未见人骨、葬具痕迹（图3-28A）。

随葬品位于墓底南部，呈一字形排列，共10件（组），包括釉陶喇叭口壶、瓿、敛口罐，陶灶，铜镜、钱和铁刀。

釉陶喇叭口壶　2件。

M36:8，未见。

M36:9，喇叭口，平沿，高束颈，溜肩，鼓腹，下腹弧收，矮圈足，肩部贴塑对称铺首衔环半环耳。口下部、颈下部饰弦纹和水波纹，肩部及上腹部饰三组弦纹，下腹部满饰旋纹，半环耳主体纹饰为叶脉纹，耳上部饰方形兽面纹，耳下部饰圆环。黄褐色胎。口内及肩部施青釉，脱釉严重。口径13.7、腹径26.9、足径13.8、高35.4厘米（图3-28B；彩版八八，4）。

釉陶瓿　2件。敛口，外斜沿，尖唇，广肩，鼓腹，下腹弧收，平底内凹，肩部贴饰对称铺首耳一对，耳低于口唇。肩及上腹部饰三组弦纹，耳部饰兽面纹，耳上部饰方形兽面纹。灰褐色胎。肩部及耳部施青釉，脱釉严重。

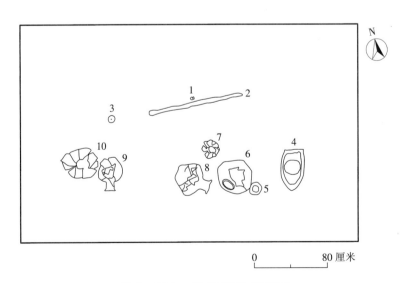

0　　　　　　　　80厘米

图3-28A　汉墓 M36 平面图

1. 铜钱　2. 铁刀　3. 铜镜　4. 陶灶　5、7. 釉陶敛口罐　6、10. 釉陶瓿　8、9. 釉陶喇叭口壶

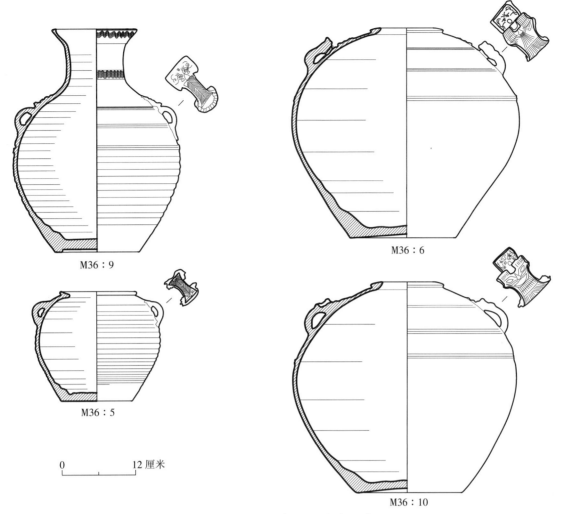

图 3 - 28B　汉墓 M36 出土器物

5. 釉陶敛口罐　6、10. 釉陶瓿　9. 釉陶喇叭口壶

M36：6，口径 12.3、腹径 37.3、底径 17.5、高 33.3 厘米（图 3 - 28B；彩版八九，1）。

M36：10，口径 12.1、腹径 36.8、底径 17.5、高 33.4 厘米（图 3 - 28B；彩版八九，2）。

釉陶敛口罐　2 件。

M36：5，敛口，内斜平沿，圆唇，弧肩，鼓腹，平底，肩部贴饰对称半环耳一对。腹部满饰旋纹，耳部饰叶脉纹和鬼眼纹。灰褐色胎，胎体有气泡。脱釉。口径 12.4、腹径 20.1、底径 11.6、高 17.4 厘米（图 3 - 28B；彩版八九，3）。

M36：7，残碎。红色胎。

陶灶　1 件。

M36：4，残损严重，形制不辨。

铜镜　1 件。

M36：3，圆纽，锈残。纹饰无法辨认。

铜钱　1 组。

M36：1，锈蚀严重，粘连成串。隐约可辨"五铢"二字。直径 2.6、厚 0.2 厘米。

铁刀　1 件。

M36：2，锈残。残长 46 厘米。

M42

M42 位于墓地西部，梯形竖穴土坑墓，方向 352°。墓葬于早年遭到破坏，顶部无存，墓坑开于生土上。墓壁竖直，修制规整。墓坑长 3.4、南端宽 2.85、北端宽 2.7、残深 0.6~0.8 米。墓底距离北壁和南壁 0.7 米处各有一条东西向枕木沟，宽 0.25、深 0.15 米。墓底南高北低，底面呈红色，其上铺一层厚 0.1 米的白膏泥，壁面也有一层白泥。墓内填土为黄色五花土。未见人骨、葬具痕迹（图 3-29A）。

随葬品位于墓底东部，主体呈一字形排列，共 26 件（组），包括釉陶盘口壶、瓿式罐、侈口罐，硬陶罍，陶灶，铜镜、钱，铁刀，石黛板、研黛器和料珠。

釉陶盘口壶　7 件。盘口，圆唇，束颈，溜肩，鼓腹，下腹弧收，肩部贴塑对称半环耳一对。耳部饰叶脉纹。灰褐色胎。脱釉严重。根据底部形制，可分为圈足和平底两种。

圈足　2 件。凹沿。盘口下饰弦纹，颈下部饰细密水波纹和弦纹，肩部及上腹部饰三组凸弦纹，耳部上端贴饰卷云纹。

M42：23，口径 17.5、腹径 34.6、足径 16.4、高 43.9 厘米（图 3-29B；彩版九○，1）。

M42：24，口径 17.9、腹径 33.2、足径 16.3、高 43.3 厘米（图 3-29B；彩版九○，2）。

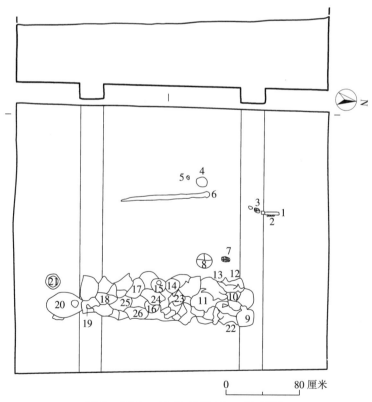

图 3-29A　汉墓 M42 平、剖面图

1. 石黛板和研黛器　2. 料珠　3、5、7. 铜钱　4、8. 铜镜　6. 铁刀　9、12~14、16、21. 釉陶侈口罐

10、15、19、22~24、26. 釉陶盘口壶　11、18. 釉陶瓿式罐　17、25. 硬陶罍　20. 陶灶

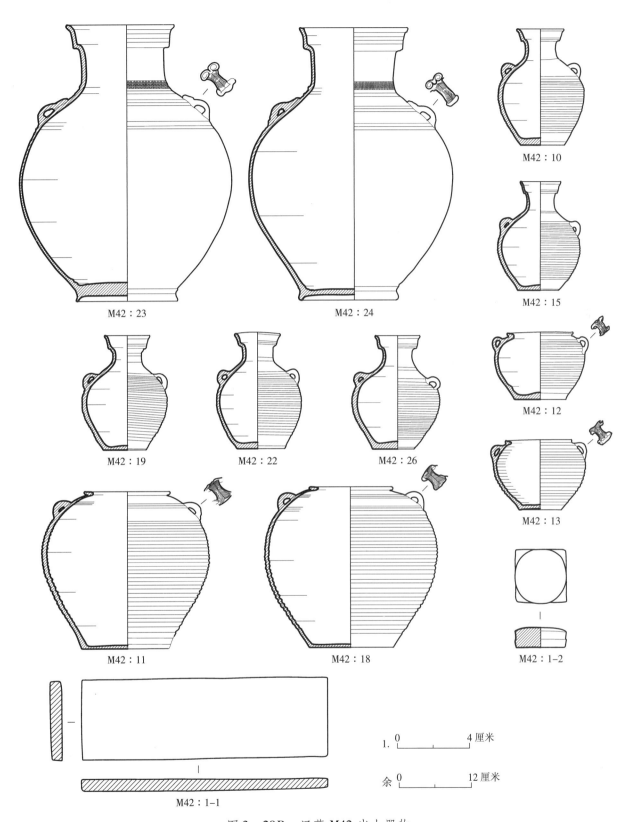

图 3 - 29B　汉墓 M42 出土器物

1 - 1. 石黛板　1 - 2. 石研黛器　12、13. 釉陶侈口罐　10、15、19、22 ~ 24、26. 釉陶盘口壶　11、18. 釉陶瓿式罐

平底　5 件。盘口下部、颈下部和肩部饰弦纹，腹部饰旋纹。

M42：10，口径 7.6、腹径 13.6、底径 7.1、高 18.4 厘米（图 3 - 29B；彩版九一，1）。

M42：15，口径 6.5、腹径 13、底径 6.6、高 17.3 厘米（图 3 - 29B；彩版九二，2）。

M42：19，口径 7.3、腹径 14.2、底径 7、高 18.2 厘米（图 3 - 29B；彩版九一，3）。

M42：22，口径 7.5、腹径 14、底径 7.6、高 18.5 厘米（图 3 - 29B；彩版九〇，3）。

M42：26，口径 7.2、腹径 14.8、底径 6.7、高 18 厘米（图 3 - 29B；彩版九一，4）。

釉陶瓿式罐　2 件。敛口，平沿，圆唇，鼓肩，下腹弧收，小平底，肩部贴饰对称半耳环一对。肩、部饰两组弦纹，腹部满饰旋纹，耳部饰叶脉纹。红褐色胎。

M42：11，口径 13.8、腹径 27.4、底径 14.1、高 25.0 厘米（图 3 - 29B；彩版九二，1）。

M42：18，口径 13.2、腹径 28.4、底径 13.6、高 25.5 厘米（图 3 - 29B；彩版九二，2）。

釉陶侈口罐　6 件。其中，M42：9、14、16、21，残碎。侈口，溜肩，鼓腹，肩部贴塑对称半环耳一对。肩、腹部饰旋纹，耳部饰叶脉纹。红褐色胎。脱釉。

M42：12，平底。口径 10.8、腹径 14.5、底径 8.3、高 10.7 厘米（图 3 - 29B；彩版九二，3）。

M42：13，平底内凹。口径 10.8、腹径 15、底径 6.9、高 10.9 厘米（图 3 - 29B；彩版九二，4）。

硬陶罍　2 件。

M42：17、25，残碎。

陶灶　1 件。

M42：20，残损严重，形制不辨。

铜镜　2 件。

M42：4，八乳博局铭文镜。保存基本完整，除局部有土沁外，其余均闪露青黑色金属光泽。镜面微弧。圆钮，四叶柿蒂纹钮座。内区座外方框，其外为大方框，框内四方各用两组三竖线隔成三区，四方结合处用斜线间隔，共分十二区，每区内均饰相同简单纹饰。方框外有八个乳丁，方框外侧正中各伸出一个 T 形符号与 L 形符号相对，方框四角又与 V 形符号相对，三种符号将镜的内区分成四方八等分，青龙、白虎、朱雀、玄武、羽人和禽鸟纹各占一等分。外侧两周弦纹内为一周环形铭文带，铭文为"尚方作竟真大巧，上有山人不知老，渴饮玉泉食饥枣"，其中"巧""有""知""老""渴""饮""食""饥"等字均为反书。铭文带外有一周栉齿纹。外区由内向外分别饰弦纹、复线波折纹、锯齿纹和弦纹带。直径 15.85、高 0.9 厘米（图 3 - 29C；彩版九三）。

M42：8，八乳博局铭文镜。残碎，拼对后局部残缺。正面局部绿锈侵入镜体，背面除大方框部分有绿锈侵入外，其余均闪露青黑色金属光泽。镜面微弧。圆钮，四叶柿蒂纹钮座。内区座外方框，其外为大方框，框内四方各用两组三竖线隔成三区，四方结合处用斜线间隔，共分十二区，每区内均饰相同简单纹饰。方框外有八个乳丁，方框外侧正中各伸出一个 T 形符号与 L 形符号相对，方框四角又与 V 形符号相对，三种符号将镜的内区分成四方八等分，四组相对的禽鸟纹各占一等分，其中铭文结尾处的禽鸟缩小，并配以羽人。外侧两周弦纹内为一周环形铭文带，铭文为"尚方作竟真大好，上有山人不知老，□子"，铭文均为反书。铭文带外由内向外分别饰栉齿纹、锯齿纹、弦纹、水波纹和锯齿纹。直径 15.5、高 1.0 厘米（图 3 - 29C；彩版九四）。

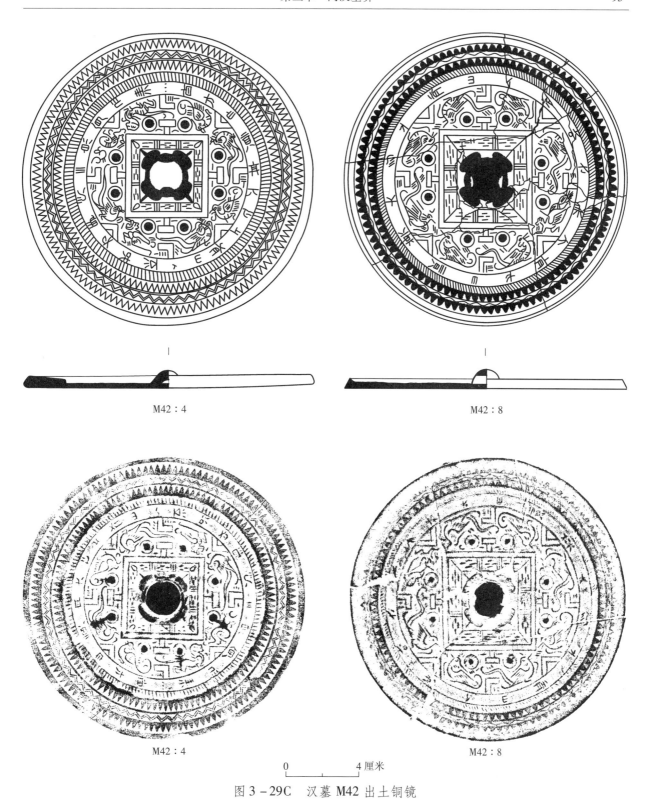

M42：4   M42：8

M42：4   M42：8

0   4厘米

图 3 - 29C　汉墓 M42 出土铜镜

铜钱　3 组。均为五铢钱，大小形制相仿。粘连成串。

M42：3、5、7，锈蚀严重。形制不详。钱纹模糊，隐约可见"五铢"二字。

铁刀　1 件。

M42：6，未见。

石黛板　1件。

M42:1-1,灰褐色砂岩。扁长方形,修制规整。正面及四边磨光,背面粗糙。长13.4、宽4.3、厚0.6厘米(图3-29B;彩版九五,1)。

石研黛器　1件。与M42:1-1石黛板为一组。

M42:1-2,灰色砂岩质。下方上圆。顶面和底面均磨光。边长2.8、高1.05厘米(图3-29B;彩版九五,1)。

料珠　1组。

M42:2,一串,共24颗。均为圆柱形,中间穿孔。均为蓝色。一颗直径0.5厘米,其余直径均为0.4厘米(彩版九二,5)。

M44

M44位于墓地东北部,长方形竖穴土坑墓,方向200°。墓葬于早年遭到破坏,顶部无存,墓坑开于生土上。墓壁竖直,修制规整。墓坑长3.7、宽2.2、残深0.35~0.55米。墓壁为紫红色生土层,墓内填土为黄褐色五花土。未见人骨、葬具痕迹(图3-30A)。

随葬品位于墓底东部,紧靠东壁,呈一字形排列,共7件,包括釉陶壶、瓿、侈口罐和陶盂。

釉陶壶　1件。

M44:6,口残,束颈,弧肩,鼓腹,平底内凹,肩部贴塑对称半环耳一对,缺一耳。颈下部饰一组水波纹,腹部饰旋纹,耳部饰叶脉纹,耳部上端贴饰云纹。灰色胎。青釉,脱釉严重。腹径23.5、底径13、残高28.1厘米(图3-30B;彩版九五,2)。

釉陶瓿　2件。

M44:7,敛口,平沿,弧肩,鼓腹,下腹弧收,平底,肩部贴塑对称铺首耳一对,缺一耳。肩部及上腹饰三组弦纹,腹部旋纹,耳部饰兽面纹,耳部上端饰横向S形纹。灰色胎。脱釉严重。口径8.1、腹径25.7、底径11.3、高25.7厘米(图3-30B;彩版九五,3)。

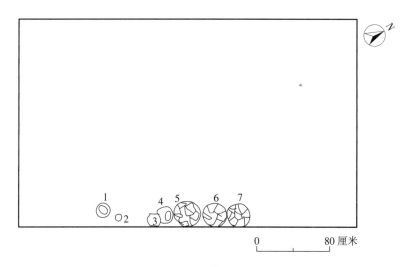

0　　　　　　80 厘米

图3-30A　汉墓M44平面图

1、2. 陶盂　3、4. 釉陶侈口罐　5、7. 釉陶瓿　6. 釉陶壶

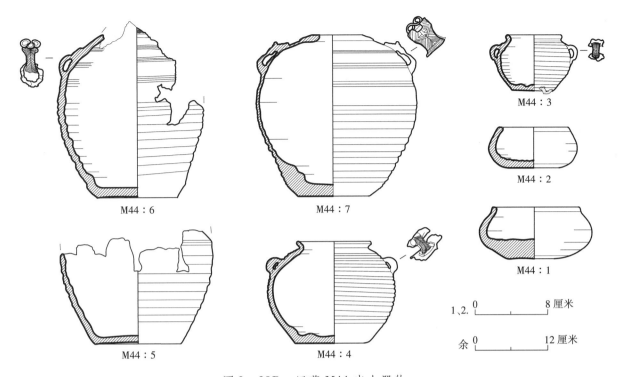

图 3 – 30B　汉墓 M44 出土器物

1、2. 陶盂　3、4. 釉陶侈口罐　5、7. 釉陶瓿　6. 釉陶壶

　　M44:5，上部残，鼓腹，平底内凹。腹部饰旋纹。灰色胎。底径 13.9、残高 18.1 厘米（图 3 – 30B）。

　　釉陶侈口罐　2 件。侈口，圆唇，鼓腹斜收，平底，肩部贴塑对称半环耳一对。肩腹部满饰旋纹，耳部饰叶脉纹。

　　M44:3，内壁饰旋纹，内底饰旋涡纹。底部有土沁。灰色胎。施青釉，脱釉严重，仅口部残留。口径 8.6、腹径 12.3、底径 6.4、高 8.9 厘米（图 3 – 30B；彩版九六，1）。

　　M44:4，灰色胎。脱釉。口径 11.7、腹径 21、底径 12、高 16.2 厘米（图 3 – 30B；彩版九六，2）。

　　陶盂　2 件。敛口，圆唇，扁鼓腹，平底。内壁饰旋纹。泥质灰陶。

　　M44:1，口径 9.1、腹径 11.7、底径 5、高 5.5 厘米（图 3 – 30B；彩版九六，3）。

　　M44:2，口径 7.3、腹径 8.7、底径 5.5、高 4.3 厘米（图 3 – 30B；彩版九六，4）。

M46

　　M46 位于墓地西部，凸字形竖穴土坑墓，方向 178°。墓葬于早年遭到破坏，墓口距离地表残深约 2 米，墓坑开于生土上。墓壁竖直，修制规整。墓道位于墓室南侧，呈斜坡状，长 2、宽 1、残高 0.34 ~ 0.92 米。墓室长 3.6、宽 3.56、残深 1.3 米。墓底发现两条枕木沟，距南壁 0.84 米处者长 3.56、宽 0.27、深 0.08 米，距离北壁 0.77 米处者长 3.56、宽 0.24、深 0.08 米。墓内填土为黄褐色。未发现人骨、葬具痕迹（图 3 – 31A）。

　　随葬品散置于墓底西部，共 21 件，包括釉陶壶、瓿式罐，硬陶罍，陶敛口罐、陶器，铜镜，铁釜、铁器、镶斗、构件、剑和琉璃耳瑱。

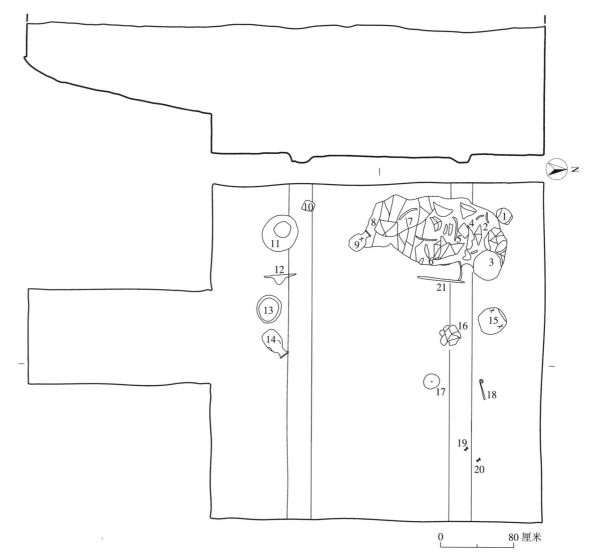

图 3－31A　汉墓 M46 平、剖面图

1、7、8. 陶敛口罐　2、3、5、6. 硬陶罍　4、15. 釉陶瓿式罐　9、14、16. 釉陶壶　10. 陶器　11. 铁釜
12. 铁器　13. 铁镳斗　17. 铜镜　18. 铁构件　19、20. 琉璃耳瑱　21. 铁剑

釉陶壶　3件。束颈，溜肩，鼓腹，下腹弧收，肩部贴塑对称半环耳一对。腹部饰旋纹，耳部饰叶脉纹。脱釉。

盘口　1件。

M46：14，凹沿，平底内凹。颈下部饰弦纹和水波纹，口下部、肩部及上腹饰弦纹，耳部饰叶脉纹和鬼眼纹。红褐色胎。口径 13.4、腹径 26.4、底径 11.9、高 35 厘米（图 3－31B；彩版九七，2）。

口残　2件。

M46：9，平底。颈下部饰旋纹。灰色胎。腹径 20、底径 11、残高 23.3 厘米（图 3－31B；彩版九七，1）。

M46：16，平底。灰色胎。腹径 19.2、底径 9.8、残高 22.4 厘米（图 3－31B；彩版九七，3）。

釉陶瓿式罐　2件。敛口，斜沿，溜肩，鼓腹，下腹弧收，平底，肩部贴塑对称半环耳一对。肩部饰弦纹，腹部饰旋纹，耳部饰叶脉纹。脱釉。

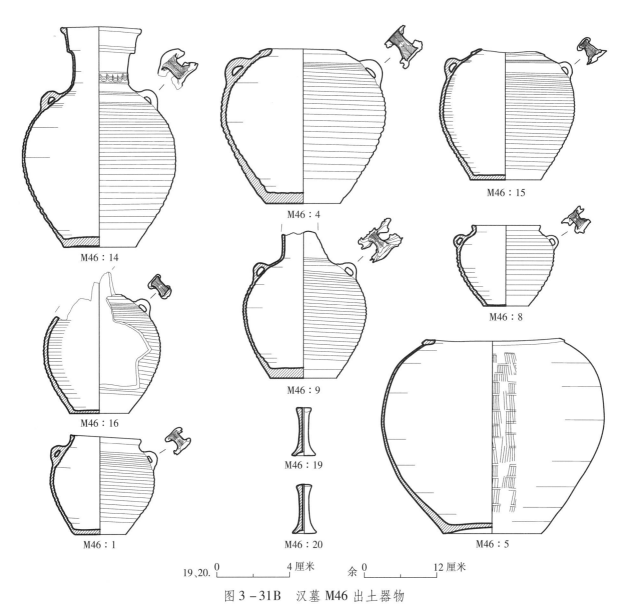

M46：14

M46：4

M46：15

M46：16

M46：9

M46：8

M46：1

M46：19

M46：20

M46：5

19、20. 0 ＿＿＿＿ 4 厘米　　余 0 ＿＿＿＿ 12 厘米

图 3 - 31B　汉墓 M46 出土器物

1、8. 陶敛口罐　5. 硬陶罍　4、15. 釉陶瓿式罐　9、14、16. 釉陶壶　19、20. 琉璃耳瑱

M46：4，红色陶胎。口径 11.1、腹径 26、底径 12.2、高 24.6 厘米（图 3 - 31B；彩版九八，1）。

M46：15，灰褐色胎。器体变形严重，腹部残。口径 12、腹径 21.9、底径 12、高 20.1（图 3 - 31B；彩版九八，2）。

硬陶罍　4 件。

M46：2、3、6，残碎。

M46：5，敛口，斜沿，方唇，弧肩，鼓腹，下腹斜收，平底内凹。腹部饰拍印席纹。灰褐色胎。口径 21.6、腹径 36.7、底径 16.2、高 30.5 厘米（图 3 - 31B）。

陶敛口罐　3 件。其中，M46：7，残碎。敛口，溜肩，鼓腹，下腹弧收，平底，肩部贴饰对称半环耳一对。肩、腹部饰旋纹，耳部饰叶脉纹。

M46：1，凹沿。红色胎。口径 11.5、腹径 15.7、底径 8.4、高 15.5 厘米（图 3 - 31B；彩版九八，3）。

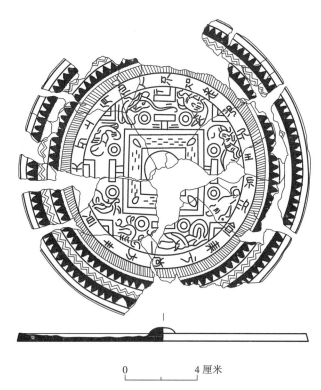

0   4厘米

图 3 - 31C   汉墓 M46 出土铜镜（M46：17）

M46：8，斜沿。口、腹部残。红褐色胎。口径 11.1、腹径 16.5、底径 7.4、高 12.8 厘米（图 3 -
31B；彩版九八，4）。

陶器   1 件。

M46：10，残碎。

铜镜   1 件。

M46：17，八乳博局铭文镜。残碎，拼对后镜缘残缺较多，除局部有土沁外，其余均闪露青黑色金
属光泽。镜面微弧。圆纽，圆纽座。内区座外方框，其外为大方框，框内四角各有一个椭圆形符号，
四边填充短线纹。方框外有八个乳丁，方框外侧正中各伸出一个 T 形符号与 L 形符号相对，方框四角
又与 V 形符号相对，三种符号将镜的内区分成四方八等分，青龙、白虎、朱雀、玄武和禽鸟纹、瑞兽
各占一等分。外侧两周弦纹内为一周环形铭文带，铭文为 "尚方作竟真大巧，上有山人不知老，渴饮
玉泉食饥枣兮"，铭文带外有一周栉齿纹。外区由内向外分别饰锯齿纹、弦纹、复线波折纹、锯齿纹和
弦纹带。直径 16、残高 0.7 厘米（图 3 - 31C）。

铁釜   1 件。

M46：11，锈残。

铁器   1 件。

M46：12，锈残。

铁镶斗   1 件。

M46：13，锈残。

铁构件　1件。

M46：18，锈残。一端有弯钩，具体形制不辨。

铁剑　1件。

M46：21，锈残。

琉璃耳瑱　2件。喇叭形，中间有一圆孔贯穿上下。深蓝色。

M46：19，高2.6厘米（图3－31B；彩版九六，5）。

M46：20，高2.5厘米（图3－31B；彩版九六，5）。

M47

M47位于墓地西北角，梯形竖穴土坑墓，方向174°。墓葬于早年遭到破坏，顶部无存，墓口距离地表深约1米，墓坑开于生土上。墓壁竖直，修制规整。墓坑长4、南端宽2.4、北端宽2.6、残深0.9米。墓内填土为黄褐色，其内夹杂小块砂岩石，体积一般为4~6平方厘米。墓底有三条枕木沟，南北两条均宽0.18、深0.08米，中间一条宽0.3、深0.18米。未见人骨、葬具痕迹（图3－32A）。

随葬品多位于墓底东部，铜镜、铜钱和铁剑等位于墓底中部，共25件（组），包括釉陶壶、瓿、瓿式罐、麟趾金，硬陶罍，陶罐、泥钱，铜盆、带钩、镜、钱和铁刀、釜。

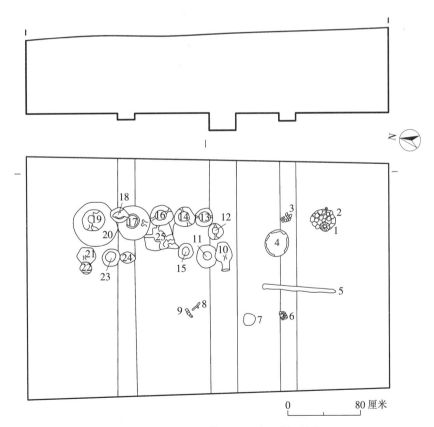

图3－32A　汉墓M47平、剖面图

1、6、9. 铜钱　2. 釉陶麟趾金　3. 泥钱　4. 铜盆　5. 铁刀　7. 铜镜　8. 铜带钩　10、11~16. 釉陶壶　17. 釉陶瓿

18、21、22、25. 陶侈口罐　19. 釉陶瓿式罐　20. 硬陶罍　23、24. 铁釜

釉陶壶 7件。束颈，溜肩，鼓腹，下腹弧收，肩部贴塑对称半环耳一对。口下部及肩部饰弦纹，颈下部饰弦纹和水波纹，腹部饰旋纹，耳部饰叶脉纹。脱釉。分为喇叭口和盘口两种。

喇叭口 2件。

M47：14，凹沿，圆唇，平底。红褐色胎。口径14.7、腹径21.6、底径11.7、高30.7厘米（图3－32B；彩版九九，1）。

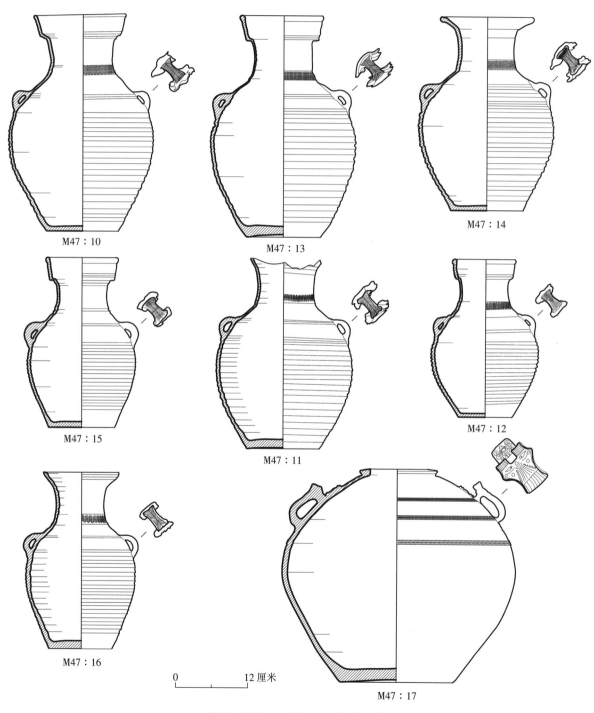

图3－32B 汉墓 M47 出土器物

10~16. 釉陶壶　17. 釉陶瓿

M47：16，凹沿，尖唇，平底。灰褐色胎。口径 12、腹径 18.4、底径 10.3、高 28 厘米（图 3 - 32B；彩版九八，5）。

　　盘口　4 件。

M47：10，平底，缺一耳。红褐色胎。口径 14.8、腹径 24.1、底径 11.7、高 34.3 厘米（图 3 - 32B；彩版九九，3）。

M47：12，口部残缺，平底。肩部及上腹部饰弦纹。灰褐色胎。口径 9.8、腹径 17.2、底径 8.7、高 25 厘米（图 3 - 32B；彩版一〇〇，1）。

M47：13，平底内凹。灰褐色胎，胎体有气泡。口径 13.3、腹径 24.3、底径 12.1、高 35.1 厘米（图 3 - 32B；彩版九九，4）。

M47：15，平底。灰褐色胎。口径 11、腹径 17.7、底径 10.8、高 26.9 厘米（图 3 - 32B；彩版一〇〇，2）。

　　口残　1 件。

M47：11，口部、腹部残，平底内凹。肩部及上腹部饰弦纹。灰褐色胎。腹径 21.7、底径 11.9、残高 30.3 厘米（图 3 - 32B；彩版九九，2）。

釉陶瓿　1 件。

M47：17，直口，宽斜沿，尖唇，弧肩，鼓腹，下腹弧收，平底内凹，肩部贴饰对称铺首耳一对。肩部及上腹部饰三组绳纹，耳部饰兽面纹。灰褐色胎。施青釉，脱釉严重。口径 9.3、腹径 38.2、底径 18.2、高 33.8 厘米（图 3 - 32B；彩版一〇一，1）。

釉陶瓿式罐　1 件。

M47：19，敛口，宽斜沿，尖唇，弧肩，鼓腹，下腹弧收，平底内凹，肩部贴饰对称铺首耳一对。肩部及上腹部饰三组弦纹，下腹饰旋纹，耳部饰兽面纹。灰褐色胎。脱釉。口径 8.4、腹径 23.6、底径 10.9、高 23.3 厘米（图 3 - 32C；彩版一〇〇，3）。

釉陶麟趾金　1 组 16 件。圆饼形。上部饰椭圆形纹饰。灰褐色胎。脱釉（彩版一〇一，4）。

M47：2 - 1，直径 5.8、高 2.0 厘米（图 3 - 32C）。

M47：2 - 2，直径 5.9、高 1.9 厘米（图 3 - 32C）。

M47：2 - 3，直径 5.6、高 1.8 厘米（图 3 - 32C；彩版一〇一，3）。

M47：2 - 4，直径 6.3、高 2.0 厘米（图 3 - 32C）。

M47：2 - 5，直径 5.5、高 1.9 厘米（图 3 - 32C）。

M47：2 - 6，直径 5.2、高 1.8 厘米（图 3 - 32C）。

M47：2 - 7，直径 5.7、高 2.1 厘米（图 3 - 32C）。

M47：2 - 8，直径 5.7、高 2.0 厘米（图 3 - 32C）。

M47：2 - 9，直径 5.8、高 1.9 厘米（图 3 - 32C）。

M47：2 - 10，直径 5.7、高 1.7 厘米（图 3 - 32C）。

M47：2 - 11，直径 5.8、高 1.8 厘米（图 3 - 32C）。

M47：2 - 12，直径 5.5、高 2.4 厘米（图 3 - 32C）。

M47：2 - 13，直径 5.7、高 1.9 厘米（图 3 - 32C）。

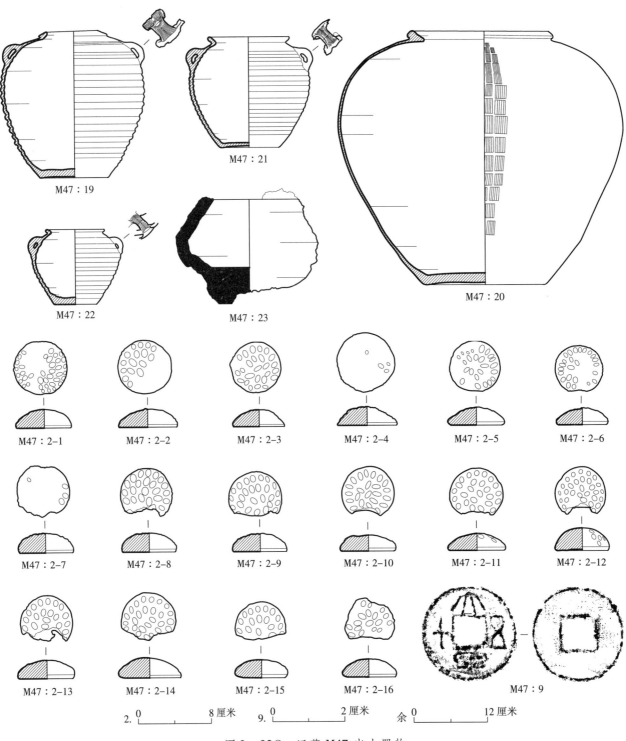

图 3 – 32C　汉墓 M47 出土器物

2. 釉陶麟趾金　9. 铜钱　21、22. 陶侈口罐　19. 釉陶瓿式罐　20. 硬陶罍　23. 铁釜

M47:2 – 14，直径 6.8、高 2.1 厘米（图 3 – 32C）。

M47:2 – 15，直径 5.6、高 1.9 厘米（图 3 – 32C）。

M47:2 – 16，直径 5.4、高 1.9 厘米（图 3 – 32C）。

硬陶罍　1 件。

M47：20，侈口，方唇，广肩，鼓腹，下腹弧收，平底内凹。肩、腹部饰拍印席纹。红色胎。口径 22.2、腹径 46.3、底径 19、高 40.3 厘米（图 3 - 32C；彩版一〇一，2）。

陶侈口罐　4 件。其中，M47：18、25，残碎。侈口，圆唇，弧肩，鼓腹，下腹弧收，肩部贴塑对称半环耳一对。耳部饰叶脉纹。红褐色胎。

M47：21，平底内凹。肩、腹部饰旋纹。口径 13.2、腹径 19.2、底径 9.5、高 17.6 厘米（图 3 - 32C；彩版一〇二，1）。

M47：22，平底。肩部饰弦纹，腹部饰旋纹。口径 9.4、腹径 14.4、底径 6.9、高 11.9 厘米（图 3 - 32C；彩版一〇一，5）。

泥钱　1 件。

M47：3，残碎。

铜盆　1 件。

M47：4，锈残。平底，可见铺首衔环。

铜带钩　1 件。

M47：8，锈蚀严重，形制不辨。

铜镜　1 件。

M47：7，四神博局镜。残碎，拼对后缺失较多，除镜背局部有绿锈侵入镜体外，其余均闪露青黑色金属光泽。圆纽，四叶柿蒂纹纽座，四叶间有三条短线相隔。内区座外方框，方框外侧正中各伸出一个 T 形符号与 L 形符号相对，方框四角又与 V 形符号相对，三种符号将镜的内区分成四方八等分，四神和禽鸟纹各占一等分，因缺失严重，纹饰的具体形象不辨，外有一周弦纹和一周栉齿纹。外区由内向外分别饰锯齿纹、弦纹和流云纹。直径 12、高 1 厘米。

铜钱　3 组。均为大泉五十，大小形制类似，粘连锈蚀严重，分别是 M47：1、M47：6 和 M47：9。

M47：9，锈蚀严重，粘连成串。正背面穿外均有郭，正面穿外有篆文"大泉五十"四字，钱纹清晰，字体优美。"大"横笔呈半圆形，"五"字中间两笔呈弧曲形相交，两横不出头，"十"字竖笔较长。厚 0.2 厘米，直径多为 2.8 厘米，也有少数 2.5 厘米者（图 3 - 32C）。

铁刀　1 件。

M47：5，锈蚀严重。残长 30、宽 3 厘米。

铁釜　2 件。

M47：23，锈蚀严重。敛口，扁鼓腹。具体形制不辨。口径 16、残高 16.8 厘米（图 3 - 32C）。

M47：24，锈蚀严重。深弧腹。

M48

M48 位于墓地中部东侧，长方形竖穴土坑墓，方向 270°。墓葬于早年遭到破坏，顶部无存，墓坑开于生土上，坑壁竖直，修制规整。墓坑长 3.2、宽 1.8、残深 0.3 米。墓内填土为黄褐色五花土。未见人骨、葬具痕迹（图 3 - 33A）。

随葬品位于墓底北部，共 13 件，包括釉陶鼎、盒、喇叭口壶、瓿、罐和硬陶罍。

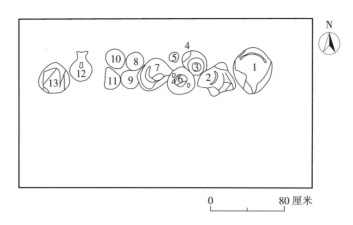

图 3 - 33A　汉墓 M48 平面图

1. 硬陶罍　2、6、12. 釉陶喇叭口壶　3~5. 釉陶罐　7、13. 釉陶瓿　8、11. 釉陶鼎　9、10. 釉陶盒

釉陶鼎　2 件。覆钵形盖，弧顶近平。盖顶饰旋纹。器身子口微敛，深弧腹，平底，器底等距离附三个矮蹄足，肩部有对称长方形立耳一对，耳中部有长方形孔，耳部上端微外侈。腹部饰旋纹，耳部饰栉齿纹。褐色胎。施青釉，脱釉严重。

M48：8，口径 20.3、底径 11.5、通高 18.7 厘米（图 3 - 33B；彩版一〇二，2）。

M48：11，口径 20.2、底径 11.5、通高 19.8 厘米（图 3 - 33B；彩版一〇二，3）。

釉陶盒　2 件。覆钵形盖，弧顶近平。盖顶饰旋纹。器身子口微敛，深弧腹。腹部饰旋纹。红褐色胎。脱釉。

M48：9，平底。口径 20.1、底径 13、高 17.9 厘米（图 3 - 33B；彩版一〇二，4）。

M48：10，浅圈足。口径 19.3、足径 11.1、高 16.6 厘米（图 3 - 33B；彩版一〇二，5）。

釉陶喇叭口壶　3 件。喇叭口，圆唇，束颈，溜肩，鼓腹，下腹弧收，肩部贴塑对称半环耳一对。颈部上下部饰弦纹和水波纹，腹部饰旋纹，耳部饰叶脉纹。灰褐色胎。施青釉，脱釉严重。

M48：2，口残。口沿微敛，圈足外撇。口径 16、腹径 29.9、足径 16.7、高 36.3 厘米（图 3 - 33B；彩版一〇三，1）。

M48：6，口、腹部残。凹沿外敞，浅圈足。肩部及上腹部饰弦纹，耳部上端贴饰横向 S 形纹。口径 17.1、腹径 35.4、足径 16、高 42.4 厘米（图 3 - 33B；彩版一〇三，2）。

M48：12，口残。口沿微敛，圈足外撇。口下部、颈下部及肩部饰弦纹和水波纹。口径 14.5、腹径 26.1、足径 15、高 32.4 厘米（图 3 - 33B；彩版一〇三，3）。

釉陶瓿　2 件。

M48：7，残碎。

M48：13，敛口，宽斜沿，弧肩，鼓腹，下腹弧收，平底内凹。肩部贴塑对称铺首耳一对，一耳残。肩部饰弦纹和水波纹，腹部饰旋纹，耳部饰兽面纹。灰褐色胎。脱釉。口径 13.3、腹径 38.2、底径 17.3、高 27.4 厘米（图 3 - 33B；彩版一〇四，1）。

釉陶罐　3 件。凹沿，溜肩，鼓腹，下腹弧收，肩部贴塑对称半环耳一对。肩、腹部饰旋纹，耳部饰叶脉纹。红色胎。脱釉。

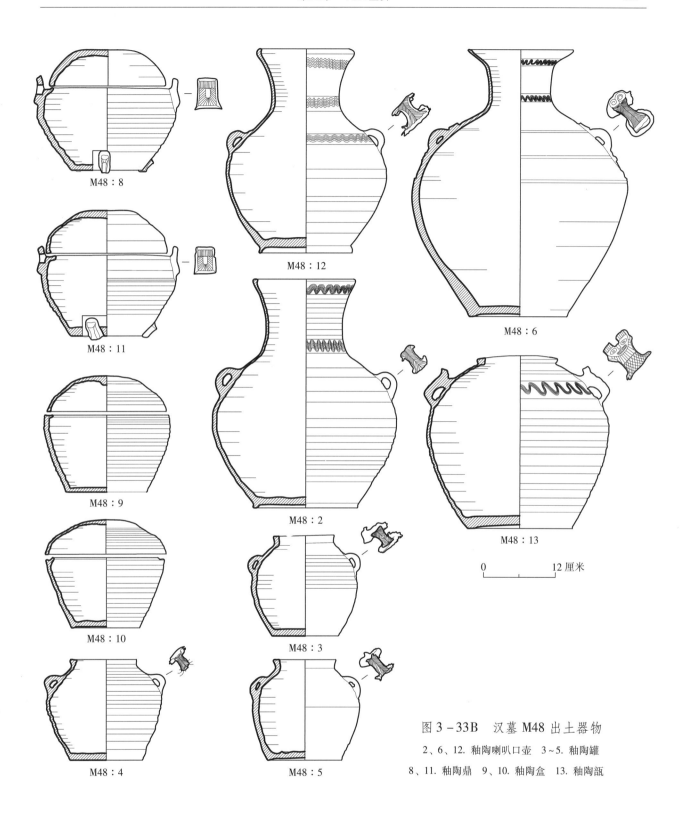

M48：8

M48：11

M48：9

M48：10

M48：4

M48：12

M48：2

M48：3

M48：5

M48：6

M48：13

0　　　　　　12 厘米

图 3 - 33B　汉墓 M48 出土器物

2、6、12. 釉陶喇叭口壶　3~5. 釉陶罐
8、11. 釉陶鼎　9、10. 釉陶盒　13. 釉陶瓿

直口　2 件。

M48：3，平底。口径 9.7、腹径 16.5、底径 10.7、高 15.9 厘米（图 3 - 33B；彩版一〇四，2）。

M48：5，口部略变形。口微侈，平底内凹。内壁有旋纹痕迹，内底饰三圈旋纹。口径 9.9、腹径 17.7、底径 12、高 16 厘米（图 3 - 33B；彩版一〇四，3）。

敛口　1件。

M48:4，平底。耳部饰叶脉纹和卷云纹。口径10.7、腹径17.9、底径11.8、高16厘米（图3－33B；彩版一〇四，4）。

硬陶罍　1件。

M48:1，残碎。

M50

M50位于墓地中部北侧，长方形竖穴土坑墓，方向350°。墓葬于早年遭到破坏，顶部无存，墓坑开于生土上。墓壁竖直，修制规整。墓坑长4.2、宽3.3、残深1.68米。墓内填土为五花土，墓底紧靠四壁铺垫有0.5米宽的鹅卵石面，鹅卵石大小为3~4厘米。未见人骨、葬具痕迹（图3－34A）。

随葬品多位于墓底西部，呈一字形排列，铜镜、铜钱和料珠等位于墓底中部。共28件（组），包括釉陶壶、瓿，硬陶罍，陶器、侈口罐、灶，铜镜、钱，鎏金铜器和铁器、镶斗、釜。

釉陶壶　4件。圆唇，束颈，溜肩，鼓腹，肩部贴塑对称半环耳一对。耳部饰叶脉纹。

盘口　3件。

M50:2，盘口，内斜沿，圈足外撇。盘口及颈下部饰弦纹和水波纹，肩部及上腹饰弦纹，耳部上端贴饰横向S形纹，内壁饰旋纹。灰褐色胎。施青釉，脱釉严重，仅口部及肩部有残留。口径17.2、腹径33.6、足径16、高42.3厘米（图3－34B；彩版一〇五，1）。

M50:16，盘口，内斜沿，圈足外撇。盘口及颈下部饰弦纹和水波纹，肩部及上腹饰弦纹，耳部上端贴饰横向S形纹，内壁饰旋纹。灰褐色胎。施青釉，脱釉严重，仅口部及肩部有残留。口径17.7、腹径32.3、足径15.6、高39厘米（图3－34B；彩版一〇五，2）。

M50:3，平底。口下部及肩部饰弦纹，颈下部饰弦纹和水波纹。灰褐色胎。口径13.8、腹径25.1、底径12.9、高33.7厘米（图3－34B；彩版一〇六，1）。

口残　1件。

M50:18，平底。腹部饰旋纹。腹径25.9、底径11.6、残高31.2厘米（图3－34B；彩版一〇五，3）。

釉陶瓿　2件。敛口，宽沿，弧肩，鼓腹，平底，肩部贴塑对称铺首耳一对。肩部饰弦纹，腹部饰旋纹。

M50:15，耳部饰席纹。口径8.3、腹径25.6、底径10.9、高24.7厘米（图3－34B；彩版一〇六，2）。

M50:17，耳部饰叶脉纹和鬼眼纹。口径9.3、腹径27.2、底径12、高25.9厘米（图3－34B；彩版一〇六，4）。

硬陶罍　4件。

M50:19、26~28，残碎。

陶侈口罐　1件。

M50:20，侈口，圆唇，溜肩，鼓腹，平底，肩部贴塑对称半环耳一对。肩腹部饰旋纹。口径9.7、腹径15.4、底径9、高11.8厘米（图3－34B；彩版一〇六，3）。

陶灶　1件。

M50:22，残碎。

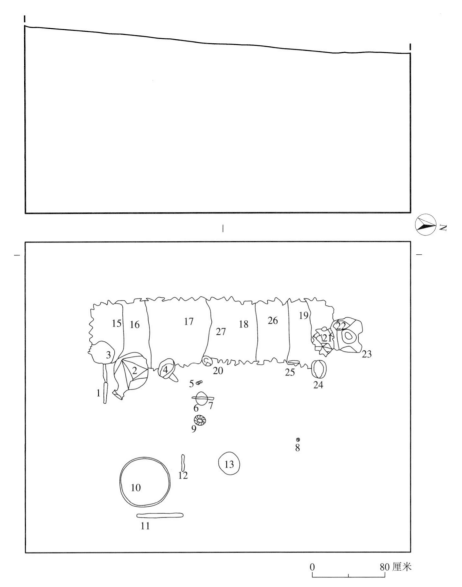

图 3－34A　汉墓 M50 平、剖面图

1、7、11、12、25. 铁器　2、3、16、18. 釉陶壶　4. 铁镰斗　5、8、9. 铜钱　6、13. 铜镜　10. 鎏金铜器

15、17. 釉陶瓿　19、26、27. 硬陶罍　20. 陶侈口罐　21. 陶器　22. 陶灶　23、24. 铁釜

陶器　1件。

M50：21，残碎。

铜镜　2件。

M50：6，连弧纹昭明镜。圆形铜镜。残碎，拼对后基本完整，镜面、镜背大部分均有绿锈侵入镜体，少部分闪露青黑色金属光泽。圆纽，圆纽座。内区纽座外饰两周凸弦纹，其间有短线相连，外侧一周内向十二连弧纹带，外侧为栉齿纹带，其外两周弦纹内为一周铭文带，镜铭为"内而青而以而昭而明而光而象而夫而日而月"19 字，铭文首尾用"一"字间隔。铭文带外侧为一周栉齿纹。外区素面。直径 11.2、高 1.1 厘米（图 3－34C、3－34D；彩版一〇七）。

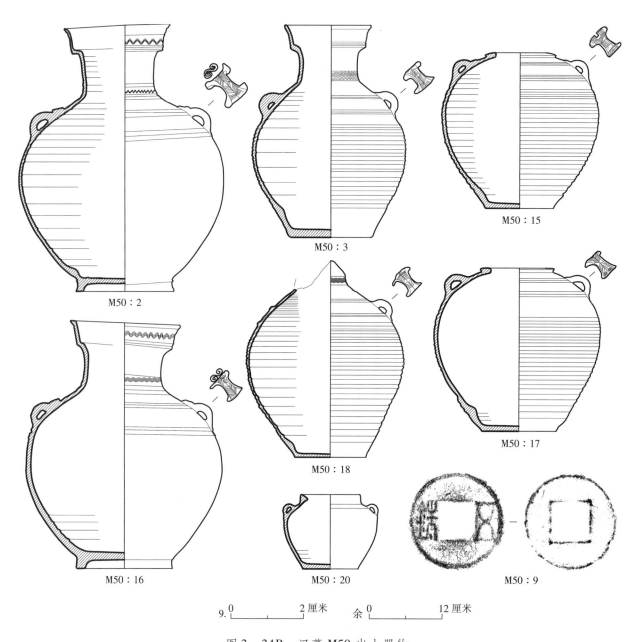

图 3－34B　汉墓 M50 出土器物

2、3、16、18. 釉陶壶　9. 铜钱　15、17. 釉陶瓿　20. 陶侈口罐

　　M50：13，残碎，拼对后内区残缺严重，镜面有绿锈侵入镜体，其余均露青黑色金属光泽。圆纽，圆纽座。内区仅可辨鹿纹，外有一周栉齿纹。外区由内向外分别饰弦纹、变体螭纹带和弦纹，螭纹带以"田"字符号间隔。直径 11.1、高 1.1 厘米（图 3－34C）。

　　铜钱　4 组。均为五铢钱，大小形制类似，粘连锈蚀严重。分别是 M50：5、M50：8、M50：9 和 M50：14。

　　M50：9，锈蚀严重，粘连成串。正面穿外无郭，背面穿外有郭。正面穿外有篆文"五铢"二字，钱纹清晰。"五铢"二字略显瘦高，"五"字中间两笔呈弧曲形，两横不出头；"铢"字的金字头呈三角形，朱字上下均为圆折。直径 2.5、厚 0.2 厘米（图 3－34B）。

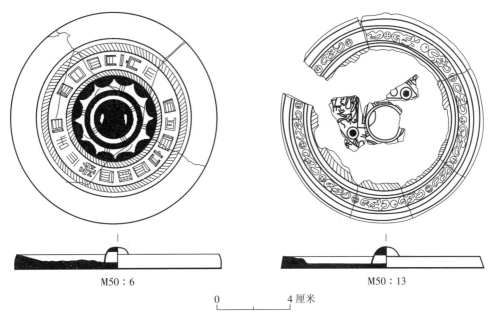

M50：6 M50：13

0　　　　　4 厘米

图 3－34C　汉墓 M50 出土铜镜

鎏金铜器　1 件。

M50：10，未见。

铁器　5 件。

M50：1，锈蚀严重。长条形。残长 21.5 厘米。

M50：7，锈蚀严重。形制不辨。

M50：11，锈蚀严重。形制不辨。

M50：12，锈蚀严重。

M50：25，锈蚀严重。形制不辨。

铁镦斗　1 件。

M50：4，锈蚀严重。

铁釜　2 件。

M50：23、24，锈残。

0　　　　3 厘米

图 3－34D　汉墓 M50 出土铜镜（M50：6）

M51

M51 位于墓地南部，长方形竖穴土坑墓，方向 280°。墓葬保存较完整，墓口距离地表深约 2 米，墓坑开于生土上。墓壁竖直，修制规整。墓坑长 3.6、宽 1.7、深 0.5 米。墓底设有两条枕木沟：距离东壁 0.5 米处者长 1.7、宽 0.16、深 0.08 米，距离西壁 0.8 米处者长 1.7、宽 0.15、深 0.05 米。墓内填土为黄褐色。未见人骨、葬具痕迹（图 3－35）。

随葬品位于墓底南部，共 6 件，包括釉陶盘口壶，陶罐、灶和铁刀、铁器。

釉陶盘口壶　1 件。

M51：2，盘口，圆唇，束颈，溜肩，鼓腹，平底，肩部贴塑对称半环耳一对。口部及肩部饰弦纹，颈

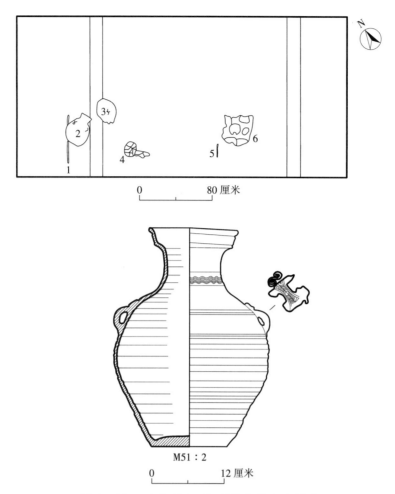

图 3 - 35　汉墓 M51 平面图及其出土器物

1. 铁刀　2. 釉陶盘口壶　3、4. 陶罐　5. 铁器　6. 陶灶

下部饰弦纹和水波纹，腹部饰旋纹，耳部饰叶脉纹，耳部上端贴饰横向 S 形纹。灰色胎。口内、内底及上腹部施青釉，脱釉严重。口径 14.2、腹径 25.3、底径 12.3、高 34.8 厘米（图 3 - 35；彩版一○八，1）。

陶罐　2 件。

M51：3、4，残碎。

陶灶　1 件。

M51：6，残碎。

铁刀　1 件。

M51：1，锈残。

铁器　1 件。

M51：5，锈残。

M56

M56 位于墓地西南部，梯形竖穴土坑墓，方向 280°。墓葬保存较完整，墓口距离地表深约 2 米，墓坑开于生土上。墓壁竖直，修制规整。墓坑长 2.6、宽 1.5～1.6、深 0.6～0.8 米。墓底距离东西两

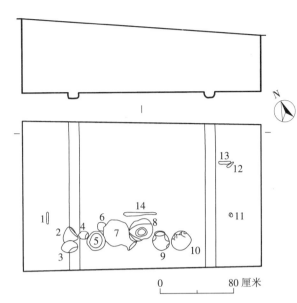

图3-36A　汉墓M56平、剖面图

1、11~13. 铁器　2、3. 陶器　4~6. 釉陶侈口罐

7~10. 釉陶盘口壶　14. 铁刀

壁0.5米处各设一条宽0.12、深0.06米的枕木沟。墓内填土为黄色土，含有细砂石。未见人骨、葬具痕迹（图3-36A）。

随葬品位于墓底南部，呈一字形排列，共14件，包括釉陶盘口壶、侈口罐，陶器和铁刀、铁器。

釉陶盘口壶　4件。盘口，圆唇，束直颈，溜肩，鼓腹，肩部贴塑对称半环耳一对。耳部饰叶脉纹。灰褐色胎。脱釉。

M56:7，圈足外撇。口部及颈下部饰弦纹和水波纹，肩部及上腹饰弦纹。胎体有气泡。口径14.2、腹径26.3、足径14.2、高34.9厘米（图3-36B；彩版一〇八，2）。

M56:8，圈足外撇。口部及颈下部饰弦纹和水波纹，肩部及上腹饰弦纹。胎体有气泡。口径13.4、腹径23.9、足径13、高33.1厘米（图3-36B；彩版一〇八，3）。

M56:9，平底。口下部、颈下部及肩部饰弦纹，腹部饰旋纹。口径12.1、腹径17.8、底径9.6、高25.6厘米（图3-36B；彩版一〇九，1）。

M56:10，平底浅凹。口下部、颈下部及肩部饰弦纹，腹部饰旋纹。口径11.6、腹径20.1、底径11.5、高27厘米（图3-36B；彩版一〇九，2）。

釉陶侈口罐　3件。侈口，圆唇，溜肩，鼓腹，平底，肩部贴塑对称半环耳一对。肩、腹部满饰旋纹，耳部饰叶脉纹。

M56:4，红褐色胎。脱釉。口径9、腹径12.6、底径6.5、高9.5厘米（图3-36B；彩版一〇九，3）。

M56:5，口部变形。斜沿。褐色胎。施青釉，脱釉严重。口径14、腹径20.8、底径11、高19.7厘米（图3-36B；彩版一〇九，4）。

M56:6，斜沿。灰褐色胎，胎体有气泡。脱釉。口径9.5、腹径12.7、底径6.6、高9.7厘米（图3-36B；彩版一〇九，5）。

陶器　2件。

M56:2、3，残碎。

铁刀　1件。

M56:14，锈蚀严重。长条形，形制不辨。

铁器　4件。

M56:1，锈蚀严重。形制不辨。

M56:11，锈蚀严重。环状，形制不辨。

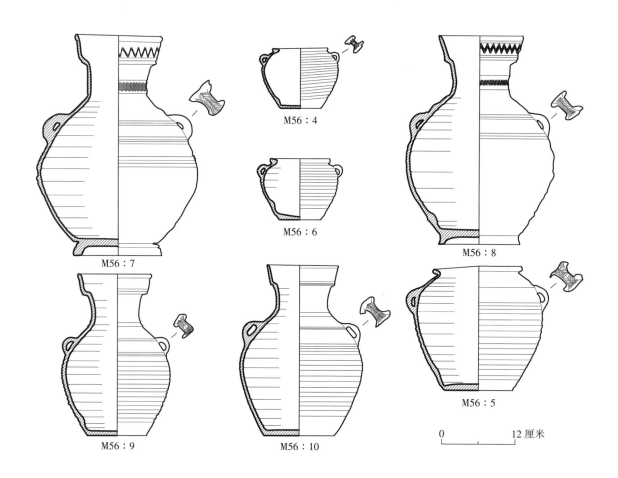

M56：4

M56：6

M56：7

M56：8

M56：9

M56：10

M56：5

0　　　　　　　12 厘米

图 3 - 36B　汉墓 M56 出土器物

4~6. 釉陶侈口罐　7~10. 釉陶盘口壶

M56：12，锈蚀严重。环状和长条形，形制不辨。

M56：13，锈蚀严重。长条形，形制不辨。

M58

M58 位于墓地西南部，梯形竖穴土坑墓，方向 287°。墓口距离地表深约 2 米，墓坑开于生土上。墓壁竖直，修制规整。墓坑长 2.8、宽 1.46~1.85、残深 0.6 米。墓底较为平整，墓内填土为黄色土，其内含有细砂石。未见人骨、葬具痕迹（图 3 - 37A）。

随葬品位于墓底南部，共 11 件，包括釉陶壶、瓿式罐、直口罐，陶灶和铁器。

釉陶壶　3 件。束颈，溜肩，鼓腹，圈足外撇，肩部贴塑对称半环形耳。颈下部饰弦纹和水波纹，肩部饰弦纹，腹部饰旋纹，耳部饰叶脉纹，耳上部贴饰横向 S 形纹。红褐色胎。施青釉，脱釉严重，仅肩部残留。

喇叭口　2 件。

M58：1，平沿，圆唇。口径 12.5、腹径 25.4、足径 13.6、高 32.6 厘米（图 3 - 37B；彩版一一〇，1）。

M58：2，凹沿，圆唇。口径 12.2、腹径 25、足径 13.5、高 32.9 厘米（图 3 - 37B；彩版一一〇，2）。

口残 1件。

M58:8，腹径21.5、足径12.1、残高21.4厘米（图3-37B；彩版一一○，3）。

釉陶瓿式罐 1件。

M58:11，浅凹沿，圆唇，溜肩，鼓腹，平底，肩部贴饰对称半环耳一对，一耳残。肩、腹部饰旋纹，耳部饰叶脉纹。红褐色胎。脱釉。口径15、腹径27.1、底径17.1、高26.5厘米（图3-37B；彩版一一一，1）。

釉陶直口罐 4件。其中，M58:6，残碎。直口，溜肩，鼓腹，平底，肩部贴饰对称半环耳一对。耳部饰叶脉纹。灰色胎。脱釉。

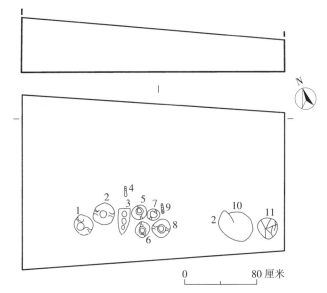

图3-37A 汉墓M58平、剖面图

1、2、8. 釉陶壶 3. 陶灶 4、9. 铁器 5~7、10. 釉陶直口罐 11. 釉陶瓿式罐

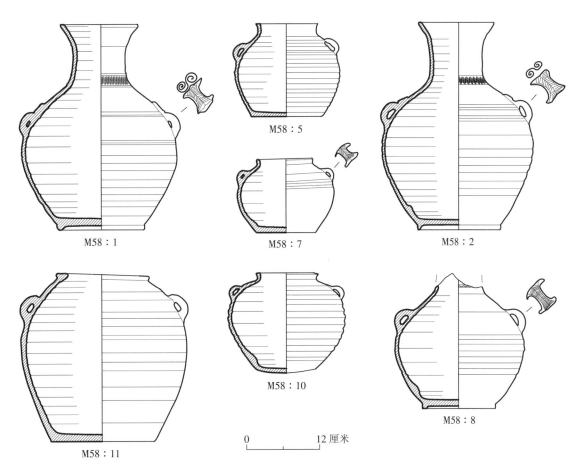

M58:1

M58:5

M58:7

M58:2

M58:11

M58:10

M58:8

图3-37B 汉墓M58出土器物

1、2、8. 釉陶壶 5、7、10. 釉陶直口罐 11. 釉陶瓿式罐

M58：5，平沿，尖唇。肩、腹部饰旋纹。口径 10、腹径 17.2、底径 11.3、高 14.7 厘米（图 3 - 37B；彩版一一一，3）。

M58：7，直口微侈，圆唇。肩部饰一周弦纹，腹部饰旋纹。口径 9、腹径 15.7、底径 9.5、高 11.7 厘米（图 3 - 37B；彩版一一一，2）。

M58：10，平沿，尖唇。肩、腹部饰旋纹。口径 10.1、腹径 19.1、底径 9.5、高 15.9 厘米（图 3 - 37B；彩版一一一，4）。

陶灶　1 件。

M58：3，平面呈船形，前端尖。器残，仅剩侧面，具体形制不辨。泥质灰陶，胎体疏松。残长 27.5 厘米。

铁器　2 件。

M58：4、9，锈残。器形不辨。

M60

M60 位于墓地西南部，长方形竖穴土坑墓，方向 276°。墓葬保存较完整，在距离随葬品顶部 0.1 米处，被 M59 打破。墓口距离地表深约 3 米，墓坑开于生土上。墓壁竖直，修制规整。墓坑长 3.5、宽 2、深 0.4 米。墓底距离西壁 0.6 米处和距离东壁 0.65 米处各设一条宽 0.2、深 0.08 米的枕木沟。墓内填土为黄色土，其内含有砂石。未见人骨、葬具痕迹（图 3 - 38A）。

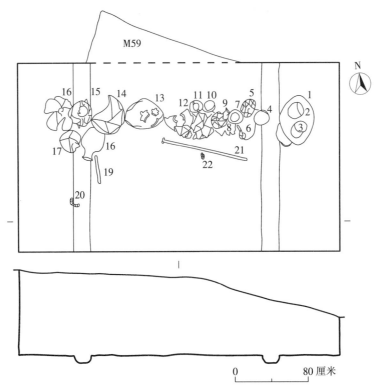

图 3 - 38A　汉墓 M60 平、剖面图

1. 陶灶　2、3. 铁釜　4～8、10、11. 釉陶侈口罐　9、15～17. 釉陶壶　12. 釉陶瓿　13、14. 硬陶罍

19、21. 铁刀　20、22. 铜钱

随葬品位于墓底北部，共24件（组），包括釉陶壶、瓿、侈口罐，硬陶罍，陶灶、麟趾金、泥钱，铜钱和铁釜、刀。

釉陶壶　5件。圆唇，束颈，溜肩，鼓腹，下腹弧收，平底浅凹，肩部贴塑对称半环耳一对。耳部饰叶脉纹。

喇叭口　4件。凹沿。颈下部饰弦纹和水波纹，肩部及上腹部饰三组弦纹，下腹饰旋纹。灰色胎。施青釉，脱釉严重。

M60：15，耳上端贴饰羊角形卷云纹。胎体多气泡。口径16.5、腹径24.3、底径12、高33.4厘米（图3-38B；彩版一一二，1）。

M60：16，颈上部饰弦纹，耳上端贴饰羊角形卷云纹。口径16.1、腹径24、底径12.4、高32.8厘米（图3-38B；彩版一一二，2）。

M60：17，耳上端贴饰横向S形纹。口径15.8、腹径22.7、底径11.7、高32.2厘米（图3-38B；彩版一一二，3）。

M60：18，颈上部饰弦纹，耳上端贴饰羊角形卷云纹。口径14.9、腹径22.7、底径11.3、高33.7厘米（图3-38B；彩版一一三，2）。

盘口　1件。

M60：9，口下部、颈下部及肩部饰弦纹，腹部饰旋纹。灰色胎。脱釉。口径11.4、腹径19.1、底径11.3、高27.9厘米（图3-38B；彩版一一三，1）。

釉陶瓿　1件。

M60：12，敛口，斜沿，弧肩，鼓腹，下腹弧收，平底，肩部贴塑对称铺首耳一对。肩、部及上腹部饰三组凸弦纹，耳部饰兽面纹，耳上端贴饰横向S形纹。红褐色胎。上部施釉，脱釉严重。口径12.6、腹径29.5、底径13.6、高30厘米（图3-38B；彩版一一三，3）。

釉陶侈口罐　7件。

M60：4~6、8、10、11，均残碎。红色胎。脱釉。

M60：7，侈口，圆唇，溜肩，鼓腹，平底，肩部贴塑对称半环耳一对。肩、腹部满饰旋纹，耳部饰叶脉纹。灰色胎。脱釉。口径10.6、腹径14.9、底径8.8、高11.8厘米（图3-38B；彩版一一一，5）。

硬陶罍　2件。

M60：13、14，残碎。

陶灶　1件。

M60：1，残碎。

陶麟趾金　1组3件。圆饼形。上部饰蟠螭纹。泥质灰褐陶（彩版一一四，1）。

M60：23-1，直径4.3、高1.5厘米（图3-38B）。

M60：23-2，直径4.4、高1.6厘米（图3-38B）。

M60：23-3，直径4.5、高1.8厘米（图3-38B）。

泥钱　1组。

M60：24，若干枚，完整的仅两枚。圆形方穿。泥质（彩版一一四，2）。

M60：24-1，直径2.6、孔径0.7、厚0.7厘米（图3-38B）。

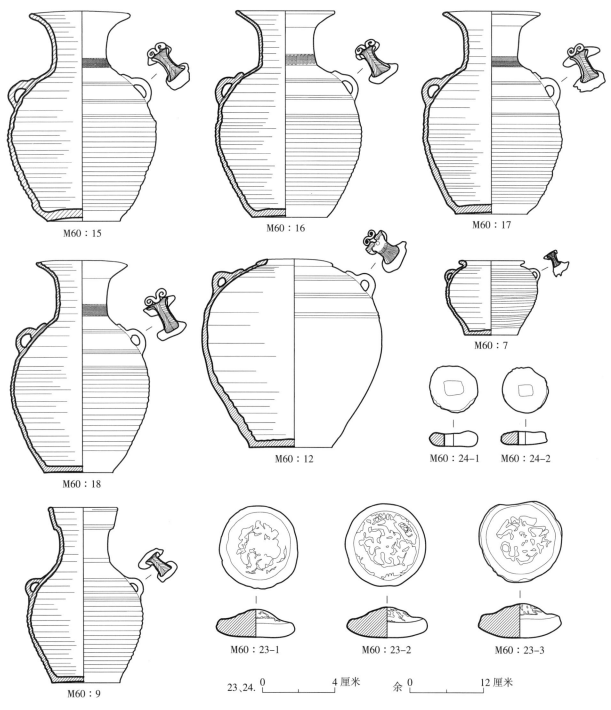

图 3 - 38B 汉墓 M60 出土器物

7. 釉陶侈口罐 9、15~18. 釉陶壶 12. 釉陶瓿 23. 陶麟趾金 24. 泥钱

M60：24 - 2，直径 2.6、孔径 0.7、厚 0.7 厘米（图 3 - 38B）。

铜钱 2组。

M60：20、22，未见。

铁釜 2件。

M60：2，锈蚀。形制不辨。

M60：3，锈蚀，残损严重。敛口，折腹。

铁刀 2件。

M60：19，锈蚀，残损严重。形制不辨。

M60：21，锈蚀，残损严重。形制不辨。残长39.4、宽2.3厘米。

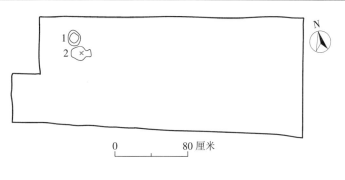

M64

M64位于墓地中部，刀把形竖穴土坑墓，方向280°。墓葬于早年遭到破坏，顶部无存，墓坑开于生土上。墓室长2.9、东端宽1.3、西端宽1.1、残深0.6米。墓壁竖直，修制规整，墓底平整。西壁南侧设斜坡墓道，长0.3、宽0.51厘米。墓内填土为灰褐色。未见人骨、葬具痕迹（图3－39）。

随葬品位于墓底西侧，共2件，包括釉陶喇叭口壶和印纹硬陶罐。

釉陶喇叭口壶 1件。

M64：2，喇叭口，凹沿，圆唇，束颈，溜肩，鼓腹，平底，肩部贴塑对称半环耳一对。颈下部饰弦纹和水波纹，肩部饰弦纹，腹部饰旋纹，耳部饰叶脉纹。灰白胎。施青黄釉，脱釉严重。口径9.9、腹径15.7、底径9.6、高20.4厘米（图3－39；彩版一一四，4）。

印纹硬陶罐 1件。

M64：1，侈口，鼓肩，扁鼓腹，大平底。肩腹满饰复线回字纹加×形纹。红褐色胎。口径10、腹径15.4、底径9.2、高9.8厘米（图3－39；彩版一一四，3）。

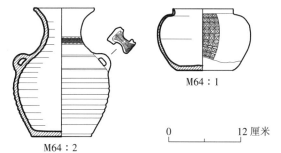

图3－39 汉墓M64平面图及其出土器物
1. 印纹硬陶罐 2. 釉陶喇叭口壶

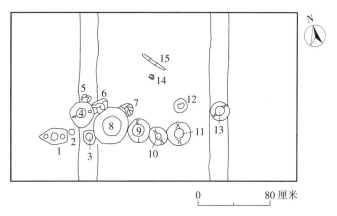

图3－40A 汉墓M66平面图

1. 陶灶 2. 低温铅釉陶盘口壶 3、6、7、12、13. 釉陶直口罐

4、9. 釉陶瓿 5. 陶器 8. 硬陶罍 10、11. 釉陶喇叭口壶

14. 铜钱 15. 铁刀

M66

M66位于墓地西部，长方形竖穴土坑墓，方向280°。墓葬保存较完整，墓口距离地表深约2.5米，墓坑开于生土上。墓壁竖直，修制规整，墓底平整。墓坑长3.1、宽1.8、残深0.45米。墓底距离东西壁0.75米处各设一条枕木沟，规格均为长1.8、宽0.2、深0.08米。墓内填土为黄褐色。未见人骨、葬具痕迹（图3－40A）。

随葬品位于墓底南部，共15件（组），包括低温铅釉陶盘口壶，釉陶喇叭口壶、瓿、直口罐，硬陶罍，陶器、灶，铜钱和铁刀。

低温铅釉陶盘口壶 1 件。

M66：2，高粗束颈，斜肩，扁鼓腹，底足残，肩部贴塑对称半环耳一对。肩腹部饰两组弦纹，耳部饰叶脉纹和鬼眼纹。红色胎，泥质软陶，胎质细腻。口内及外壁满施低温铅釉，釉色黄绿，施釉均匀。口径 19.8、腹径 30.2、残高 32.6 厘米（图 3 - 40B；彩版一一五，3）。

釉陶喇叭口壶 2 件。圆唇，束颈，溜肩，鼓腹，浅圈足，肩部贴塑对称半环耳一对。颈下部饰弦纹和水波纹，肩部饰弦纹，腹部饰旋纹。灰褐色胎。口内、内底及上腹部施青釉，脱釉严重。

M66：10，耳部饰叶脉纹和鬼眼纹。口径 12.5、腹径 20.2、足径 10.9、高 27.2 厘米（图 3 - 40B；彩版一一五，1）。

M66：11，耳部饰叶脉纹，上端贴饰羊角形卷云纹。口径 14.5、腹径 23.9、足径 12.7、高 35.4 厘米（图 3 - 40B；彩版一一五，2）。

釉陶瓿 2 件。敛口，斜沿，尖唇，溜肩，鼓腹，下腹弧收，平底，肩部贴塑对称铺首耳一对。肩部饰弦纹，腹部饰旋纹，耳部饰兽面纹，耳部上贴饰横向 S 形纹。红褐色胎，胎体有气泡。肩部以上及内底施青黄釉，脱釉严重。

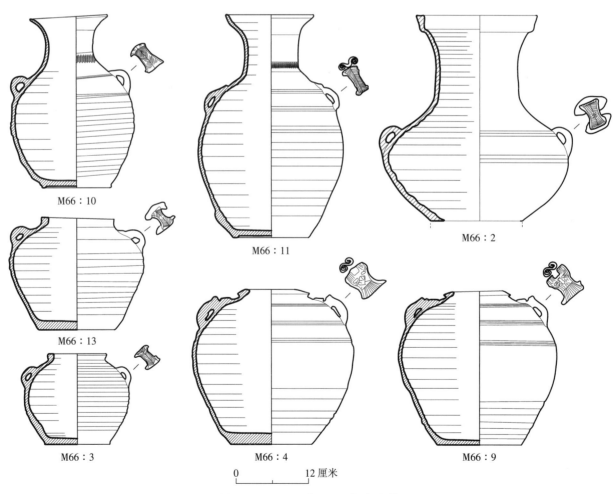

M66：10

M66：11

M66：2

M66：13

M66：3

M66：4

M66：9

0　　　　　　12 厘米

图 3 - 40B　汉墓 M66 出土器物

2. 低温铅釉陶盘口壶　3、13. 釉陶直口罐　4、9. 釉陶瓿　10、11. 釉陶喇叭口壶

M66∶4，口径11.7、腹径26.7、底径13.3、高24.6厘米（图3-40B；彩版一一六，1）。

M66∶9，口径10.7、腹径25.8、底径13.6、高24.4厘米（图3-40B；彩版一一六，2）。

釉陶直口罐　5件。其中，M66∶6、7、12，残碎。直口微侈，平沿，尖唇，溜肩，鼓腹，平底，肩部贴塑对称半环耳一对。肩、腹部饰旋纹，耳部饰叶脉纹。

M66∶3，灰色胎。脱釉。口径9.6、腹径17.2、底径10.6、高14.4厘米（图3-40B；彩版一一六，3）。

M66∶13，红褐色胎。施青黄色釉，脱釉严重。口径11.8、腹径22.1、底径12.2、高17.7厘米（图3-40B；彩版一一六，4）。

硬陶罍　1件。

M66∶8，残碎。

陶灶　1件。

M66∶1，残碎。

陶器　1件。

M66∶5，残碎。

铜钱　1组。

M66∶14，均为五铢钱，大小形制相仿，粘连成串。正面穿外无郭，背面穿外有郭，正面穿外有篆文"五铢"二字，钱纹模糊。直径2.5、厚0.15厘米。

铁刀　1件。

M66∶15，锈残。

M67

M67位于墓地东北部，长方形竖穴土坑墓，方向346°。墓葬保存不完整，上部被M61打破，墓坑开于生土上。墓壁竖直，修制规整。墓坑长4.2、宽2.52、残深0.7米。墓底距离北壁0.6米处设一条枕木沟，宽0.2、深0.05米；距离南壁0.56米处设一条枕木沟，宽0.14、深0.05米。墓内填土为灰褐色。未见人骨，发现棺钉3枚，棺木葬具痕迹可见，棺木位于墓底东部（图3-41A）。

随葬品主要位于墓底西部，共34件（组），包括釉陶盘口壶、侈口罐、双唇罐、井、硬陶罍、陶灶、井、陶器碎片、铜鐎斗、盆、带钩、镜、钱、铁刀、釜、棺钉和料珠。

釉陶盘口壶　3件。盘口，圆唇，束颈，溜肩，鼓腹，肩部贴塑对称半环耳一对。口沿下、颈下部各饰一组水波纹和弦纹，肩部饰两组凸弦纹，耳部饰叶脉纹。灰褐色胎。施青釉，脱釉严重。

M67∶15，圈足外撇。口径16.7、腹径32.1、足径14.8、高40.8厘米（图3-41B；彩版一一七，2）。

M67∶16，圈足外撇。口径16.4、腹径32.7、足径15.2、高40.8厘米（图3-41B；彩版一一七，3）。

M67∶10，平底。口径8.1、腹径14.7、底径8.3、高18.5厘米（图3-41B；彩版一一七，1）。

釉陶侈口罐　6件。其中，M67∶9、13、14、31，残碎。侈口，圆唇，溜肩，鼓腹，平底，肩部贴塑对称半环耳一对。腹部满饰旋纹，耳部饰叶脉纹。

M67∶8，灰色胎。脱釉。口径14.7、腹径23.5、底径10.9、高21厘米（图3-41B；彩版一一八，4）。

M67∶28，红色胎。脱釉。口径10.7、腹径16.2、底径8.2、高13.4厘米（图3-41B；彩版一一八，3）。

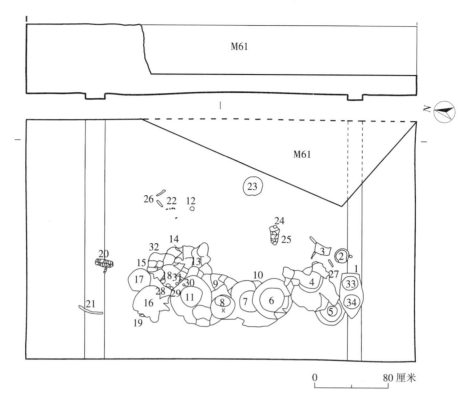

图 3 - 41A　汉墓 M67 平、剖面图

1. 陶灶　2. 陶井　3. 铜镰斗　4、6、7、11. 硬陶罍　5. 釉陶双唇罐　8、9、13、14、28、31. 釉陶侈口罐

10、15、16. 釉陶盘口壶　12、20、24. 铜钱　17. 铜盆　18、19、29、30. 釉陶井　21. 铁刀　22. 料珠

23. 铜镜　25. 陶器碎片　26、27. 铁棺钉　33、34. 铁釜

釉陶双唇罐　1 件。

M67:5，器身直口微侈，凹沿，双唇，外唇外敞较甚，内口高于外口，束颈，鼓腹，平底，颈腹结合处有对称半环耳一对。腹部饰旋纹，耳部饰叶脉纹。灰褐色胎。施青黄色釉，脱釉严重。内口径 10.6、外口径 20.1、腹径 25.3、底径 13.6、高 27.3 厘米（图 3 - 41B；彩版一一八，1）。

釉陶井　4 件。直口微侈，内斜沿，尖唇，短颈，折肩，直腹，平底，肩部贴塑对称横錾耳一对，中间有一对钻圆孔。红褐色胎。

M67:18，下腹部饰一组细弦纹。口径 6.1、腹径 8.2、底径 7.3、高 8.1 厘米（图 3 - 41B；彩版一一九，3）。

M67:19，双耳残。口径 5.7、腹径 8、底径 7.2、高 8.1 厘米（图 3 - 41B；彩版一一九，1）。

M67:29，一耳残。口径 6.1、腹径 8.5、底径 7.2、高 9.3 厘米（图 3 - 41B；彩版一一九，2）。

M67:30，口径 5.9、腹径 8.4、底径 7.7、高 8.6 厘米（图 3 - 41B；彩版一一九，4）。

硬陶罍　4 件。其中，M67:4、6、7，残碎。

M67:11，直口微侈，斜沿，圆唇，直颈，溜肩，鼓腹，平底。颈下部、肩部饰弦纹，肩部饰刻划云纹，腹部饰拍印席纹。灰色胎。口径 21.1、腹径 48.7、底径 19、高 46.1 厘米（图 3 - 41B；彩版一一八，2）。

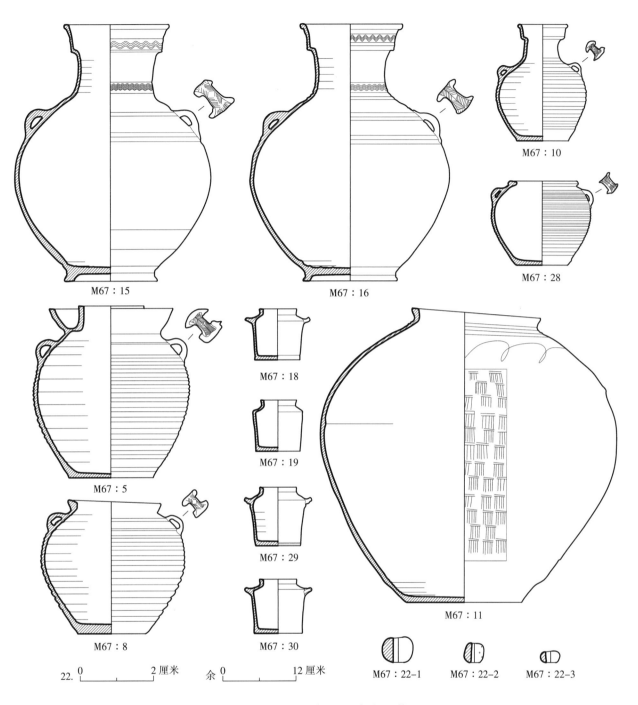

M67：15

M67：16

M67：10

M67：28

M67：5

M67：18

M67：19

M67：11

M67：8

M67：29

M67：30

M67：22-1 M67：22-2 M67：22-3

22. 0   2厘米   余 0   12厘米

图 3 - 41B   汉墓 M67 出土器物

5. 釉陶双唇罐   8、28. 釉陶侈口罐   10、15、16. 釉陶盘口壶   11. 硬陶罍   18、19、29、30. 釉陶井   22. 料珠

陶灶   1件。

M67：1，残碎。

陶井   1件。

M67：2，残碎。

陶器碎片   1组。

M67：25，未见。

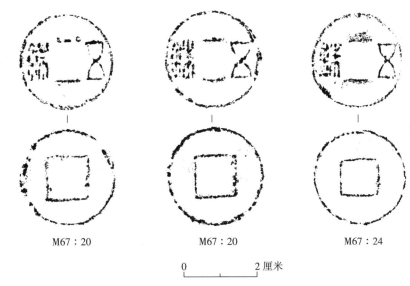

M67：20　　　　　　　　　　M67：20　　　　　　　　　　M67：24

0　　　　　　　2厘米

图 3 - 41C　汉墓 M67 出土铜钱

铜鐎斗　1 件。

M67：3，锈蚀严重。仅残存一中空把手。

铜盆　1 件。

M67：17，锈蚀严重。形制不辨。

铜带钩　1 件。

M67：32，未见。

铜钱　3 组。均为五铢钱，大小形制类似，粘连锈蚀严重。分别是 M67：12、M67：20 和 M67：24
（图 3 -41C）。

M67：20，锈蚀严重，粘连成串。正面穿外无郭，背面穿外有郭，正面穿外有篆文"五铢"二字，
钱纹清晰。"五铢"二字略显瘦高，"五"字中间两笔呈斜交略弧曲，两横不出头；"铢"字的金字头
呈三角形，朱字上部或为圆折或为方折，下部均为圆折。直径2.6、厚0.2厘米（图 3 -41C）。

铜镜　1 件。

M67：23，八乳博局铭文镜。圆形。残碎，拼对后局部残缺，多处绿锈侵入镜体，局部闪露青黑色
金属光泽。镜面微弧。圆纽残，四叶柿蒂纹纽座。内区座外方框，其外为复线大方框，框内为十二乳
丁间以"子丑寅卯辰巳午未申酉戌亥"十二辰，排列顺序混乱。外有八个乳丁，方框外侧正中各伸出
一个 T 形符号与 L 形符号相对，方框四角又与 V 形符号相对，三种符号将镜的内区分成四方八等分，
羽人和禽鸟、瑞兽各占一等分，因锈蚀严重，仅可辨羽人、禽鸟等。外侧两周弦纹内为一周环形铭文
带，铭文为"尚方作竟真……有山……"。铭文带外为栉齿纹。外区由内向外分别饰锯齿纹、弦纹、
复线波折纹和锯齿纹。直径18、厚1.1厘米（图 3 -41D；彩版一二〇，1）。

铁刀　1 件。

M67：21，锈残。长条形。残长24.8、宽4.3厘米。

铁釜　2 件。

M67：33、34，锈残。

0   4厘米

图 3－41D　汉墓 M67 出土铜镜（M67∶23）

铁棺钉 2组3枚。

M67：26，2枚。未见。

M67：27，1枚。未见。

料珠 1组。

M67：22，若干颗。算珠状，对钻孔。琉璃质（彩版一二〇，2）。

M67：22-1，红色。直径0.8、孔径0.15、高0.7厘米（图3-41B；彩版一二〇，3）。

M67：22-2，天蓝色。直径0.6、孔径0.15、高0.5厘米（图3-41B；彩版一二〇，3）。

M67：22-3，深蓝色。直径0.5、孔径0.18、高0.3厘米（图3-41B；彩版一二〇，3）。

M68

M68位于墓地中部，长方形竖穴土坑墓，方向270°。墓葬于早年遭到破坏，顶部无存，墓坑开于生土上。墓坑长3.4、宽1.9、残深1米。墓壁竖直，修制规整。南、北、东三壁设宽0.4、高0.45米的二层台，用小块岩石和黄土夯筑，东壁发现一层台阶，宽0.3、高0.45米。墓底较平整，设两条南北向枕木沟，宽0.2、深0.05米。墓内填土为灰黄色。未见人骨、葬具痕迹（图3-42A）。

随葬品多位于墓底北部，呈一字形排列，铜镜和料珠等位于墓底西部。共20件，包括釉陶鼎、盒、喇叭口壶、瓿、直口罐，硬陶罍，陶敛口罐、泥钱，铜镜和料珠。

釉陶鼎 2件。覆钵形盖，盖顶近平，顶部饰弦纹。器身子口微敛，平底。底部等距离附三个兽足，足上饰叶脉纹。对称长方形立耳一对，耳外撇，耳中间有长方形孔，耳部饰几何纹。腹部饰旋纹，

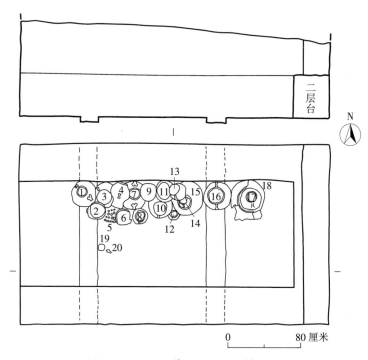

图3-42A　汉墓M68平、剖面图

1、7. 釉陶瓿　2、11. 釉陶鼎　3、4、10、17. 釉陶喇叭口壶　5. 泥钱　6、9. 釉陶盒

8、12~14、18. 釉陶直口罐　15. 硬陶罍　16. 陶敛口罐　19. 铜镜　20. 料珠

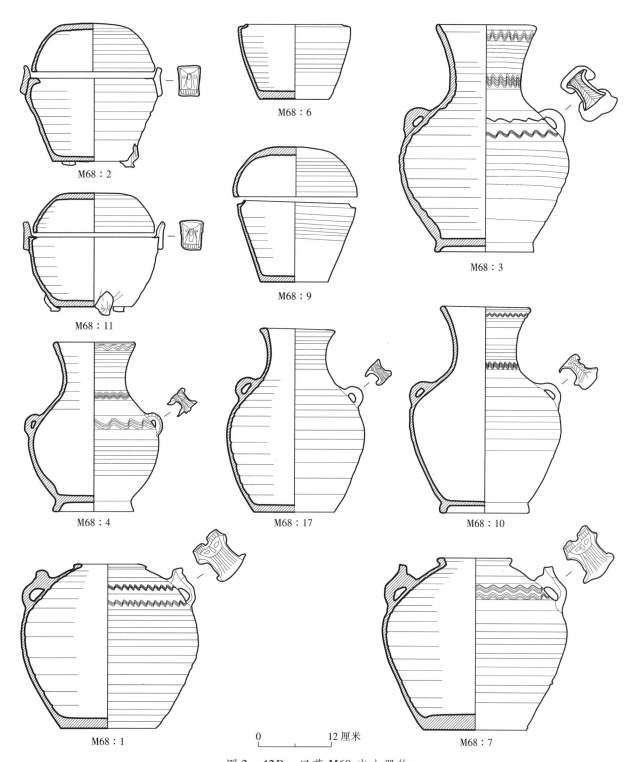

M68：2

M68：11

M68：6

M68：9

M68：3

M68：4

M68：17

M68：10

M68：1

0　　　　　　12 厘米

M68：7

图 3－42B　汉墓 M68 出土器物

1、7. 釉陶瓿　2、11. 釉陶鼎　3、4、10、17. 釉陶喇叭口壶　6、9. 釉陶盒

内壁饰旋纹，内底饰螺旋纹。红褐色胎。脱釉。

M68：2，斜直腹。口径 20、底径 12、通高 21.9 厘米（图 3－42B；彩版一二一，1）。

M68：11，深弧腹。口径 20.9、底径 12.6、通高 18.4 厘米（图 3－42B；彩版一二一，2）。

釉陶盒　2 件。覆钵形盖，盖顶近平，顶部饰弦纹。器身子口微敛，平底。

M68：6，平顶盖，残。深弧腹，平底浅凹。腹部饰旋纹。红色胎。脱釉。口径 15.4、底径 11.2、高 11.9（图 3 - 42B；彩版一二一，3）。

M68：9，斜直腹。腹部饰旋纹。红褐色胎。施青釉。口径 17.5、底径 10.9、通高 19.8 厘米（图 3 - 42B；彩版一二一，4）。

釉陶喇叭口壶　4 件。喇叭口，圆唇，束颈，溜肩，鼓腹，肩部贴塑对称半环耳一对。耳部饰叶脉纹。

M68：3，圈足外撇。口部、颈下部各饰一组弦纹和水波纹，肩部饰两组弦纹和水波纹，腹部饰旋纹。红褐色胎。口内、肩及上腹部和内底施青釉，釉层明显，釉面光滑发亮。口径 16.5、腹径 28.1、足径 16.3、高 36.1 厘米（图 3 - 42B；彩版一二二，1）。

M68：4，圈足外撇。口下部、颈下部及肩部各饰一组弦纹和水波纹，腹部饰旋纹。红褐色胎。脱釉。口径 13.5、腹径 21.4、足径 12.9、高 26.9 厘米（图 3 - 42B；彩版一二二，2）。

M68：10，圈足外撇。口下部、颈下部各饰一组弦纹和水波纹，颈部及腹部饰旋纹。灰褐色胎。施青釉，有脱釉现象。口径 15、腹径 25.1、足径 14.1、高 32.7 厘米（图 3 - 42B；彩版一二二，3）。

M68：17，平沿，平底。通体满饰旋纹。红色胎。脱釉。口径 12、腹径 22.4、底径 13、高 29.1 厘米（图 3 - 42B；彩版一二三，1）。

釉陶瓿　2 件。敛口，斜沿，尖唇，弧肩，鼓腹，平底，肩部贴塑对称铺首耳一对。肩部及上腹部饰弦纹和水波纹，下腹饰旋纹，耳部饰兽面纹。施青釉，脱釉严重。

M68：1，灰褐色胎。口径 11.6、腹径 29、底径 15.5、高 26.1 厘米（图 3 - 42B；彩版一二三，2）。

M68：7，红褐色胎。口径 12.2、腹径 30.5、底径 16.9、高 27.3 厘米（图 3 - 42B；彩版一二三，3）。

釉陶直口罐　5 件。其中，M68：18，残碎。直口微敛，矮颈，溜肩，鼓腹，肩部贴塑对称半环耳一对。腹部饰旋纹。脱釉。

M68：8，凹沿，平底浅凹。耳部饰叶脉纹。灰褐色胎。口径 10.9、腹径 18.7、底径 10.9、高 16.2 厘米（图 3 - 42C；彩版一二四，1）。

M68：12，平沿，平底。耳部无纹饰。红色胎。口径 10.2、腹径 15.9、底径 9、高 13.2 厘米（图 3 - 42C；彩版一二四，2）。

M68：13，平沿，平底。耳部饰叶脉纹。红褐色胎。口径 10.2、腹径 17.2、底径 11.9、高 14 厘米（图 3 - 42C；彩版一二四，3）。

M68：14，斜沿，平底。耳部饰叶脉纹。灰褐色胎。口径 8.7、腹径 13.4、底径 8.4、高 10.4 厘米（图 3 - 42C；彩版一二四，4）。

硬陶罍　1 件。

M68：15，侈口，平沿，溜肩，鼓腹，下腹弧收，平底。通体拍印席纹。红色胎。口径 16.7、腹径 37、底径 18.1、高 31.1 厘米（图 3 - 42C；彩版一二四，5）。

陶敛口罐　1 件。

M68：16，敛口，凹沿，溜肩，鼓腹，平底，肩部贴塑对称半环耳一对。腹部饰旋纹，耳部饰叶脉纹。红色胎。口径 15.9、腹径 30、底径 16.5、高 29.9 厘米（图 3 - 42C；彩版一二一，5）。

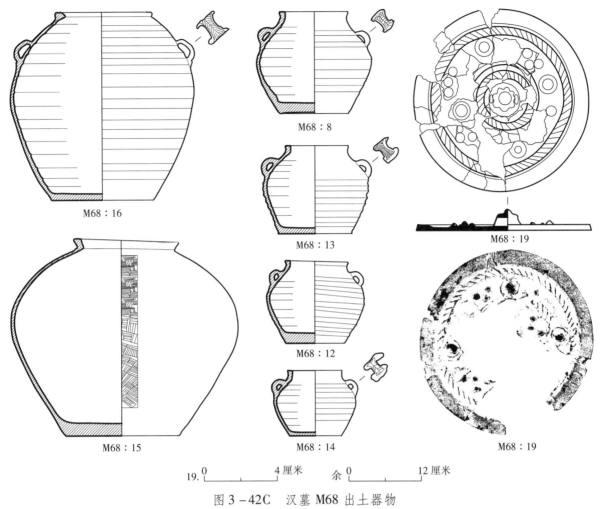

19. 0 ____ 4厘米　　余 0 ____ 12厘米

图 3-42C　汉墓 M68 出土器物

8、12~14. 釉陶直口罐　15. 硬陶罍　16. 陶敛口罐　19. 铜镜

泥钱　1件。

M68:5，未见。

铜镜　1件。

M68:19，星云纹镜。圆形。残碎，拼对后局部残缺，表面金属光泽不明显。镜面微弧。博山钮，圆钮座。座外饰两周弦纹夹栉齿纹，外侧两周弦纹，其外为星云纹带，四枚大乳丁将纹带分成四区，每区各有一组小乳丁，乳丁间以细线连接，外侧为一周栉齿纹。宽素缘。直径9.6、高1.1厘米（图 3-42C）。

料珠　1件。

M68:20，灰白色。残碎。

M69

M69 位于墓地中部，梯形竖穴土坑墓，方向356°。墓葬于早年遭到破坏，顶部无存，墓坑开于生土上。墓壁竖直，修制规整，墓底较为平整。墓坑长3.8、南端宽2.75、北端宽2.9、残深0.2米。墓内填土为黄褐色。未见人骨痕迹。墓底中部发现长约2.35、宽0.6米的棺床板灰，板灰呈黑色。在黑色

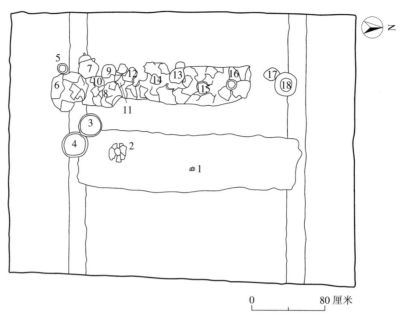

图 3 –43A　汉墓 M69 平面图

1. 铜钱　2、6、8、9、16. 釉陶喇叭口壶　3、4. 铜盆　5、10、11、15. 釉陶侈口罐

7、13. 釉陶双唇罐　12. 釉陶瓿　14. 硬陶罍　17、18. 铁釜

棺床板灰中发现釉陶壶和铜钱，在棺床的南北两端发现有两条宽0.2、深0.08米的枕木沟（图 3 –43A）。

　　随葬品位于墓底西侧，共18件（组），包括釉陶喇叭口壶、瓿、侈口罐、双唇罐，硬陶罍，铜盆、钱和铁釜。

　　釉陶喇叭口壶　5 件。其中，M69:16，残碎。束颈，溜肩，鼓腹，圈足，肩部贴塑对称半环耳一对。耳部饰叶脉纹。灰褐色胎。施青釉，脱釉严重。

　　喇叭口　3 件。凹沿，尖唇。

　　M69:2，颈下部饰弦纹和水波纹，肩部饰三组凸弦纹，耳部上端贴饰横向 S 形纹。口径18.1、腹径33.2、足径16.6、高42 厘米（图 3 –43B；彩版一二五，1）。

　　M69:8，耳残。口下部及颈下部饰弦纹和水波纹，肩部饰三组凸弦纹，耳部上端贴饰横向 S 形纹。口径17.4、腹径34.4、足径17.8、高42.6 厘米（图 3 –43B；彩版一二五，2）。

　　M69:9，颈下部饰弦纹和水波纹，肩部饰两组凸弦纹，腹部饰旋纹。口径10.3、腹径15.6、足径8.7、高21 厘米（图 3 –43B；彩版一二五，3）。

　　口残　1 件。

　　M69:6，颈下部饰弦纹和水波纹，肩部饰三组凸弦纹，腹部饰旋纹，耳部上端贴饰横向 S 形纹。腹径24.5、足径13.6、残高32.3 厘米（图 3 –43B；彩版一二六，1）。

　　釉陶瓿　1 件。

　　M69:12，残碎。

　　釉陶侈口罐　4 件。其中，M69:11，残碎。侈口，圆唇，溜肩，鼓腹，平底，肩部贴塑对称半环耳一对。腹部饰旋纹。红褐色胎。脱釉。

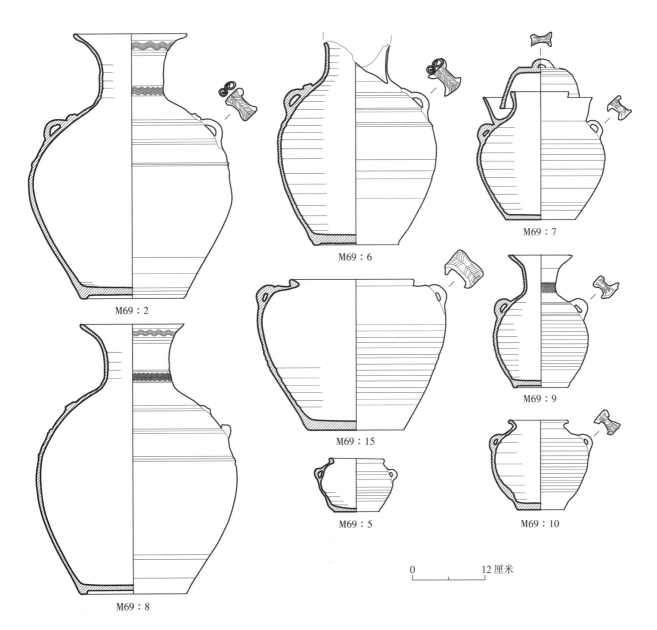

M69：2

M69：8

M69：6

M69：7

M69：15

M69：5

M69：9

M69：10

0　　　　　　　　12 厘米

图 3 - 43B　汉墓 M69 出土器物

2、6、8、9. 釉陶喇叭口壶　5、10、15. 釉陶侈口罐　7. 釉陶双唇罐

　　M69：5，口径 8.4、腹径 12.1、底径 7.2、高 8.4 厘米（图 3 - 43B；彩版一二六，2）。

　　M69：10，一耳残。耳部饰叶脉纹。口径 9.9、腹径 16、底径 7.6、高 14.2 厘米（图 3 - 43B；彩版一二六，3）。

　　M69：15，耳部饰叶脉纹。口径 20.4、腹径 30.6、底径 15.4、高 23.9 厘米（图 3 - 43B；彩版一二六，4）。

　　釉陶双唇罐　2 件。

　　M69：7，器身直口微侈，凹沿，双唇，外唇外敞较甚，内口高于外口，束颈，鼓腹，平底，颈腹结合处有对称半环耳一对。腹部饰旋纹，耳部饰叶脉纹。灰褐色胎。脱釉。附带一个穹隆形盖，盖顶近平，中部饰一半环形纽。红色胎。脱釉。内口径 9.9、外口径 18.9、腹径 20.9、底径 11.3、通高

25.5 厘米（图 3 - 43B；彩版一二六，5）。

M69：13，残碎。

硬陶罍 1 件。

M69：14，残碎。

铜盆 2 件。

M69：3，锈蚀，残损严重。形制不辨。

M69：4，锈蚀，残损严重。

铜钱 1 组。

M69：1，锈蚀成粉末。形制不辨。

铁釜 2 件。

M69：17，锈残。

M69：18，锈蚀，残损严重。敛口，直腹。

M70

M70 位于墓地中部，长方形竖穴土坑墓，方向 275°。墓葬保存较完整，墓口距离地表深约 3 米，墓坑开于生土上。墓壁竖直，修制规整。墓坑长 4、宽 2.4、残深 0.35 米。墓内填土为黄褐色。未见人骨、葬具痕迹（图 3 - 44A）。

随葬品多位于墓底南部，铜镜、铜钱和铁刀等位于墓底北部。共 17 件（组），包括釉陶盘口壶、侈口罐，硬陶罍，陶灶（带陶饼）、井、泥盆，铜镜、钱和铁镰斗、刀、匕首。

釉陶盘口壶 2 件。盘口，束颈，溜肩，鼓腹，下腹斜收，平底，肩部贴塑对称半环耳一对。口下部饰弦纹，颈下部饰弦纹和水波纹，肩部饰凸弦纹，腹部饰旋纹，耳部饰叶脉纹。红褐色胎。脱釉。

M70：9，口径 14.3、腹径 26.4、底径 12.3、高 35.5 厘米（图 3 - 44B；彩版一二七，1）。

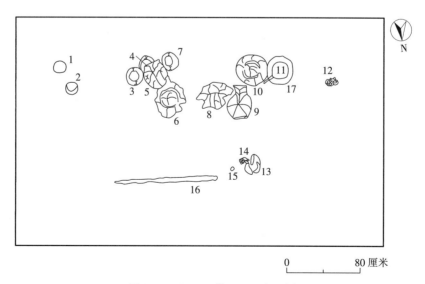

图 3 - 44A　汉墓 M70 平面图

1. 陶灶（带陶饼）　2. 陶井　3～5、7. 釉陶侈口罐　6、8. 硬陶罍　9、10. 釉陶盘口壶　11. 铁镰斗

12、14. 铜钱　13. 铜镜　15. 铁匕首　16. 铁刀　17. 泥盆

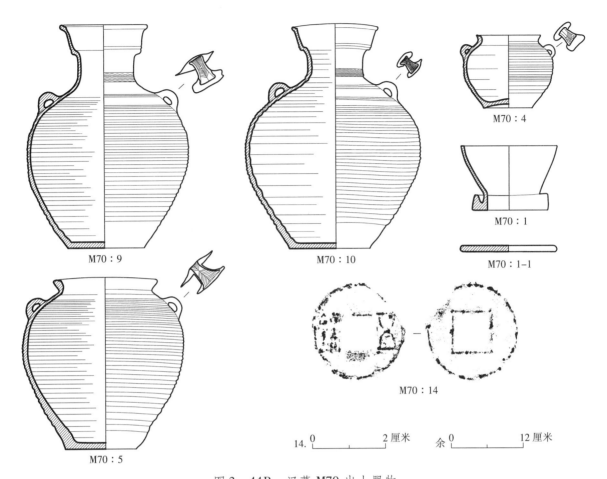

M70：9　　　　　　　M70：10　　　M70：4

M70：1

M70：1-1

M70：5

M70：14

14. $\underset{0}{\llcorner}$———$\underset{2 厘米}{\lrcorner}$　　余 $\underset{0}{\llcorner}$———$\underset{12 厘米}{\lrcorner}$

图 3 -44B　汉墓 M70 出土器物

1. 陶灶　1 -1. 陶饼　4、5. 釉陶侈口罐　9、10. 釉陶盘口壶　14. 铜钱

M70：10，口径 14、腹径 28.7、底径 13.1、高 35.7 厘米（图 3 -44B；彩版一二七，2）。

釉陶侈口罐　4 件。其中，M70：3、7，残碎。侈口，凹沿，束颈，溜肩，鼓腹，肩部贴塑对称半环耳一对。腹部满饰旋纹，耳部饰叶脉纹。灰褐色胎。脱釉。

M70：4，平底内凹。口径 10.5、腹径 14.8、底径 8、高 11.5 厘米（图 3 -44B）。

M70：5，平底。口径 17、腹径 26.4、底径 11.6、高 27.3 厘米（图 3 -44B；彩版一二七，3）。

硬陶罍　2 件。

M70：6、8，残碎。饰拍印席纹。红褐色胎。

陶灶（带陶饼）　1 组。灰色胎。

M70：1，直口，宽沿，束颈，斜直腹。口径 15.8、底径 12.5、高 10.2 厘米（图 3 -44B）。

M70：1 -1，为陶灶附带的一件圆形陶饼。直径 15.9、厚 1 厘米（图 3 -44B）。

陶井　1 件。

M70：2，残碎。

泥盆　1 件。

M70：17，残碎。

铜镜 1件。

M70：13，八乳博局铭文镜。残碎，拼对后局部残缺，正面局部绿锈侵入镜体，其余均闪露青黑色金属光泽。镜面微弧，斜缘。圆钮残，四叶柿蒂纹钮座。内区座外方框，其外为复线大方框，框内为十二乳丁间以"子丑寅卯辰巳午未申酉戌亥"十二辰，排列顺序混乱。外有八个乳丁，方框外侧正中各伸出一个T形符号与L形符号相对，方框四角又与V形符号相对，三种符号将镜的内区分成四方八等分，白虎、鹿和禽鸟各占一等分，其中白虎与鹿分别位于申、未方位隔V形符号相对，其余六方均为禽鸟占据。外侧两周弦纹内为一周铭文带，铭文为"尚方作竟真大好，上有山人不知老"，铭文多为反书，其中"竟"与"真"、"人"与"不"之间用短线间隔。铭文带外为栉齿纹。外区由内向外分别饰锯齿纹、弦纹、复线波折纹和锯齿纹。直径18、高1厘米（图3-44C；彩版一二八）。

铜钱 2组。均为五铢钱，大小形制类似，粘连锈蚀严重。分别是M70：12和M70：14。

M70：14，锈蚀严重，粘连成串。正面穿外无郭，背面穿外有郭。正面穿外有篆文"五铢"二字，钱纹清晰。"五铢"二字略显矮胖，"五"字中间两笔呈斜交，弧曲较甚，两横不出头；"铢"字的金字头呈三角形，朱字上面或为方折或圆折，下部均为圆折。直径2.65、厚0.2厘米（图3-44B）。

铁镳斗 1件。

M70：11，残，锈蚀严重。敞口，斜腹，平底。

铁刀 1件。

M70：16，锈蚀严重。长条形。

铁匕首 1件。

M70：15，锈蚀严重，仅剩三角形前端。残长6.7、宽3.2、厚1厘米。

M71

M71位于墓地西南部，长方形竖穴土坑墓，方向270°。墓葬于施工中遭到破坏，顶部无存，墓坑开于生土上。墓壁竖直，修制规整。墓坑长4、宽2.4、残深0.45米。墓内南北两壁设白沙和黄砂石混合夯筑的宽0.3米的熟土二层台。墓内填土为黄色砂石土，壁面呈红色。未见人骨、葬具痕迹（图3-45A）。

随葬品多位于墓底南部，呈一字形排列，共18件（组），包括釉陶壶、瓿、直口罐、双唇罐，硬陶罍，陶灶，铜钱和铁剑、刀。

釉陶壶 5件。

喇叭口 2件。平沿，尖唇，束颈，溜肩，鼓腹，下腹弧收，矮圈足，肩部贴塑对称半环耳一对。口下部饰一组水波纹，颈下部饰弦纹和水波纹，肩部及上腹部饰三组凸弦纹，耳部饰叶脉纹，耳上端贴饰羊角状卷云纹，耳下端衔圆环。灰褐色胎，胎体有气泡。上部施青釉，脱釉严重。

M71：3，口径13.8、腹径27.1、足径14、高33.2厘米（图3-45B；彩版一二九，1）。

M71：4，口径14、腹径26.7、足径14.5、高32.6厘米（图3-45B；彩版一二九，2）。

盘口 1件。

M71：7，盘口，束颈，溜肩，鼓腹，下腹斜收，平底，肩部贴塑对称半环耳一对。腹部饰旋纹，耳部饰叶脉纹，耳上饰横向S形纹。红褐色胎。脱釉严重。口径6.3、腹径16.3、底径9.4、高19.5厘

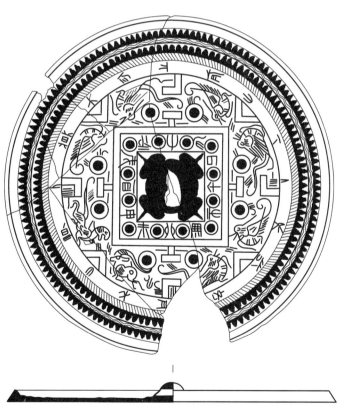

0   4厘米

图 3 - 44C　汉墓 M70 出土铜镜（M70∶13）

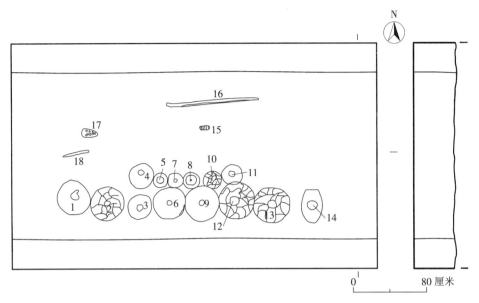

图 3 - 45A　汉墓 M71 平、剖面图

1~4、7. 釉陶壶　5、11. 釉陶直口罐　6、9. 釉陶瓿　8、10. 釉陶双唇罐　12、13. 硬陶罍

14. 陶灶　15、17. 铜钱　16. 铁剑　18. 铁刀

米（图 3 - 45B；彩版一二九，3）。

口残　2 件。溜肩，鼓腹，下腹斜收，矮圈足，肩部贴塑对称半环耳一对。肩、腹部饰三组凸弦纹，耳部饰叶脉纹和鬼眼纹，耳上端贴饰羊角状卷云纹，耳下端衔圆环。灰褐色胎。脱釉严重。

M71:1，腹径 37.4、足径 17.3、残高 36 厘米（图 3 - 45B；彩版一三〇，1）。

M71:2，腹径 35.3、足径 16.5、残高 34.2 厘米（图 3 - 45B；彩版一三〇，2）。

釉陶瓿　2 件。

M71:6，残碎。

M71:9，敛口，斜沿，尖唇，弧肩，鼓腹，下腹弧收，平底，肩部贴塑对称铺首耳一对。肩部及上腹部饰三组凸弦纹，耳部饰兽面纹。灰褐色胎。施青釉，脱釉严重。口径 11、腹径 37.8、底径 16.1、高 32.4 厘米（图 3 - 45B）。

釉陶直口罐　2 件。直口微敛，平沿，溜肩，鼓腹，平底，肩部贴塑对称半环耳一对。肩、腹部饰旋纹。灰褐色胎。脱釉。

M71:5，耳部饰叶脉纹。口径 9.6、腹径 16.6、底径 8.5、高 14.5 厘米（图 3 - 45B；彩版一三一，3）。

M71:11，耳部饰叶脉纹和鬼眼纹。直径 11.1、腹径 20.7、底径 10.2、高 19.4 厘米（图 3 - 45B；彩版一三一，4）。

釉陶双唇罐　2 件。器身直口，凹沿，双唇，外唇外敞较甚，内口高于外口，束颈，鼓腹，平底，颈腹结合处有对称半环耳一对。腹部饰旋纹，耳部饰叶脉纹和鬼眼纹。灰褐色胎。施青釉，脱釉严重。

M71:8，附带一个穹隆形盖，盖顶近平。盖纽残。红褐色胎。内口径 9.8、外口径 16.6、腹径 19.7、底径 9.8、高 18.2 厘米（图 3 - 45B；彩版一三一，1）。

M71:10，内口径 9.5、外口径 17.1、腹径 19.7、底径 9.7、高 18 厘米（图 3 - 45B；彩版一三一，2）。

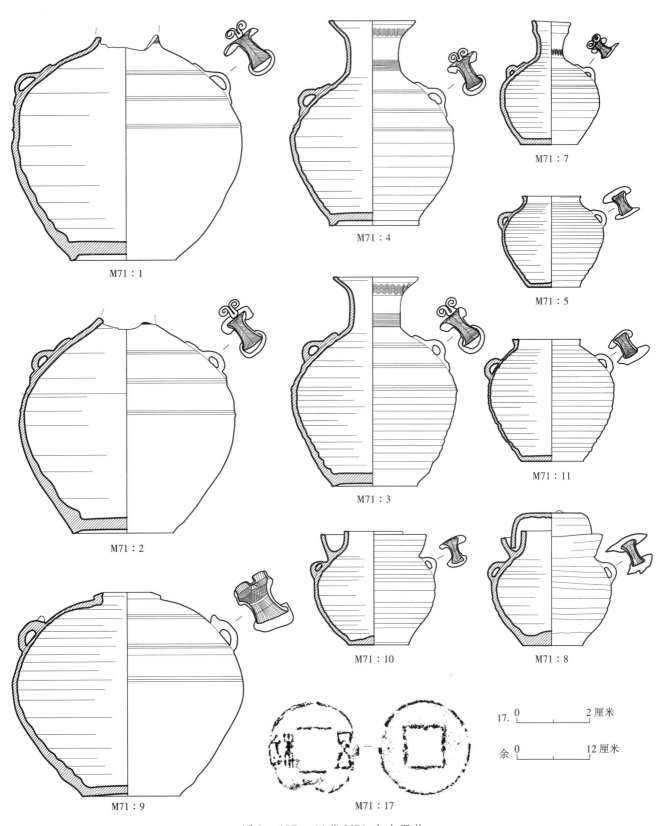

M71 : 1

M71 : 4

M71 : 7

M71 : 5

M71 : 2

M71 : 3

M71 : 11

M71 : 10

M71 : 8

M71 : 9

M71 : 17

17. 0   2 厘米

余 0   12 厘米

图 3 - 45B　汉墓 M71 出土器物

1~4、7. 釉陶壶　5、11. 釉陶直口罐　8、10. 釉陶双唇罐　9. 釉陶瓿　17. 铜钱

硬陶罍 2 件。

M71：12、13，残碎。

陶灶 1 件。

M71：14，残碎。

铜钱 2 组。均为五铢钱，大小形制类似，粘连锈蚀严重。分别是 M71：15 和 M71：17。

M71：17，锈蚀严重，粘连成串。正面穿外无郭，背面穿外有郭。正面穿外有篆文"五铢"二字，钱纹模糊。"五铢"二字略显瘦高，"五"字中间两笔呈斜交，两横圆折；"铢"字的金字头呈箭头形。直径 2.5、厚 0.2 厘米（图 3 –45B）。

铁剑 1 件。

M71：16，锈蚀严重。长条形，末端有一圆环。残长 62、宽 2.4 厘米（彩版一三〇，3）。

铁刀 1 件。

M71：18，锈蚀严重。长条形。残长 84.5、宽 3.6 厘米（彩版一三〇，4）。

M73

M73 位于墓地西南角，长方形竖穴土坑墓，方向 300°。墓葬于早年遭到破坏，顶部无存，墓坑开于生土上。墓壁竖直，修制规整。墓坑长 3.75、宽 3.05、北壁残深 0.6、南壁残深 2.75 米。墓坑南壁被一座砖室墓打破。墓底距离南壁 1 米处发现一条东西向的沟，长 2.17、宽 0.15、深 0.1 米。墓底距离东壁、西壁约 0.6 米处各设一条南北向的枕木沟，均长 3.05、宽 0.25、深 0.05 米。墓内填土为黄褐色。未见人骨、葬具痕迹（图 3 –46A）。

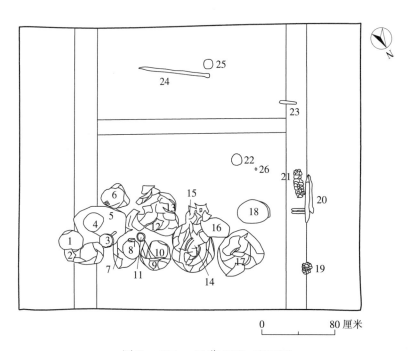

图 3 –46A 汉墓 M73 平面图

1、2、10. 釉陶瓿 3. 铜镳斗 4. 铜盉 5. 陶灶 6. 铜鼎 7、9、12、14、17. 硬陶罍 8、11、13、16. 釉陶壶
15. 釉陶侈口罐 18. 铜盆 19、21. 铜钱 20、23. 铁器 22、25. 铜镜 24. 铁剑 26. 玛瑙

随葬品多位于墓底北部，铜镜、铁剑等位于墓底南部。共26件（组），包括釉陶壶、瓿、侈口罐，硬陶罍，陶灶，铜镳斗、盉、鼎、盆、镜、钱，铁剑、铁器和玛瑙。

釉陶壶　4件。束颈，溜肩，鼓腹，下腹弧收，平底浅凹，肩部贴塑对称半环耳一对。口下部、肩部饰弦纹，腹部饰旋纹，耳部饰叶脉纹。灰褐色胎，施青釉，脱釉严重。

盘口　3件。

M73：8，圆唇。颈下部饰弦纹。口径11.6、腹径20、底径9.3、高30.8厘米（图3-46B；彩版一三二，1）。

M73：11，颈下部饰弦纹。口径8.3、腹径14.8、底径7、高21.5厘米（图3-46B；彩版一三二，2）。

M73：16，颈下部饰弦纹和水波纹。胎体有气泡。口径13.3、腹径25.8、底径12、高36厘米（图3-46B；彩版一三二，3）。

口残　1件。

M73：13，颈下部饰弦纹和水波纹。腹径25.7、底径12.5、残高34厘米（图3-46B；彩版一三三，1）。

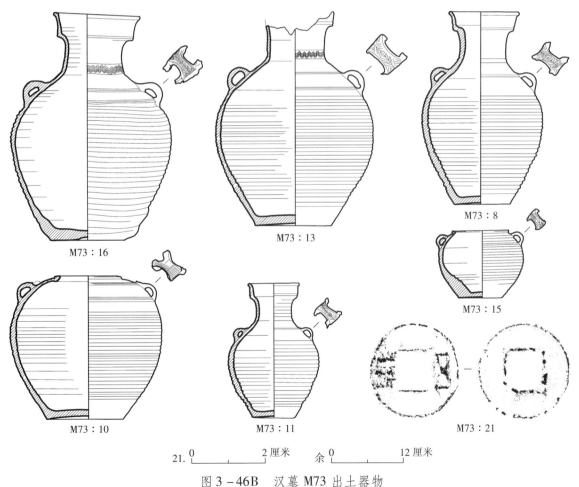

21. $\underset{0}{\rule{0pt}{0pt}}\rule{1.5cm}{0.4pt}$ 2厘米　　余 $\underset{0}{\rule{0pt}{0pt}}\rule{1.5cm}{0.4pt}$ 12厘米

图3-46B　汉墓M73出土器物

8、11、13、16. 釉陶壶　10. 釉陶瓿　15. 釉陶侈口罐　21. 铜钱

釉陶瓿 3件。敛口，平沿，弧肩，鼓腹，下腹弧收，平底浅凹，肩部贴塑对称铺首耳一对。肩部饰两组凸弦纹，腹部饰旋纹。灰褐色胎。施青釉，脱釉严重。

M73:1，耳部饰兽面纹，耳下端衔饰有压印纹的圆环。口径13.3、腹径35.1、底径16.3、高30.7厘米（图3-46C；彩版一三三，2）。

M73:2，耳部饰线纹。口径11.4、腹径25.3、底径13、高24厘米（图3-46C；彩版一三三，3）。

M73:10，耳部饰线纹。口径11、腹径24、底径12.4、高22.8厘米（图3-46B；彩版一三四，1）。

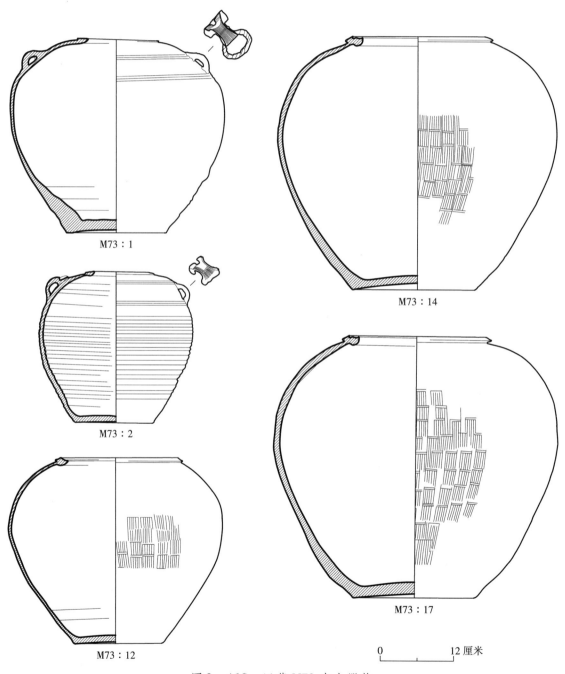

图3-46C 汉墓M73出土器物

1、2. 釉陶瓿 12、14、17. 硬陶罍

釉陶侈口罐　1件。

M73∶15，侈口，凹沿，圆唇，溜肩，鼓腹，平底浅凹，肩部贴塑对称半环耳一对，一耳残。肩、腹部满饰旋纹，耳部饰叶脉纹。灰色胎。脱釉。口径9.3、腹径14、底径7.1、高10.8厘米（图3－46B；彩版一三四，2）。

硬陶罍　5件。其中，M73∶7、9，残碎。敛口，凹沿，方唇，弧肩，鼓腹，下腹弧收，腹部最大径偏上，平底内凹。肩、腹部饰拍印席纹。

M73∶12，灰褐色胎。口径21、腹径35.3、底径14.5、高29.5厘米（图3－46C；彩版一三四，3）。

M73∶14，灰褐色胎。口径24、腹径45.5、底径20、高40.3厘米（图3－46C；彩版一三五，1）。

M73∶17，灰色胎。口径24.2、腹径46.4、底径20、高41.7厘米（图3－46C；彩版一三五，2）。

陶灶　1件。

M73∶5，残碎。

铜鐎斗　1件。

M73∶3，未见。

铜盂　1件。

M73∶4，锈残。

铜鼎　1件。

M73∶6，锈残。

铜盆　1件。

M73∶18，锈残。

铜镜　2件。

M73∶22，天禄辟邪铭文镜。圆形铜镜。一半保存基本完好，一半残碎，正面锈蚀严重，绿锈侵入镜体，背面除边缘及纽有部分侵入的绿锈外，其余均闪露青黑色金属光泽。圆纽，圆纽座。内区纽座外饰两只张口相向、交尾一体的有翼神兽，当即天禄、辟邪。左兽为天禄，龙首，曲身，体生翼，长尾卷曲，躯体瘦长，头生一角，角向后倾斜，口内吐出长舌。右兽为辟邪，龙首，曲身，体生翼，尾不见，口边有一舌状物，头生一角，角前凸，角端卷曲。右兽下还有一只鹿，鹿呈奔跑状，头上有两角，口内含仙草。二神兽头部之间有反书"胡"字。纹饰呈浮雕形，凸起较高，造型精美，形象生动。神兽纹空白处用云纹填充。神兽纹外侧为两周弦纹，弦纹内为一周铭文带，铭"胡氏作镜四夷服，多贺国家人民息，胡虏殄灭天下复，风雨（时节）五谷孰，长保二亲得力，传告后世乐无亟，牛马口目"，铭文间有反书，首尾用两排"…"符号间隔。弦纹外侧为一周栉齿纹。外区由内向外分别饰锯齿纹、弦纹、流云纹。缘上饰弦纹带。直径14.4、高1.75厘米（图3－46D；彩版一三六）。

M73∶25，四乳镜。圆形铜镜。保存基本完整，镜缘微残，镜面光可照人，除镜背局部有绿锈侵入镜体外，其余部分均闪露青黑色金属光泽。圆纽，圆纽座。内区纽座外饰四乳，四乳间纹饰不辨，其外为两周弦纹夹一周栉齿纹，外侧为锯齿纹。直径8.7、厚0.8厘米（图3－46E；彩版一三五，3）。

铜钱　2组。均为五铢钱，大小形制类似，粘连锈蚀严重。分别是M73∶19和M73∶21。

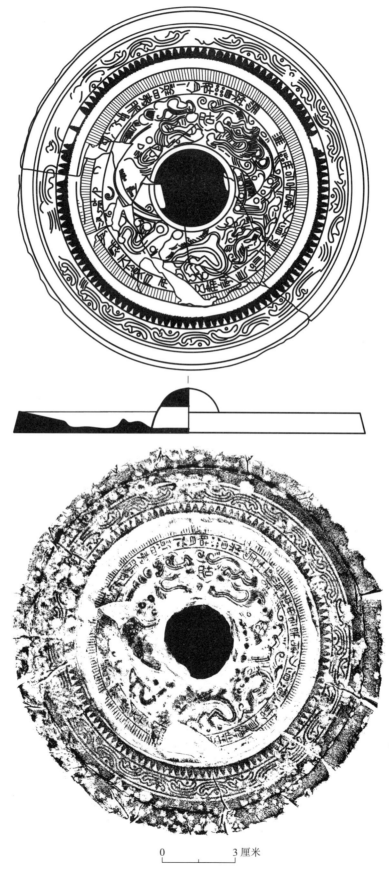

0　　　　　3厘米

图 3 -46D　汉墓 M73 出土铜镜（M73∶22）

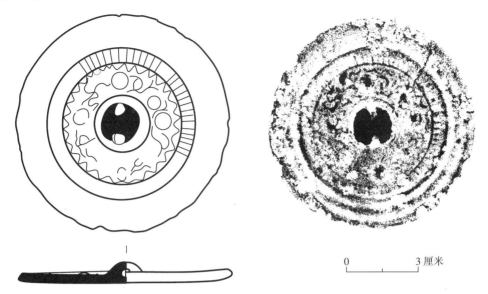

图3-46E　汉墓M73出土铜镜（M73：25）

M73：21，锈蚀严重，粘连成串。正面穿外无郭，背面穿外有郭。正面穿外有篆文"五铢"二字，钱纹清晰。"五铢"二字矮胖，显得较宽，"五"字中间两笔呈弧曲形相交，两横不出头；"铢"字的金字头呈三角形，朱字上下部均为圆折。直径2.65、厚0.18厘米（图3-46B）。

铁剑　1件。

M73：24，残损，锈蚀严重。长条形。

铁器　2件。

M73：20，残损，锈蚀严重。形制不辨。

M73：23，残损，锈蚀严重。形制不辨。

玛瑙　1件。

M73：26，未见。

M74

M74位于墓地南部，长方形竖穴土坑墓，方向302°。墓葬于早年遭到破坏，顶部无存，墓坑开于生土上。墓壁竖直，修制规整，墓底平整。墓坑长3.4、宽2.2、残深0.34米。墓内填土为黄褐色。未见人骨、葬具痕迹（图3-47A）。

随葬品位于墓底东北部，共4件，均为陶罐。

陶罐　4件。其中，M74：4，残碎。溜肩，平底，肩部贴塑对称半环耳一对。耳部饰叶脉纹。红色胎。

侈口　1件。

M74：1，圆唇，尖鼓腹，下腹斜收。肩、腹部满饰旋纹。口径10、腹径16.2、底径8.3、高14.7厘米（图3-47B；彩版一三七，1）。

直口　2件。口微敛，平沿，尖唇，鼓腹。肩部饰一周弦纹，腹部饰旋纹。

M74：2，口径14.4、腹径23.5、底径13、高20厘米（图3-47B；彩版一三七，2）。

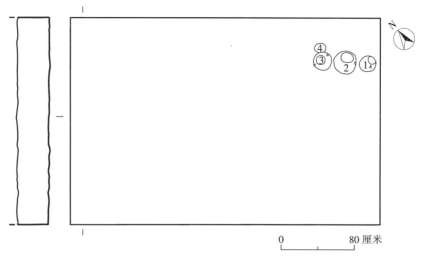

图 3 - 47A　汉墓 M74 平、剖面图

1~4. 陶罐

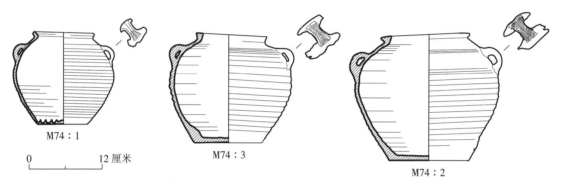

图 3 - 47B　汉墓 M74 出土陶罐

M74：3，口径 11.6、腹径 20.2、底径 11.1、高 17.2 厘米（图 3 - 47B；彩版一三七，3）。

M77

M77 位于墓地西南部，长方形竖穴土坑墓，方向 275°。墓葬于早年遭到破坏，顶部无存，墓坑开于生土上。东端被一座近代砖室墓打破。墓壁竖直，修制规整，墓底平整。墓坑长 3.75、宽 2.1、残深 0.5 米。墓内填土为黄褐色，内掺杂破碎砖头、树根、草皮等。未见人骨、葬具痕迹（图 3 - 48A）。

随葬品位于墓底中部，共 6 件，包括釉陶盘口壶，硬陶罍，铜镜和铁刀。

釉陶盘口壶　2 件。盘口，束颈，溜肩，平底，肩部贴塑对称半环耳一对。口下部、颈下部及肩部饰弦纹，腹部满饰旋纹，耳部饰叶脉纹。灰色胎。脱釉。

M77：1，口径 12.6、腹径 21.5、底径 9.9、高 28.8 厘米（图 3 - 48B；彩版一三八，1）。

M77：2，口径 12.5、腹径 20.6、底径 11.3、高 27.6 厘米（图 3 - 48B；彩版一三八，2）。

硬陶罍　2 件。

M77：3、4，残碎。

铜镜　1 件。

M77：5，八乳博局铭文镜。残碎，拼对后局部残缺，除镜面局部有绿锈侵蚀外，其余均闪露青黑

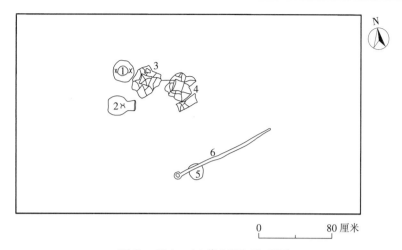

图 3 - 48A　汉墓 M77 平面图

1、2. 釉陶盘口壶　3、4. 硬陶罍　5. 铜镜　6. 铁刀

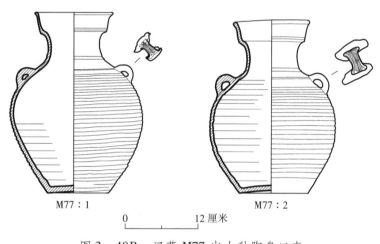

M77：1　　　　　　　　　M77：2

图 3 - 48B　汉墓 M77 出土釉陶盘口壶

色金属光泽。镜面微弧。圆钮残，四叶柿蒂纹钮座。内区座外方框，其外为大方框，框内四方各用两组三竖线隔成三区，四方结合处用斜线间隔，共分十二区，每区内均饰相同简单纹饰。方框外有八个乳丁，方框外侧正中各伸出一个 T 形符号与 L 形符号相对，方框四角又与 V 形符号相对，三种符号将镜的内区分成四方八等分，朱雀、玄武、蟾蜍和禽鸟各占一等分，其中玄武与蟾蜍相配占据一方，另外三方均为朱雀与禽鸟相配。外侧两周弦纹内为一周铭文带，铭文为“尚方作竟真大巧，上（有仙人）不知老，渴饮玉泉食饥”。铭文带外有一周栉齿纹。外区由内向外分别饰锯齿纹、弦纹、复线波折纹、锯齿纹和弦纹带。直径 15.9、残高 0.6 厘米（图 3 - 48C；彩版一三九）。

铁刀　1 件。

M77：6，锈残。

M78

M78 位于墓地西南部，长方形竖穴土坑墓，方向 340°。墓葬于早年遭到破坏，顶部无存，墓坑开于生土上。墓壁竖直，修制规整。墓坑长 2.96、宽 1.72、残深 0.53 米。墓底距离南北壁约 0.6 米处各设一条东西向的枕木沟，均长 2、宽 0.2、深 0.03 米。墓内填土为黄褐色。未见人骨、葬具痕迹（图 3 - 49A）。

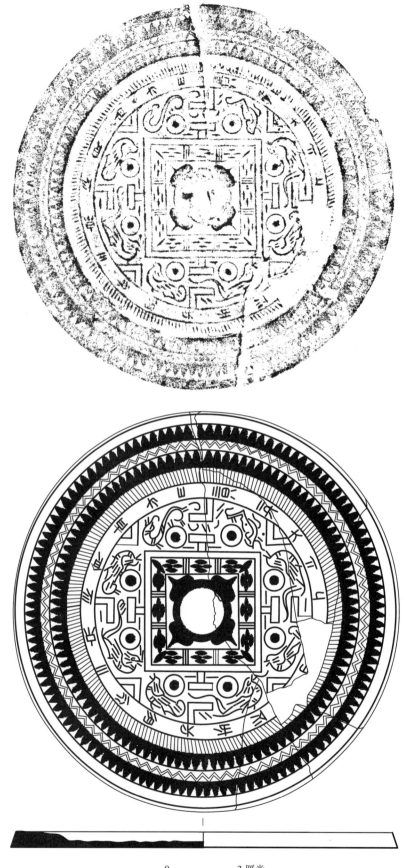

0 ———— 3厘米

图 3 - 48C　汉墓 M77 出土铜镜（M77∶5）

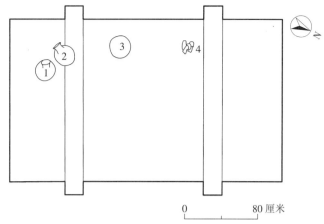

0　　　　　　80 厘米

图 3 - 49A　汉墓 M78 平面图

1、2. 釉陶喇叭口壶　3. 陶盆　4. 陶器残片

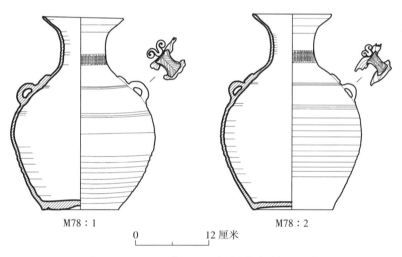

M78：1　　　　　　　　　　　　M78：2

0　　　　　　12 厘米

图 3 - 49B　汉墓 M78 出土釉陶喇叭口壶

随葬品位于墓底西部，共 4 件（组），包括釉陶喇叭口壶，陶盆、陶器残片。

釉陶喇叭口壶　2 件。喇叭口，束颈，溜肩，鼓腹，下腹斜收，矮圈足，肩部贴塑对称半环耳。颈下部饰弦纹和水波纹，肩部及上腹部饰两组凸弦纹，下腹部饰旋纹，耳部饰叶脉纹，耳上端贴饰羊角形卷云纹。红褐色胎。脱釉。

M78：1，口径 13、腹径 23.4、足径 12.5、高 30.5 厘米（图 3 - 49B；彩版一四〇，1）。

M78：2，口径 12.8、腹径 22.8、足径 13.2、高 31 厘米（图 3 - 49B；彩版一四〇，2）。

陶盆　1 件。

M78：3，残碎。

陶器残片　1 组。

M78：4，残碎。红陶质。

M79

M79 位于墓地南部，长方形竖穴土坑墓，方向 238°。墓葬保存较完整，墓口距离地表深约 1.6 米，

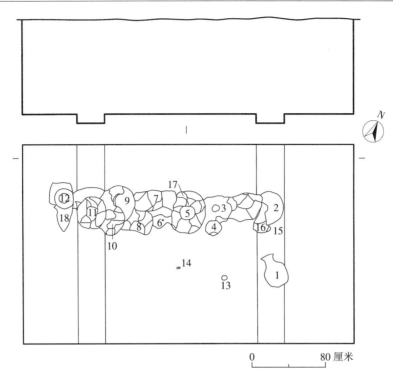

图 3 - 50A　汉墓 M79 平、剖面图

1、3、7、8. 釉陶喇叭口壶　2、6. 釉陶瓿　4、10. 釉陶直口罐　5、9、11. 硬陶罍　12. 铁釜

13. 铜镜　14、15. 铜钱　16. 泥钱　17. 原始瓷　18. 陶灶

墓坑开于生土上。墓壁竖直，修制规整，墓底平整。墓坑长3.6、宽2.1、深1米。墓底发现两条南北向的枕木沟，宽0.3、深0.1米。墓内填土为黄褐色。未见人骨、葬具痕迹（图3－50A）。

随葬品位于墓底北部，铜镜、铜钱位于墓底中部。共18件（组），包括原始瓷，釉陶喇叭口壶、瓿、直口罐，硬陶罍，陶灶、泥钱，铜镜、钱和铁釜。

原始瓷　1件。

M79：17，未见。

釉陶喇叭口壶　4件。喇叭口，圆唇，束颈，溜肩，鼓腹，肩部贴塑对称半环耳一对。口下部及颈下部饰弦纹和水波纹，耳部饰叶脉纹。灰褐色胎。施青釉，有脱釉现象。

M79：1，圈足。肩部及上腹部三组凸弦纹，耳上端贴饰横向S形纹，耳下端衔饰有压印纹的圆环。口径15.5、腹径33.2、足径16.7、高41.4厘米（图3－50B；彩版一四〇，3）。

M79：8，圈足。肩部及上腹部三组凸弦纹，耳上端贴饰羊角形卷云纹，耳下端衔饰有压印纹的圆环。口径15.1、腹径37.3、足径18.2、高45.2厘米（图3－50B；彩版一四一，3）。

M79：3，肩部饰弦纹，腹部饰旋纹。口径16、腹径27.3、足径14.3、高34.2厘米（图3－50B；彩版一四一，1）。

M79：7，平底浅凹。肩部及上腹部三组凸弦纹，耳上端贴饰羊角形卷云纹，耳下端衔饰有压印纹的圆环。口径15、腹径25.1、足径13.5、高33.5厘米（图3－50B；彩版一四一，2）。

釉陶瓿　2件。敛口，斜沿，尖唇，溜肩，鼓腹，下腹弧收，肩部贴塑对称铺首耳一对。灰褐色胎。施青釉，有脱釉现象。

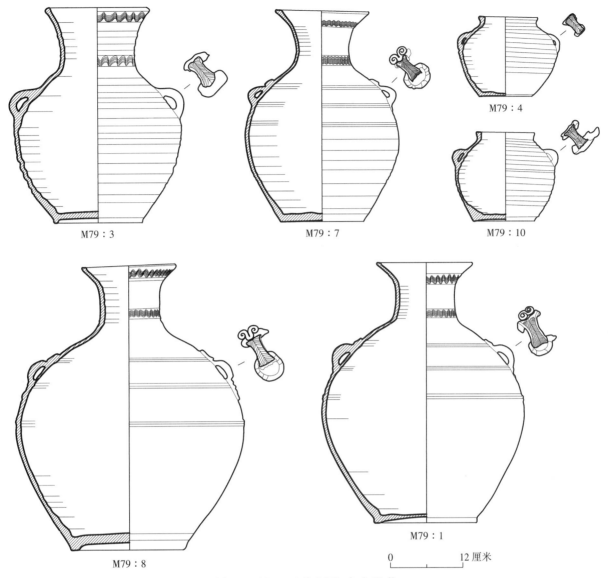

图 3 - 50B　汉墓 M79 出土器物

1、3、7、8. 釉陶喇叭口壶　4、10. 釉陶直口罐

M79：2，平底。肩部饰两组凸弦纹，耳部饰线纹。口径 7.8、腹径 33.5、底径 15.7、高 30.3 厘米（图 3 - 50C；彩版一四二，1）。

M79：6，平底浅凹。肩部及上腹部饰三组凸弦纹，耳部饰兽面纹，耳上端贴饰横向 S 形纹。口径 7、腹径 35.2、底径 16.5、高 30.3 厘米（图 3 - 50C；彩版一四二，2）。

釉陶直口罐　2 件。直口微敛，平沿，矮颈，溜肩，鼓腹，平底浅凹，肩部贴塑对称半环耳一对。肩、腹部满饰旋纹。红褐色胎。脱釉。

M79：4，耳部饰叶脉纹。口径 9.5、腹径 15.3、底径 8.5、高 12.6 厘米（图 3 - 50B；彩版一四三，1）。

M79：10，耳部饰叶脉纹和鬼眼纹。口径 9.4、腹径 16.8、底径 10、高 14.1 厘米（图 3 - 50B；彩版一四三，2）。

硬陶罍　3 件。其中，M79：9，残碎。侈口，斜沿，矮颈，溜肩，鼓腹，下腹弧收，腹部最大径在

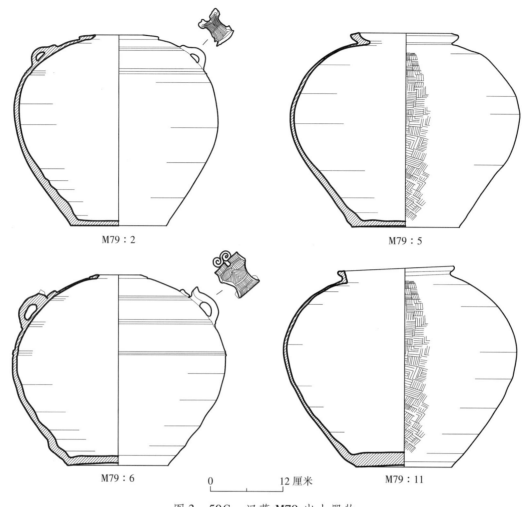

M79∶2　　　　　　　　　　　　　M79∶5

M79∶6　　　0　　　12 厘米　　　　M79∶11

图 3 - 50C　汉墓 M79 出土器物

2、6. 釉陶瓿　5、11. 硬陶罍

上部，平底浅凹。通体饰拍印席纹。

　　M79∶5，红褐色胎。口径 17.5、腹径 37.3、底径 17.4、高 30.8 厘米（图 3 - 50C；彩版一四三，3）。

　　M79∶11，灰色胎。口径 18.6、腹径 38、底径 15.5、高 31.5 厘米（图 3 - 50C；彩版一四三，4）。

　　陶灶　1 件。

　　M79∶18，残碎，无法起取。

　　泥钱　1 件。

　　M79∶16，残碎，无法起取。

　　铜镜　1 件。

　　M79∶13，日光镜。残碎。

　　铜钱　2 件。均为五铢钱，大小形制类似，粘连锈蚀严重。分别是 M79∶14 和 M79∶15。

　　M79∶14，锈蚀严重，粘连成串。正面穿外无郭，背面穿外有郭。正面穿外有篆文"五铢"二字，钱纹模糊。"五铢"二字略显瘦高，"五"字中间两笔呈斜交；"铢"字的金字头呈三角形，朱字上部为方折，下部均为圆折。直径 2.5、厚 0.2 厘米。

铁釜　1件。

M79：12，锈蚀，残损严重。敛口，折腹，平底，有单柄或是勺。

M80

M80 位于墓地南部，凸字形竖穴土坑墓，方向50°。墓葬于早年遭到破坏，墓口距离地表残深约1米，墓坑开于生土上。由墓道和墓室两部分组成。墓道位于墓室北壁偏东侧，斜坡形，长2.54、宽1.3、高0.14~0.8米。墓室壁竖直，修制规整，墓壁上用白色湿泥涂饰。四壁内侧设有宽0.4米的熟土二层台。墓室长3.6、宽2.7、深2.4米。墓底发现两条枕木沟，分别距离南北两端0.53米和0.7米，均宽0.26、深0.1米。墓内填土为黄褐色。未发现人骨、葬具痕迹（图3-51A）。

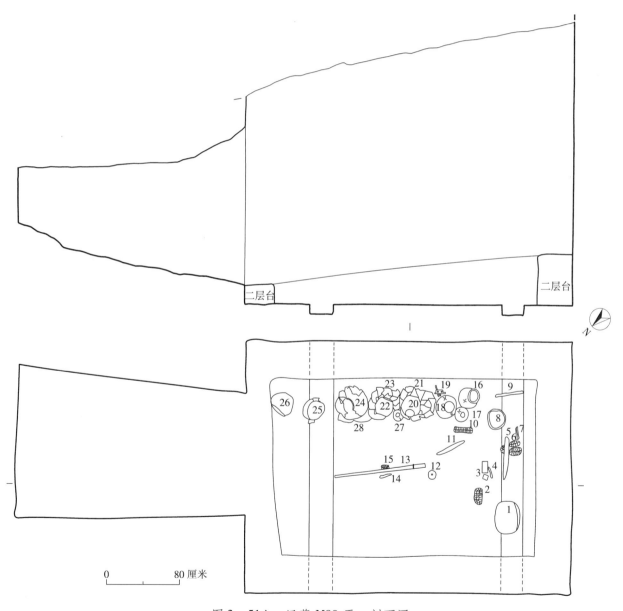

图3-51A　汉墓M80平、剖面图

1、8. 铜盆　2、6、10、15. 铜钱　3. 石黛板　4、14. 铁钉　5、9、11. 铁刀　7. 铜镞　12. 铜镜　13. 铁剑
16~18、27. 釉陶壶　19. 铜弩　20. 釉陶瓿　21、23、24. 硬陶罍　22. 釉陶侈口罐　25、26. 铁釜　28. 陶灶

随葬品主要置于墓室底东侧，共 28 件（组），包括釉陶壶、瓿、侈口罐，硬陶罍，陶灶，铜盆、镞、弩、镜、钱，铁钉、刀、剑、釜和石黛板。

釉陶壶 4 件。束颈，溜肩，鼓腹，肩部贴塑对称半环耳一对。腹部饰旋纹。上部施青釉，脱釉。

盘口 2 件。

M80：16，圆唇，平底内凹。口下部、颈下部及肩部饰弦纹，耳部饰叶脉纹。红褐色胎。口径 13.6、腹径 22.5、底径 12、高 31.3 厘米（图 3 - 51B；彩版一四四，1）。

M80：27，平底。颈下部及肩部饰弦纹，耳部饰叶脉纹。红色胎。口径 11、腹径 14.6、底径 8、残高 21.2 厘米（图 3 - 51B；彩版一四四，2）。

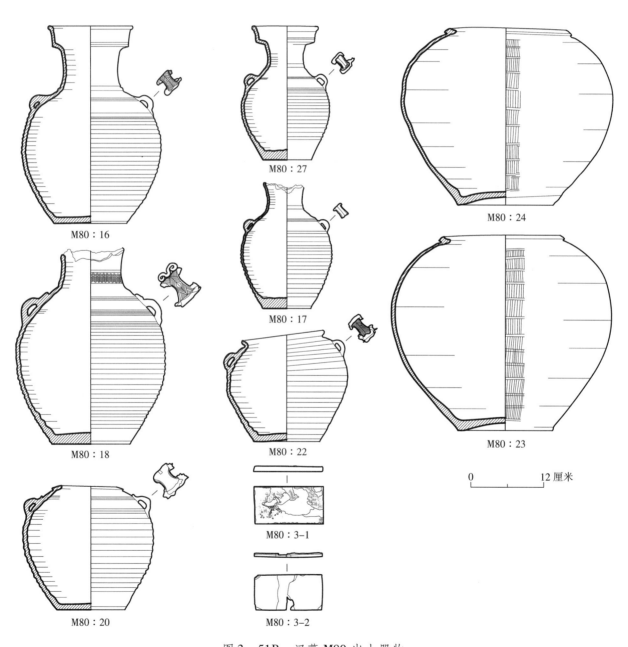

图 3 - 51B　汉墓 M80 出土器物

3. 石黛板　16~18、27. 釉陶壶　20. 釉陶瓶　23、24. 硬陶罍　22. 釉陶侈口罐

口残　2件。

M80：17，平底。颈下部及肩部饰弦纹。灰色胎。腹径15.5、底径7.9、残高20厘米（图3–51B；彩版一四五，1）。

M80：18，平底。颈下部饰弦纹和水波纹，肩部及上腹部饰三组凸弦纹，耳部饰叶脉纹，上端贴饰羊角形卷云纹。灰褐色胎。腹径23.8、底径12.8、残高31.1厘米（图3–51B；彩版一四四，3）。

釉陶瓿　1件。

M80：20，敛口，斜沿，尖唇，弧肩，鼓腹，平底，肩部贴塑对称铺首耳一对。肩部饰两组凸弦纹，腹部饰旋纹，耳部饰兽面纹，模糊不清。红褐色胎。施青釉，脱釉严重。口径9、腹径21、底径11.2、高19.6厘米（图3–51B；彩版一四五，2）。

釉陶侈口罐　1件。

M80：22，侈口，圆唇，溜肩，鼓腹，平底内凹，肩部贴塑对称半环耳一对。器物口部变形。肩、腹部满饰旋纹，耳部饰叶脉纹。红褐色胎，脱釉。口径13.4、腹径20.6、底径10.9、高16.9厘米（图3–51B）。

硬陶罍　3件。其中，M80：21，残碎。敛口，斜沿，方唇，弧肩，鼓腹，下腹弧收，平底内凹。腹部饰拍印席纹。灰色胎。

M80：23，口径20.4、腹径35.9、底径15.4、高31厘米（图3–51B；彩版一四五，3）。

M80：24，口径19、腹径34.5、底径15.5、高28.1厘米（图3–51B；彩版一四五，4）。

陶灶　1件。

M80：28，残碎，无法起取。

铜盆　2件。

M80：1，锈蚀严重。

M80：8，未见。

铜镞　1件。

M80：7，锈蚀，残损严重。形制不辨。

铜弩　1件。

M80：19，未见。

铜镜　1件。

M80：12，几何纹博局镜。残碎，拼对后镜缘局部残缺，除镜缘局部有绿锈侵入镜体外，其余均闪露青黑色金属光泽。镜面微弧。圆纽，四叶柿蒂纹纽座。内区座外方框，方框外四角有四个乳丁，方框外侧正中各伸出一个T形符号与L形符号相对，方框四角又与V形符号相对，四乳丁间填充云纹，外侧有四边各有一个长方形框，框内为几何纹，外侧一周弦纹和一周栉齿纹。外区宽素缘。直径9、高0.7厘米（图3–51C；彩版一四六，1）。

铜钱　4组。均为五铢钱，大小形制类似，粘连锈蚀严重。分别是M80：2、M80：6、M80：10和M80：15。

M80：6，锈蚀严重，粘连成串。正面穿外无郭，背面穿外有郭。正面穿外有篆文"五铢"二字，钱纹模糊，隐约可辨。无完整者，直径不明，厚0.15厘米。

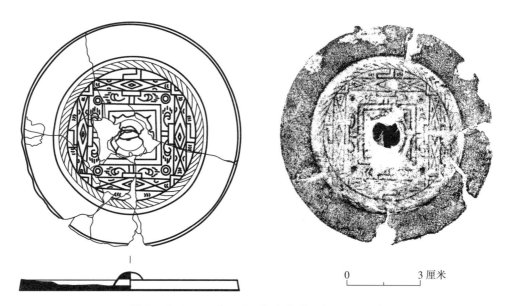

图 3–51C　汉墓 M80 出土铜镜（M80∶12）

铁钉　2 件。

M80∶4、14，锈残。

铁刀　3 件。

M80∶5，锈蚀，残损严重。形制不辨。

M80∶9，锈残。长条形。残长 27 厘米。

M80∶11，锈残。长条形。残长 40.8、宽 4 厘米。

铁剑　1 件。

M80∶13，锈残。长条形。残长 91、宽 3.4 厘米。

铁釜　2 件。

M80∶25、26，锈蚀，残损严重。敛口，折腹。

石黛板　1 组 2 件。

M80∶3，长方形石黛板，表面有残缺。两片（彩版一四六，2）。

M80∶3–1，长 11.5、宽 6、厚 0.8 厘米（图 3–51B）。

M80∶3–2，长 11.3、宽 5.6、厚 0.5 厘米（图 3–51B）。

二　砖椁墓

共 1 座，为长方形砖椁墓。

M23

M23 位于墓地中部，长方形砖椁墓，方向 267°。墓葬保存较完整，墓口距离地表深约 0.8 米，墓坑开于生土上。先于红褐色生土上开挖长方形墓圹，平铺底砖，再砌墓壁。墓室长 2.9、宽 1.95、深 1.1 米。墓的南北两壁是双层砖纵向砌筑，顶层为单砖横向平铺；东西两壁是单层砖横向砌筑，砌法

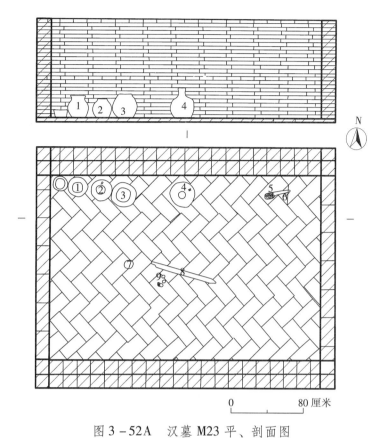

图 3－52A 汉墓 M23 平、剖面图

1. 釉陶双唇罐 2、3. 釉陶瓿式罐 4. 釉陶盘口壶 5、9. 铜钱 6. 铁器 7. 铜镜 8. 铁剑

为错缝平铺叠砌。墓底砖为人字形平铺。墓内填土为黄褐色砂石土。墓砖规格为长 30、宽 15、厚 4 厘米。砖面上饰绳纹和树叶纹，砖侧面饰复线菱形纹。未见人骨、葬具痕迹（图 3－52A）。

随葬品位于墓底北部，共 9 件（组），包括釉陶盘口壶、瓿式罐、双唇罐，铜镜、钱和铁器、剑。

釉陶盘口壶 1 件。

M23：4，盘口，圆唇，束颈，弧肩，鼓腹，下腹弧收，平底，肩部贴塑对称半环耳一对。盘口下部饰两道弦纹，颈下部饰两道弦纹，弦纹之间饰细密水波纹，颈肩处和肩部饰两组弦纹，腹部满饰旋纹，耳部饰叶脉纹。灰褐色胎。脱釉。口径 12.2、腹径 25.7、底径 12.7、高 32.2 厘米（图 3－52B；彩版一四七，1）。

釉陶瓿式罐 2 件。敛口，平沿，矮束颈，溜肩，鼓腹，平底，肩部贴饰对称半环耳。腹部满饰旋纹，耳部饰叶脉纹。灰褐色胎。脱釉。

M23：2，口径 12.2、腹径 23.8、底径 11.2、高 21.2 厘米（图 3－52B；彩版一四七，2）。

M23：3，口径 15.1、腹径 27、底径 12.6、高 24.9 厘米（图 3－52B；彩版一四七，3）。

釉陶双唇罐 1 件。

M23：1，穹隆形盖，盖顶近平，中部有一半环形纽。器身直口微侈，双唇，外唇外敞较甚，束颈，鼓腹，平底微凹，颈腹结合处贴塑对称半环耳一对。盖身及器身饰旋纹，盖纽及器身半环耳饰叶脉纹。灰褐色胎。上部施青釉，脱釉严重。内口径 9.1、外口径 19、腹径 23.1、底径 11.5、通高 29

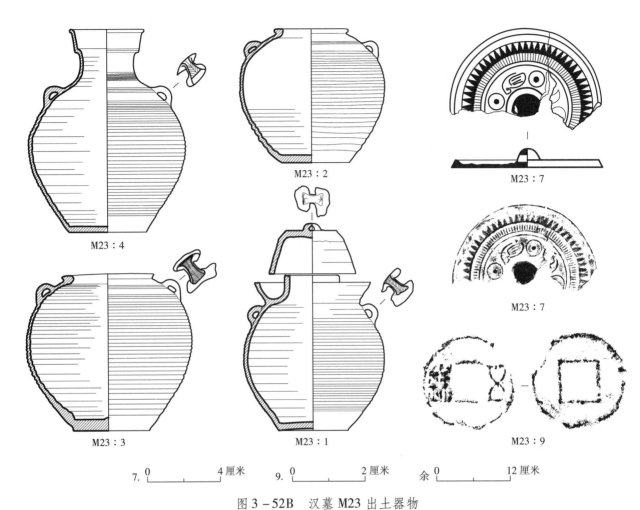

图 3 – 52B　汉墓 M23 出土器物

1. 釉陶双唇罐　2、3. 釉陶瓿式罐　4. 釉陶盘口壶　7. 铜镜　9. 铜钱

厘米（图 3 – 52B；彩版一四八，1）。

铜镜　1 件。

M23：7，四乳四禽镜。圆形铜镜。残碎，拼对后残存一半，除镜面局部有绿锈侵入镜体外，其余均闪露青黑色金属光泽。圆纽，圆纽座。内区纽座外饰弦纹带，外侧为四乳四禽纹，其外为两周弦纹，外侧为栉齿纹、锯齿纹和弦纹。斜缘。直径8.2、高1厘米（图 3 – 52B）。

铜钱　2 组。均为五铢钱，大小形制类似，粘连锈蚀严重。分别是 M23：5 和 M23：9。

M23：9，锈蚀严重，粘连成串。正面穿外无郭，背面穿外有郭。正面穿外有篆文"五铢"二字，钱纹模糊。"五铢"二字略显矮胖，"五"字中间两笔呈弧曲形相交，弧曲较甚，两横不出头；"铢"字的金字头呈三角形，朱字上下部均为圆折。直径2.5、厚0.2厘米（图 3 – 52B）。

铁器　1 件。

M23：6，锈残。

铁剑　1 件。

M23：8，锈残。

三　砖室墓

共 7 座，除 M45 为凸字形砖室墓外，其余均为长方形砖室墓。

M1

M1 位于墓地东北部，为长方形券顶砖室墓，方向 110°。墓葬于早年遭到破坏，墓口距离地表深 0.3 米。先挖竖穴土坑，平铺墓底，再砌墓壁、券顶，最后封门。墓室通长 4.9、通宽 2.5、内高 1.94 米。墓壁呈双层错缝平铺砌筑，距墓底 1.3 米处开始起券，券顶为双层砌筑。封门为顺向错缝平铺垒砌，前端突出墓室前壁约 0.07 米。底砖之上顺向垒砌三条宽 0.34、高 0.17 米的砖梗，其长度几乎与墓室同长。墓底砖为两纵两横平铺。墓砖规格为长 34、宽 16、厚 4 厘米（图 3 – 53A）。

随葬品位于墓室前端封门处及墓室中部，共 7 件（组），包括釉陶直口罐，陶井，铜钱，铁釜和石黛板、研黛器。

釉陶直口罐　2 件。大小形制类似。直口，圆唇，矮颈，溜肩，弧腹，平底，肩部贴饰对称半环耳一对。颈部饰两周弦纹，肩部饰一周弦纹，耳部饰叶脉纹。红色胎。器表施青釉，釉层几乎脱落殆尽。

M1∶1，口径 14.4、腹径 21、底径 11.5、高 19 厘米（图 3 – 53B；彩版一四八，2）。

M1∶2，口径 14、腹径 20、底径 12、高 17.4 厘米（图 3 – 53B；彩版一四八，3）。

陶井　1 件。

M1∶4，侈口，平沿，束颈，斜腹，最大径在下部，平底。颈部与下腹部饰弦纹，上腹部刻划不太明显的水波纹。泥质灰陶。口径 6.7、底径 8.5、高 9.7 厘米（图 3 – 53B；彩版一四八，4）。

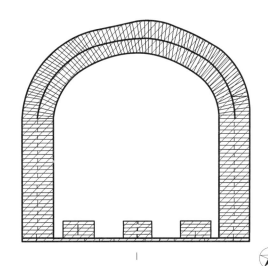
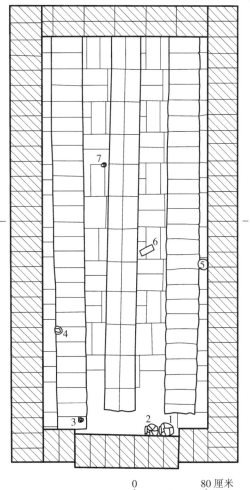

0　　　　　80 厘米

图 3 – 53A　汉墓 M1 平、剖面图

1、2. 釉陶直口罐　3、7. 铜钱　4. 陶井　5. 铁釜

6. 石黛板和研黛器

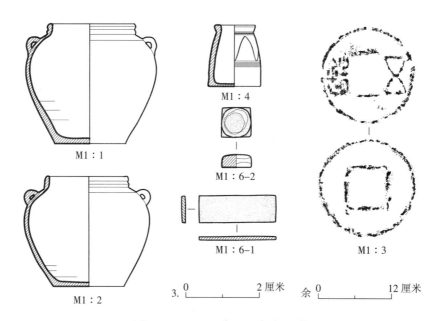

図 3 - 53B　汉墓 M1 出土器物

1、2. 釉陶直口罐　3. 铜钱　4. 陶井　6 - 1. 石黛板　6 - 2. 石研黛器

铜钱　2 件。均为五铢钱，大小形制类似，粘连锈蚀严重。分别是 M1：3 和 M1：7。

M1：3，锈蚀严重，粘连成串。正面穿外无郭，背面穿外有郭。正面穿外有篆文"五铢"二字，钱纹清晰。"五铢"二字略显矮胖，"五"字中间两笔呈弧曲形相交，两横不出头；"铢"字的金字头呈三角形，朱字上部或为圆折或为方折，下部均为圆折。直径 2.55、厚 0.15 厘米（图 3 - 53B）。

铁釜　1 件。

M1：5，锈蚀严重。敛口，矮颈，溜肩，球腹，圜底。口径 11、高 11 厘米。

石黛板　1 件。

M1：6 - 1，灰褐色砂岩。扁长方形，修制规整。正面磨光。长 12.5、宽 4.2、厚 0.6 厘米（图 3 - 53B；彩版一四九，1）。

石研黛器　1 件。与 M1：6 - 1 石黛板应为一组。

M1：6 - 2，灰色砂岩。下方上圆，底面磨光。边长 3.2、高 1.3 厘米（图 3 - 53B；彩版一四九，2）。

M2

M2 位于墓地东北部，长方形砖室墓，方向 344°。墓葬于早年遭到破坏，顶部无存，墓口距离地表深 2.1 米。先挖竖穴土坑，再砌墓壁、券顶，最后封门。墓室长 3.44、宽 1.65、残高 1.2 米。东西墓壁呈错缝平铺砌筑，南壁下部 0.7 米为平铺叠砌，其上为两顺一丁砌筑。封门位于北壁，厚 0.34、宽 1、残高 0.6 米。墓底不铺砖，为黄褐色生土。墓砖规格为长 34、宽 16、厚 4 厘米。墓内填土呈黄褐色，其内包含陶器碎片和半块石黛板（图 3 - 54）。

未发现其他随葬品。

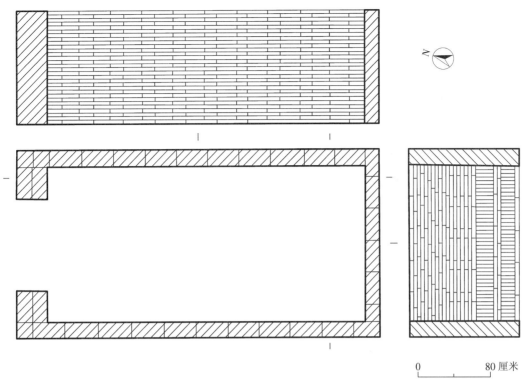

图 3 – 54　汉墓 M2 平、剖面图

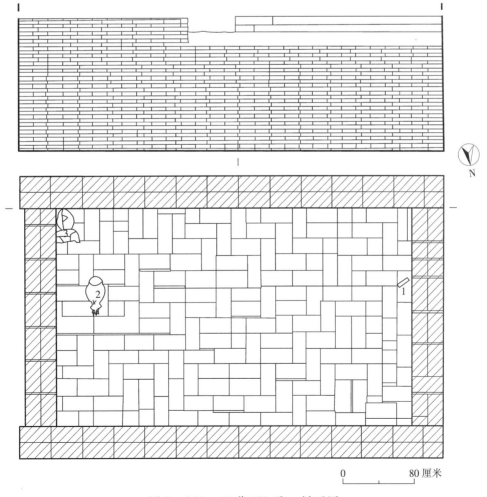

图 3 – 55A　汉墓 M6 平、剖面图

1. 石黛板　2. 青瓷五管瓶　3. 印纹硬陶罐

M6

M6 位于墓地东部，长方形券顶砖室墓，方向 100°。墓葬南部被明代砖室墓打破，北壁残，墓口距离地表深 0.5 米。先挖竖穴土坑，平铺墓底，再砌墓壁、券顶，最后封门。墓室长 3.9、宽 2.3、残高 1.4 米。墓壁呈双层错缝平铺砌筑。封门为双层横向错缝平铺垒砌，前端较墓室前壁缩进 0.06 米。墓底砖为两纵两横平铺。封门内发现漆皮残迹。墓砖规格为长 34、宽 17、厚 4 厘米（图 3 – 55A）。

随葬品位于墓室前端封门处及墓室后部，共 3 件，包括青瓷五管瓶，印纹硬陶罐和石黛板。

青瓷五管瓶　1 件。

M6：2，肩部以上呈葫芦形，中有一个大管，盘口，高束颈，鼓腹，葫芦上下部分肩腹结合处各饰铺首和弦纹，底空与下部联通，旁边有四个小管对称分布，敞口，束颈，鼓腹，底粘在葫芦下腹部。肩部分别贴饰三只捏制的带有圆戳印纹的兽形装饰，兽与兽之间另有带圆戳印纹的爬行类动物装饰。鼓腹，大平底，腹部饰弦纹。胎体呈紫灰色。通体施青黄色釉，上半部釉层较厚，下半部釉层较薄，脱釉严重，外底无釉。腹径 19.9、底径 14.2、高 43.9 厘米（图 3 – 55B；彩版一五〇）。

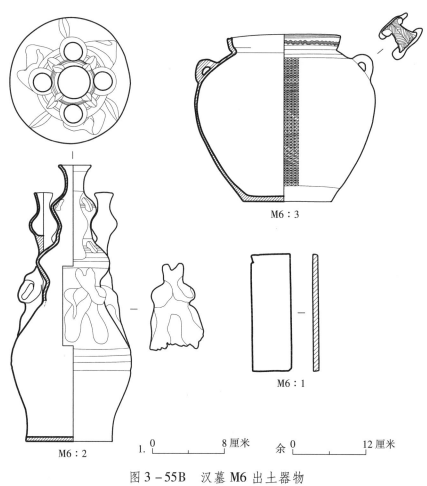

1. 0 |_____| 8 厘米　　　余 0 |_____| 12 厘米

图 3 – 55B　汉墓 M6 出土器物

1. 石黛板　2. 青瓷五管瓶　3. 印纹硬陶罐

印纹硬陶罐　1 件。

M6:3，敞口，方唇内凹，高颈，溜肩，鼓腹，下腹弧收，平底，肩部贴饰对称半环耳一对。颈部饰两道弦纹和一组水波纹，肩、腹部满饰拍印米字纹，耳部饰叶脉纹，耳上下两端为兽面纹。灰色胎。口径 18.4、腹径 29.4、底径 14.3、高 26.8 厘米（图 3-55B；彩版一四九，3）。

石黛板　1 件。

M6:1，青色石。长条形，表面光滑细腻。长 12.4、宽 4.3、厚 0.6 厘米（图 3-55B；彩版一四九，4）。

M35

M35 位于墓地西部，长方形砖室墓，方向 290°。墓葬于早年遭到破坏，顶部无存，墓口距离地表深约 3 米。先挖墓坑，平铺墓底，再砌壁起券。墓坑开于生土上，坑壁竖直。墓室长 2.77、宽 1.16、残深 0.9 米。墓壁采用平砖错缝法垒砌，壁厚 0.17 米。墓底采用二横二竖法平铺。墓砖为榫卯形，砖侧面饰几何形纹饰，规格为长 33、宽 17、厚 4 厘米。墓内填土为黄色黏土。未见人骨痕迹，发现铁棺钉（图 3-56A）。

随葬品位于墓底东北部，有的器物上下叠压，共 16 件（组），包括釉陶壶、直口罐，陶罐、三足盆、灶、井，铜盆、镜、钱和铁剑、刀、构件。

釉陶壶　1 件。

M35:9，残碎。

釉陶直口罐　5 件。直口，凹沿，矮束颈，溜肩，鼓腹，下腹斜收，平底，肩部贴饰对称半环耳一对。耳部饰叶脉纹。

M35:3，平底略内凹。肩、腹部满饰旋纹。红褐色胎。脱釉。口径 18.2、腹径 25.7、底径 12.7、

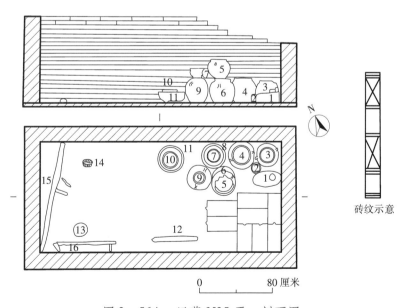

图 3-56A　汉墓 M35 平、剖面图

1. 陶灶　2. 陶井　3~6、8. 釉陶直口罐　7. 陶罐　9. 釉陶壶　10. 铜盆　11. 陶三足盆

12. 铁剑　13. 铜镜　14. 铜钱　15. 铁构件　16. 铁刀

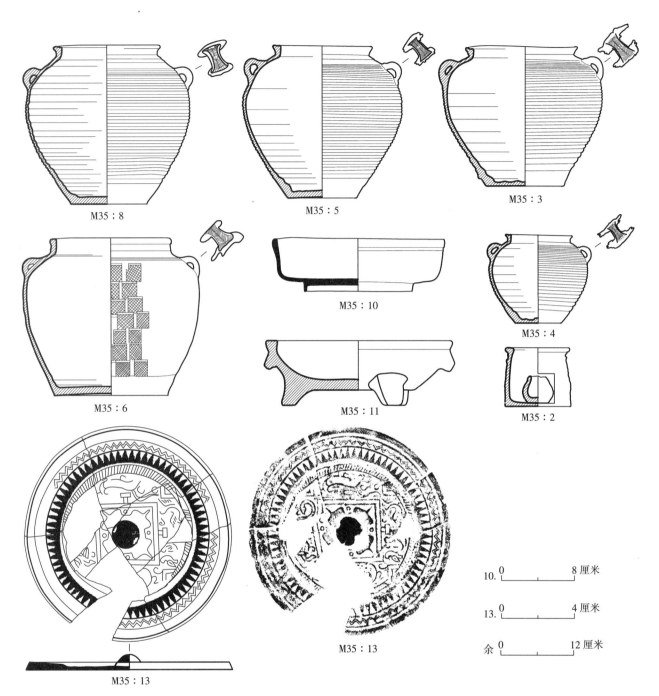

图 3 - 56B　汉墓 M35 出土器物

2. 陶井　3~6、8. 釉陶直口罐　10. 铜盆　11. 陶三足盆　13. 铜镜

高 22.1 厘米（图 3 - 56B；彩版一五一，1）。

　　M35：4，肩、腹部满饰旋纹。灰褐色胎。脱釉。口径 10.9、腹径 15.9、底径 7.6、高 14 厘米（图 3 - 56B；彩版一五一，2）。

　　M35：5，平底略内凹。肩、腹部满饰旋纹。灰褐色胎。施青釉，脱釉严重。口径 16.3、腹径 26、底径 11.6、高 24.1 厘米（图 3 - 56B；彩版一五一，3）。

　　M35：8，肩、腹部满饰旋纹。灰褐色胎。施青釉，脱釉严重。口径 17.5、腹径 26.9、底径 12.5、高 25.2 厘米（图 3 - 56B；彩版一五一，4）。

M35：6，肩部饰弦纹，腹部满饰拍印方格纹。灰色胎。青黄釉，脱釉严重。口径 19.9、腹径 28.9、底径 18.7、高 25 厘米（图 3 - 56B；彩版一五二，1）。

陶罐　1 件。

M35：7，残碎。

陶三足盆　1 件。

M35：11，微敛口，宽平沿，浅弧腹，平底，底部等距离附三个矮柱状足，足外撇，腹上部贴塑对称鋬耳一对，耳下斜。泥质陶，黄褐色胎。口径 30.5、通高 10.3 厘米（图 3 - 56B）。

陶灶　1 件。

M35：1，残碎。泥质灰陶。

陶井　1 件。

M35：2，敛口，平沿，深腹，平底。其内附一件陶罐。泥质灰陶。口径 10.4、底径 10.5、高 9.3 厘米（图 3 - 56B）。

铜盆　1 件。

M35：10，残。直口，直腹，圈足。上腹部饰两道弦纹，外底中部有一道弦纹。口径 18.7、足径 11.7、高 5.6 厘米（图 3 - 56B）。

铜镜　1 件。

M35：13，四神博局镜。残碎，拼对后局部残缺，镜面、镜背多处绿锈侵蚀镜体，局部闪露青黑色金属光泽。镜面微弧。圆纽，四叶柿蒂纹纽座，四叶间有圆形符号。内区座外复线方框，方框外侧正中各伸出一个 T 形符号，四角各对应一个 V 形符号，外侧为四神，朱雀、青龙、玄武尚存，白虎残缺，朱雀还配有禽鸟。外侧为弦纹和一周栉齿纹。外区由内向外分别饰锯齿纹、弦纹、复线水波纹和弦纹。直径 11.3、高 0.8 厘米（图 3 - 56B）。

铜钱　1 组。

M35：14，锈蚀严重，粘连成串。均为五铢钱，大小形制类似。正面穿外无郭，背面穿外有郭。正面穿外有篆文"五铢"二字，钱纹清晰。"五铢"二字略显矮胖，"五"字中间两笔呈斜交，弧曲较甚，两横不出头；"铢"字的金字头呈三角形，朱字上部为方折，下部为圆折。直径 2.6、厚 0.15 厘米。

铁剑　1 件。

M35：12，锈残。

铁刀　1 件。

M35：16，锈残。残长 50 厘米。

铁构件　1 件。

M35：15，锈残。

M37

M37 位于墓地西部，长方形砖室墓，方向 350°。墓葬于早年遭到破坏，顶部无存，墓坑开于生土

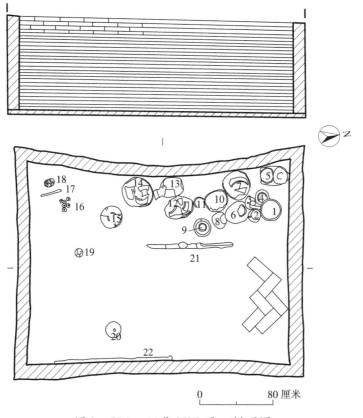

图 3 – 57A　汉墓 M37 平、剖面图

1. 铁镳斗　2～4、8、11. 釉陶直口罐　5. 陶灶　6、10、15. 釉陶瓿式罐　7、12. 硬陶罍　9. 釉陶双唇罐

13、14. 釉陶盘口壶　16、18. 铜钱　17. 铁匕首　19、20. 铜镜　21. 铁剑　22. 铁刀

上。先挖墓坑，平铺墓底，再砌壁起券。墓西壁向内倾斜倒塌，四壁均内弧。墓室长 2.9、宽 2.2、残深 0.98 米。墓壁采用平砌错缝法砌筑，壁厚 0.13 米。墓底平铺人字形砖，砖面饰有羽毛纹，规格为长 27、宽 13、厚 3.5 厘米。墓内填土为五花土。未见人骨、葬具痕迹（图 3 – 57A；彩版一五九，2）。

随葬品主要位于墓底西侧，共 22 件（组），包括釉陶盘口壶、瓿式罐、直口罐、双唇罐，硬陶罍，陶灶，铜镜、钱和铁镳斗、匕首、剑、刀。

釉陶盘口壶　2 件。盘口，圆唇，高束颈，溜肩，鼓腹，肩部贴塑半环耳一对。口下部饰弦纹，颈下部饰弦纹和水波纹，肩部饰两组弦纹，腹部饰旋纹。

M37：13，平底浅凹。耳部饰叶脉纹。红褐色胎。口径 13.2、腹径 24.8、底径 11.5、高 34 厘米（图 3 – 57B；彩版一五四，1）。

M37：14，平底。耳部饰叶脉纹和鬼眼纹。灰褐色胎。口径 13.6、腹径 26.6、底径 12.2、高 34.8 厘米（图 3 – 57B；彩版一五四，2）。

釉陶瓿式罐　3 件。敛口，平沿，方唇，广肩，鼓腹，下腹弧收，平底，肩部贴塑对称半环耳一对。腹部满饰旋纹，耳部饰叶脉纹。红褐色胎。脱釉。

M37：6，口部变形严重。口径 11.8、腹径 22.7、底径 10.9、高 19.7 厘米（图 3 – 57B；彩版一五五，1）。

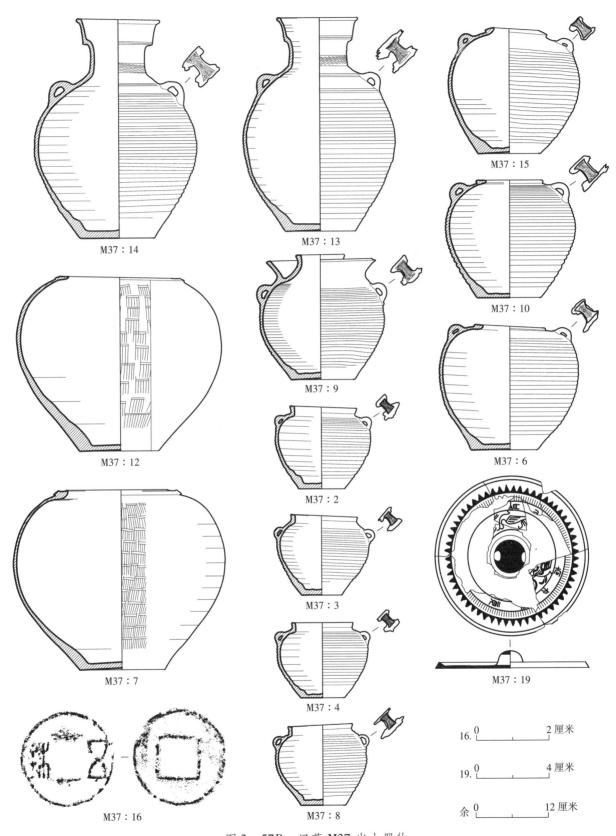

M37：14

M37：13

M37：15

M37：10

M37：12

M37：9

M37：6

M37：7

M37：2

M37：3

M37：19

M37：4

M37：16

M37：8

16. 0_____2 厘米

19. 0_____4 厘米

余 0_____12 厘米

图 3 - 57B　汉墓 M37 出土器物

2～4、8. 釉陶直口罐　6、10、15. 釉陶瓿式罐　7、12. 硬陶罍　9. 釉陶双唇罐　13、14. 釉陶盘口壶　16. 铜钱　19. 铜镜

M37∶10，耳部饰叶脉纹和鬼眼纹。口径11、腹径21.4、底径10.5、高18.7厘米（图3－57B；彩版一五五，2）。

M37∶15，口部变形严重。口径10.1、腹径21.7、底径10.3、高19.8厘米（图3－57B；彩版一五五，3）。

釉陶直口罐 5件。其中，M37∶11，残碎。直口微侈，尖唇，矮颈，弧肩，鼓腹，平底，肩部贴塑对称半环耳一对。肩、腹部满饰旋纹，耳部饰叶脉纹。

M37∶2，灰褐色胎。脱釉。口径10.6、腹径15.3、底径7.4、高13厘米（图3－57B；彩版一五三，2）。

M37∶3，凹沿。灰褐色胎。脱釉。口径10.9、腹径15.1、底径6.6、高12.6厘米（图3－57B；彩版一五三，3）。

M37∶4，红褐色胎。脱釉。口径10、腹径14.9、底径7.2、高12厘米（图3－57B；彩版一五三，4）。

M37∶8，平沿。灰褐色胎。脱釉。口径10.5、腹径15、底径7.3、高12.8厘米（图3－57B；彩版一五三，5）。

釉陶双唇罐 1件。

M37∶9，无盖。器身直口微侈，凹沿，双唇，外唇外敞较甚，束颈，鼓腹，平底微凹，颈腹结合处贴塑对称半环耳一对。腹部满饰旋纹，耳部饰叶脉纹和鬼眼纹。红褐色胎。脱釉。内口径7.9、外口径17.5、腹径20.4、底径10.2、高19.9厘米（图3－57B；彩版一五二，2）。

硬陶罍 2件。敛口，斜沿，方唇，广肩，鼓腹，下腹斜收，平底浅凹。腹部满饰拍印席纹。灰褐色胎。

M37∶7，口径20.5、腹径34.6、底径14.4、高28.6厘米（图3－57B；彩版一五二，3）。

M37∶12，口径21.3、腹径33.2、底径12.9、高27.6厘米（图3－57B；彩版一五三，1）。

陶灶 1件。

M37∶5，附有铁釜和甑。红色胎。残损严重，形制不辨。

铜镜 2件。

M37∶19，四乳四禽镜。圆形铜镜。残碎，拼对后内区残缺严重，镜背局部有土沁，其余部分均闪露青黑色金属光泽。圆纽，圆纽座。内区纽座外饰一周弦纹，外侧为四乳四禽纹，其外为两周弦纹夹铭文带，镜铭为"尚方……竟……有山……"，外侧为栉齿纹和锯齿纹。斜缘。直径8.4、厚0.9厘米（图3－57B；彩版一五四，3）。

M37∶20，未见。

铜钱 2组。均为五铢钱，大小形制类似，粘连锈蚀严重。分别是 M37∶16 和 M37∶18。

M37∶16，锈蚀严重，粘连成串。正面穿外无郭，背面穿外有郭。正面穿外有篆文"五铢"二字，钱纹模糊。"五铢"二字略显矮胖，"五"字中间两笔呈斜交略弧曲，两横不出头；"铢"字的金字头呈三角形，朱字上下部均为圆折。直径2.5、厚0.15厘米（图3－57B）。

铁镬斗 1件。

M37∶1，锈残。形制不辨。

铁匕首 1件。

M37：17，锈残。

铁剑 1件。

M37：21，锈残。长条形，断面呈菱形，有圆形格。残长100、宽3.5厘米。

铁刀 1件。

M37：22，锈残。长条形，断面呈菱形。残长132、宽3.5厘米。

M45

M45 位于墓地中部东侧，凸字形砖室墓，方向96°。墓葬于早年遭到破坏，顶部无存，墓口距离地表深约1米，墓坑开于生土上。封门位于甬道前端，砌成弧形。甬道开于墓室东侧，长0.28、宽0.8、残高0.3米。墓室长2.68、宽1.4、残深0.35米。墓壁呈顺向错缝平铺叠砌，无铺底砖，墓底用黄色砂石子夯实。墓砖规格为长30、宽14、厚3.5厘米。墓内填土为灰黄色，未见人骨、葬具痕迹（图3-58A）。

随葬品散置于墓室内，共11件，包括釉陶盘口壶、侈口罐，硬陶罍，陶井，青瓷盂和铁镶斗。

釉陶盘口壶 1件。

M45：3，残，仅剩口部。盘口微侈，圆唇。口下部饰弦纹。口径13.3、残高4.8厘米（图3-58B）。

釉陶侈口罐 5件。

M45：1、2、4、5，残碎。

M45：11，侈口，矮颈，鼓腹，平底略内凹，肩部贴饰不规整半环形耳一对。腹部满饰旋纹。灰褐色胎。脱釉。口径4.4、底径3.0、高5.0厘米（图3-58B；彩版一五六，2）。

硬陶罍 1件。

M45：8，敛口，凹沿，方唇，弧肩，鼓腹，下腹弧收，平底内凹。腹部饰拍印席纹。灰色胎。口径19、腹径32.3、底径15.5、高26.9厘米（图3-58B；彩版一五六，1）。

陶井 1件。

M45：6，敞口，平沿，斜直腹，底残。泥质灰陶。口径9.5、残高7.5厘米（图3-58B；彩版一五六，3）。

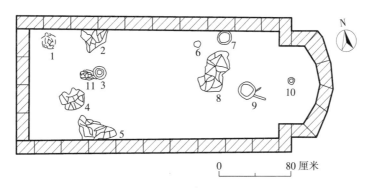

图3-58A 汉墓M45平面图

1、2、4、5、11. 釉陶侈口罐 3. 釉陶盘口壶 6. 陶井 7、9. 铁镶斗 8. 硬陶罍 10. 青瓷盂

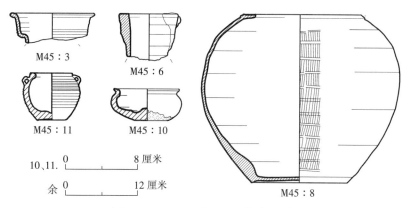

图 3 – 58B　汉墓 M45 出土器物

3. 釉陶盘口壶　6. 陶井　8. 硬陶罍　10. 青瓷盂　11. 釉陶侈口罐

青瓷盂　1 件。

M45：10，侈口，矮颈，扁鼓腹，平底。内壁饰轮旋纹。灰色胎。施青釉，胎釉结合不佳，下腹及底有凝釉现象。器底有垫砂痕迹。口径 7.1、底径 3.6、高 3.4 厘米（图 3 – 58B；彩版一五六，4）。

铁镶斗　2 件。

M45：7、9，锈蚀严重。形制不辨。

M72

M72 位于墓地西南部，长方形砖室墓，方向 296°。墓葬于早年遭到破坏，顶部无存，墓坑开于生土上。墓室内长 2.47、宽 1.1、残深 0.3 米。壁砖呈顺向错缝平铺叠砌，墓底砖平铺，呈回字形。墓底砖下面，中心位置发现一个腰坑，长 0.7、宽 0.4、深 0.25 米。墓砖规格为长 30、宽 15、厚 3 厘米。墓内填土为黄褐色。未见人骨、葬具痕迹（图 3 – 59A）。

随葬品位于墓底北部，共 10 件，包括釉陶壶、罐、双唇罐，陶盆、灶、井和铁釜。

釉陶壶　1 件。

M72：7，残碎。

釉陶罐　4 件。溜肩，鼓腹，下腹弧收，平底，肩部贴塑对称半环耳一对。肩部饰一周凹弦纹，腹部满饰旋纹，耳部饰叶脉纹。脱釉。

直口　3 件。

M72：6，口微敛，凹沿，尖唇。灰褐色胎。口径 8.6、腹径 12.9、底径 8、高 12.4 厘米（图 3 – 59B；彩版一五七，1）。

M72：9，直口微弧，方唇。灰褐色胎。口径 13.6、腹径 22、底径 10.8、高 25.7 厘米（图 3 – 59B；彩版一五八，1）。

M72：10，圆唇。红褐色胎。口径 9.9、腹径 14.9、底径 6.6、高 12 厘米（图 3 – 59B；彩版一五七，3）。

侈口　1 件。

M72：8，肩部饰水波纹。灰色胎。口径 14.4、腹径 22.8、底径 11.2、高 23.3 厘米（图 3 – 59B；

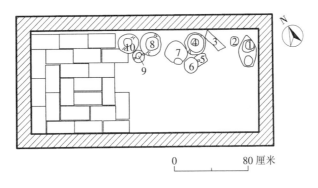

图 3 – 59A　汉墓 M72 平面图

1. 陶灶　2. 陶井　3. 陶盆　4. 釉陶双唇罐　5. 铁釜　6、8~10. 釉陶罐　7. 釉陶壶

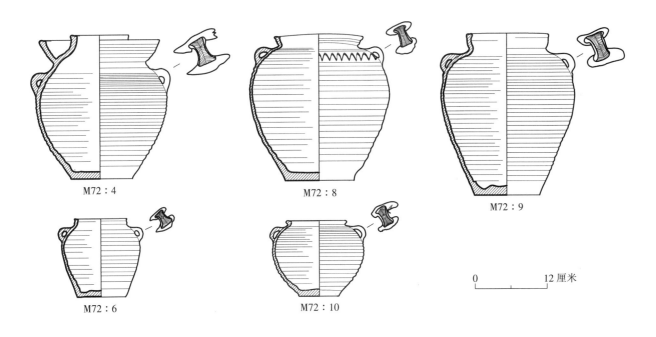

M72：4　　　　　　　　　M72：8　　　　　　　　　M72：9

M72：6　　　　　　　　　M72：10

图 3 – 59B　汉墓 M72 出土器物

4. 釉陶双唇罐　6、8~10. 釉陶罐

彩版一五七，2）。

釉陶双唇罐　1件。

M72：4，器身直口微敛，凹沿，双唇，外唇外敞较甚，内口高于外口，束颈，鼓腹，平底，颈腹结合处贴塑对称半环耳一对。肩部饰一周凹弦纹，腹部饰旋纹，耳部饰叶脉纹。灰褐色胎。施青黄色釉，脱釉严重。内口径9.6、外口径19.7、腹径21.5、底径10.1、高22.8厘米（图 3 – 59B；彩版一五八，2）。

陶盆　1件。

M72：3，残损严重。形制不辨。

陶灶　1件。

M72：1，残损严重。形制不辨。

陶井　1件。

M72：2，残碎。

铁釜　1件。

M72：5，锈蚀严重。形制不辨。

第二节　墓葬形制与典型遗物分析

一　墓葬形制分析

墓葬分为竖穴土坑墓、砖椁墓和砖室墓三大类，其中土坑墓51座，砖椁墓1座，砖室墓7座。

（一）土坑墓

共51座。可分为带墓道和不带墓道两类，平面形状包括长方形、梯形、刀把形和凸字形四种。墓葬方向各异，墓坑长2.2~4.4、宽1.36~3.7米，墓葬长宽之比在1~2.57。

长方形墓　36座。

墓坑长宽之比大于等于2的共4座，分别是M7、M18、M51和M70，其余墓葬长宽之比在1.22~1.89，分别是M4、M5、M8、M9、M10、M11、M12、M14、M15、M17、M19、M20、M22、M24、M25、M26、M29、M31、M36、M44、M48、M50、M60、M66、M67、M68、M71、M73、M74、M77、M78和M79。

梯形墓　10座。

墓坑一端宽一端窄，墓坑长与短端宽之比为1.38~1.88，分别是M3、M13、M28、M30、M34、M42、M47、M56、M58和M69。

刀把形墓　2座。

墓坑一角设斜坡墓道，长宽之比为1.79和1.69，分别是M33和M64。

凸字形墓　3座。

墓坑一边中部设斜坡墓道，长宽之比小于等于1.33，分别是M16、M46和M80。

（二）砖椁墓

共1座。为M23。平面形状为长方形。

（三）砖室墓

共7座。分别为M1、M2、M6、M35、M37、M45、M72。保存较差，多数被盗，平面形状以长方形为主，仅1座凸字形墓。墓葬方向各异。墓葬的营建流程一般是先在生土上开挖竖穴墓圹，接着铺砌墓底砖，垒砌墓壁、墓顶，最后封门、回填墓圹。墓壁砌法多为错缝平铺叠砌，仅见1座二顺一丁的墓。墓砖宽度一般是长度的一半，厚3~4厘米，以4厘米为多。墓砖长27~34厘米，以长33~34厘米为主。

二　典型遗物分析

（一）陶器

出土陶器共661件（组），约占出土遗物的70.62%，可分为23种器形。这些陶器以灰褐色、红褐色或青灰色硬陶为主，釉陶所占比重最大，釉色青黄，属南方青釉系统。器物多采用轮制法修制而成，配合模制和手制。器表多施釉。纹饰以弦纹、旋纹和刻划纹为主。器形丰富多样，有仿铜陶礼器，也有生活用器和模型明器。

1. 质地

分成泥质陶和夹砂陶两种，以泥质陶为主。由于煅烧火候不同，在胎质、硬度和色泽等方面存在较大差异。泥质硬陶数量最多，胎质细腻，多数呈灰褐色、红褐色或青灰色，少量呈灰白色，火候高，硬度大，扣之声音清脆。器表往往呈灰红色，内壁多呈红褐色，胎体一般是红褐色、灰褐色和青灰色相间。胎体上多施青黄色釉。属于这类陶质的有鼎、盒、壶、瓿、瓿式罐、罐、罍、麟趾金等器形，还有较为特殊的印纹硬陶罐、罍等。泥质软陶数量较少，胎质疏松，易碎，多呈青灰色或红色，烧制火候底，硬度小，属这类陶质的多为灶、井和罐等，仅发现1件低温铅釉陶盘口壶。夹砂陶数量亦少，陶土中掺杂粗砂等物，多为夹砂粗硬陶，烧制火候高，胎体以灰褐色居多，属于这类陶质的有壶、罐、罍等器形。

2. 制法

出土遗物的制法可分为轮制、模制和手制三种，以轮制为主，辅以模制和手制。凡是器体为圆形的器物，其主体部分均为轮制，腹壁多留下明显的轮旋痕迹。鼎、樽、盆等三足器的足部为后加。壶、盒等的器身为轮制，底及圈足后加。纯模制的器物不多，如麟趾金。多数模制品系大型器物的附件，盖纽、铺首、器耳等都是模制后贴塑到器身上的。纯手制的遗物只有灶等少数器物，少量器纽、贴塑纹等是手制后贴塑而成的。

上述三种制法大多都是混合使用，能在一个器物上找到不同的制法。底、足、耳、纽等后加部分，在相互黏合部位都留有刻划、按捏纹以便紧密相连。

3. 釉

大部分硬陶都施釉，但是由于胎釉的密度和涨缩程度不一致，再加上长期受地下水土的侵蚀，器物表面釉层多已剥落，保存完整的较少，有的部分保存，有的仅存釉斑。釉色有青黄、青绿等颜色。釉层厚薄不均，有的釉层均匀，玻化程度高；有的釉层不均，有滴釉、积釉现象。器物施釉处均在器物的朝上部位，如器盖、口内、内底、肩部、上腹部等，即俯视可见部位多施釉，而器物的下部及底部则基本无釉或仅见滴釉。鼎、盒、壶、瓿、罐、罍等器物均具有这个特点。有一件红陶盘口壶器表施黄绿色低温铅釉。

4. 纹饰

同一器物上往往使用多种纹饰，有些纹饰与器形配合使用。纹饰的制作方法有印纹、旋压、刻划、附加堆等。以弦纹、旋纹、刻划纹为主。

印纹分为拍印纹、戳印纹和模印纹几种。拍印纹的纹样多为席纹，少量网格纹，施于陶罍表面，

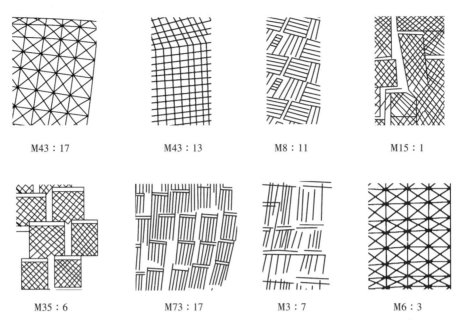

M43：17	M43：13	M8：11	M15：1
M35：6	M73：17	M3：7	M6：3

图 3 - 60A 拍印纹

（M43 为战国时期）

一般是通体拍印（图 3 - 60A）。戳印纹较少，多与羽鸟纹配合使用。器耳、铺首等部位多为模印而成，以叶脉纹和兽面纹为主，另有卷云纹和变形纹饰等（图 3 - 60B）。

弦纹是器物的主要装饰纹样，其功能有二：一是作为主体纹样单独存在，一是作为其他纹样的隔线存在。可分为细弦纹、粗弦纹和弦纹带等纹样。细弦纹多施于口部、颈部或肩部，一般是单独出现，常见于鼎、盒、壶等器物的上部。粗弦纹不多，一般是作为单独纹样成组出现，上下平行，或两道或三道，常见于壶、瓿、瓿式罐的肩部。弦纹带的断面多呈瓦垄形，由多道凹形或凸形较粗弦纹组成，纹样粗宽，常见于壶、瓿的肩部至腹部，器形大的器物上一般为凸起状，较小的器物上一般为凹陷状。

旋纹呈螺旋状，可辨认出其起点和终点，一般位于器物的腹部。胎体成型后，在慢轮旋转过程中使用工具自上而下或自下而上沿着器物腹部有序移动，借助轮盘的旋转形成一条整体纹带，纹带宽窄不定，有的较为明显，有的隐约可见。多施于壶、罐、瓿等器物上，尤以盘口壶和罐的腹部最为明显。

刻划纹包括水波纹、羽鸟纹、栉齿纹和附加堆纹等。

水波纹最为常见，使用篦齿类工具刻划而成。有的刻划精细，形同水波形，有的一划一顿状如波涛形，有的刻划较为随意，纹路杂乱，有的一次成型，有的多次成型，连接不顺。这种纹样常见于壶的口部、颈部或肩部和瓿的肩部，少量见于罐的肩部和盆的腹部（图 3 - 60C）。

羽鸟纹见于喇叭口壶和瓿的肩部，线条流畅，形象生动，美感十足（图 3 - 60D）。

栉齿纹是由多条平行直线纹组成，见于鼎、壶、瓿的铺首下端，呈胡须状（参见图 3 - 60B）。

附加堆纹不多，多见于壶的腹部，在铺首衔环的环上压出凹凸不一的纹样。部分器耳上附加 S 形纹或卷云纹（参见图 3 - 60B）。

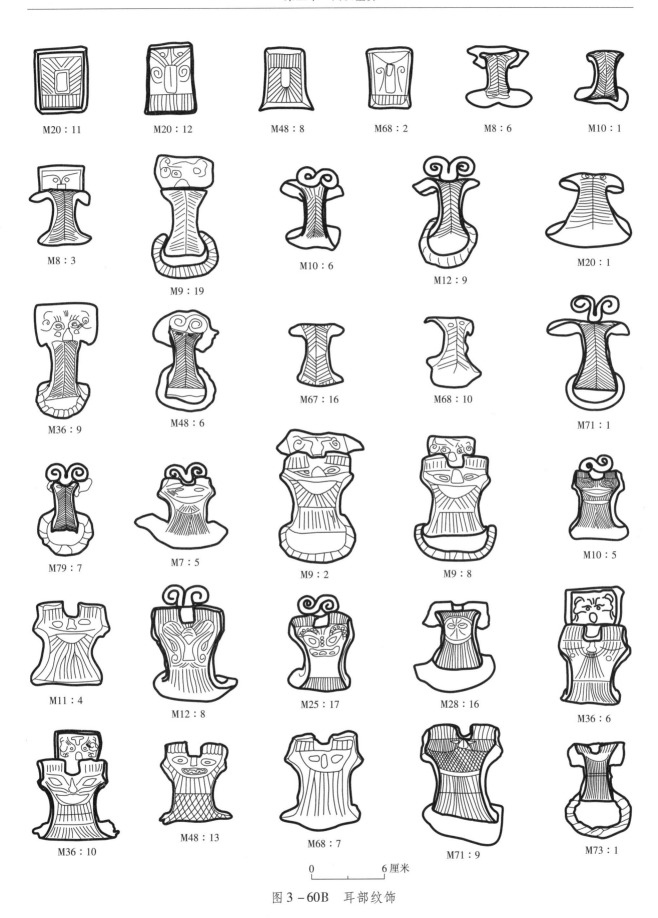

图 3-60B 耳部纹饰

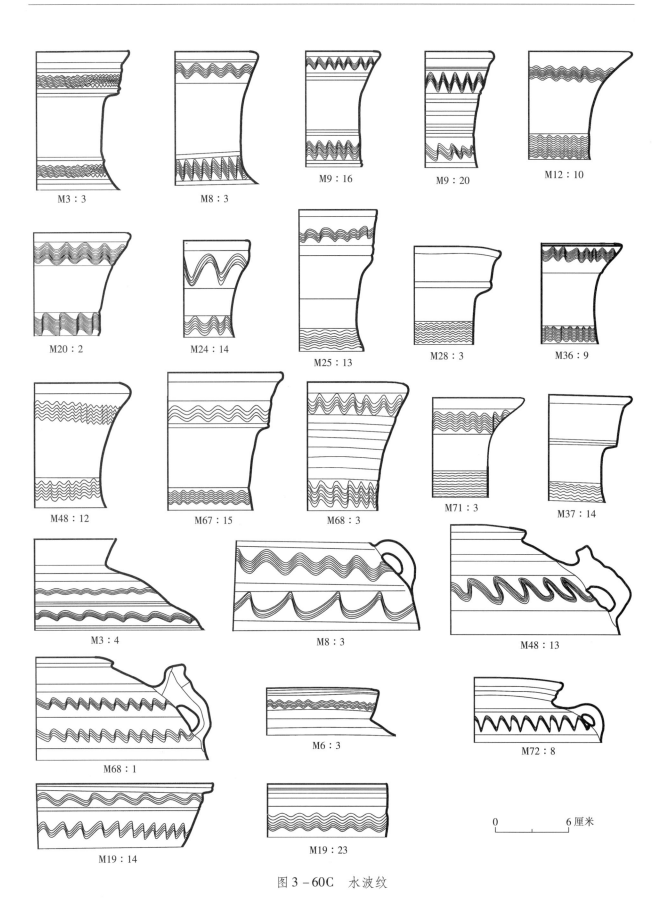

M3：3   M8：3   M9：16   M9：20   M12：10

M20：2   M24：14   M25：13   M28：3   M36：9

M48：12   M67：15   M68：3   M71：3   M37：14

M3：4   M8：3   M48：13

M68：1   M6：3   M72：8

0 ⊢————⊣ 6 厘米

M19：14   M19：23

图 3－60C   水波纹

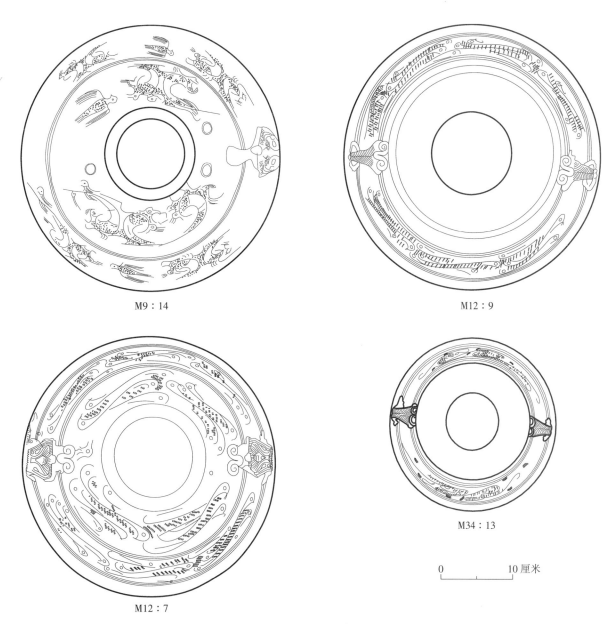

M9：14

M12：9

M12：7

M34：13

0　　　　　　　10厘米

图 3 - 60D　羽鸟纹

5. **器形**

器形完整，可资分类者共 463 件（组）。器形丰富多样，包括釉陶鼎、盒、壶、瓿、罐、双唇罐、瓿式罐、樽、盆、井、麟趾金，硬陶罍，印纹硬陶罐，陶罐、三足盆、盂、灶、井、麟趾金等。现分述如下：

釉陶鼎　共 13 件。7 座墓中出土，多成双出现，伴出盒、壶、瓿等。均为盖鼎，双立耳，部分鼎盖遗失。均为硬陶。上部采用淋釉法施釉，多数釉层脱落严重。主体使用轮制法，耳部、足部为模制后贴塑而成，耳部多饰模印兽面纹，可见弦纹。根据盖、耳、腹、足的差异，可分为 3 式：

Ⅰ 式　1 件。覆钵形盖，深弧腹，底附三个蹄足。标本号是 M8：1（图 3 - 61）

Ⅱ 式　4 件。与 Ⅰ 式相比，盖顶弧凸，下腹斜收较甚，三个蹄足退化较甚，立耳微外撇。标本号

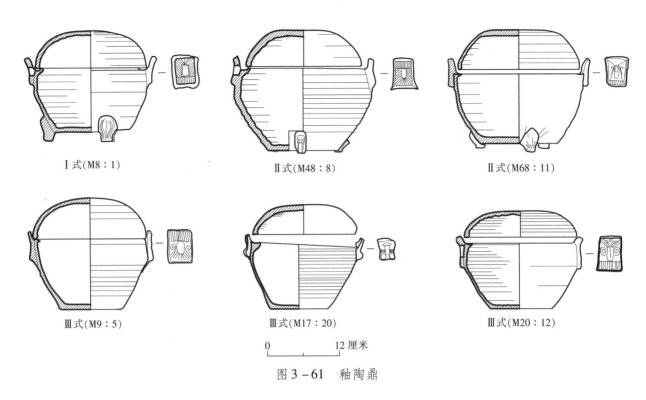

Ⅰ式(M8：1)　　　　　　　　Ⅱ式(M48：8)　　　　　　　　Ⅱ式(M68：11)

Ⅲ式(M9：5)　　　　　　　　Ⅲ式(M17：20)　　　　　　　　Ⅲ式(M20：12)

0　　　　　　　12 厘米

图 3 - 61　釉陶鼎

分别是 M48：8、M48：11、M68：2 和 M68：11（图 3 - 61）。

Ⅲ式　8 件。与Ⅱ式相比，盖顶变成弧形且变浅，底变小，三足消失不见，立耳亦退化。标本号分别是 M9：4、M9：5、M17：9、M17：20、M20：11、M20：12、M22：9 和 M22：11（图 3 - 61）。

釉陶盒　共 13 件。7 座墓中出土，多成双出现，伴出鼎、壶、瓿等。均为带盖盒，部分盖遗失。均为硬陶。上部采用淋釉法施釉，多数釉层脱落严重。轮制。根据盖、器身的变化，可分为 3 式：

Ⅰ式　1 件。覆钵形盖，盖顶近平，斜直腹，大平底。标本号是 M8：2（图 3 - 62）。

Ⅱ式　4 件。与Ⅰ式相比，盖顶弧凸，下腹斜收较甚，腹部略加深。标本分别是 M48：9、M48：10、M68：6 和 M68：9（图 3 - 62）。

Ⅲ式　8 件。与Ⅱ式相比，盖顶变成弧形且变浅，底变小。标本号分别是 M9：6、M9：9、M17：2、M17：3、M20：13、M20：14、M22：5 和 M22：7（图 3 - 62）。

釉陶壶　共 137 件。共 54 座墓中出土，少则 1 件，多则 8 件。早期与鼎、盒、瓿伴出，晚期与罍、罐等伴出。均为硬陶。上部采用淋釉法施釉，多数釉层脱落严重。主体使用轮制法修制，耳部多为模制或捏塑后贴塑而成，圈足为后加。纹饰复杂多样，有印纹、旋压、刻划、附加堆等手法，纹样有叶脉纹、兽面纹、羽鸟纹、弦纹、旋纹、水波纹、栉齿纹等。根据口部的不同可分为喇叭口壶和盘口壶。

喇叭口壶　共 65 件。根据口部、腹部、圈足及纹饰的变化分为 6 式：

Ⅰ式　1 件。喇叭口，细高束颈，鼓腹，圈足外撇。标本号是 M8：3（图 3 - 63）。

Ⅱ式　6 件。与Ⅰ式相比，口变大，颈部变得粗短，腹部变为圆鼓，圈足变矮。肩部出现羽鸟纹，下腹饰旋纹。标本号分别是 M48：2、M48：12、M68：3、M68：4、M68：10 和 M68：17（图 3 - 63）。

Ⅲ式　13 件。与Ⅱ式相比，颈部变细变高，出现细颈外折口器形。标本号分别是 M9：12、

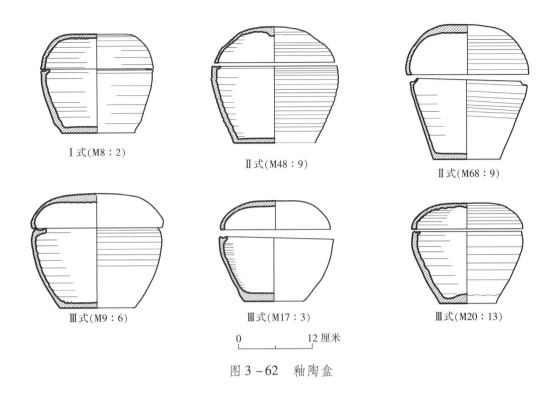

Ⅰ式(M8:2)　　Ⅱ式(M48:9)　　Ⅱ式(M68:9)

Ⅲ式(M9:6)　　Ⅲ式(M17:3)　　Ⅲ式(M20:13)

0　　　　12 厘米

图 3 - 62　釉陶盒

M9:19、M9:21、M17:19、M17:18、M20:1、M20:2、M20:6、M22:1、M22:2、M24:14、M48:6 和 M79:3（图 3 - 63）。

　　Ⅳ式　32 件。与Ⅲ式相比，口外侈较甚，颈变短，圈足变矮近无。耳部多贴饰横向 S 形纹。标本号分别是 M4:1、M12:2、M12:6、M12:9、M12:10、M13:2、M13:3、M18:2、M18:5、M18:11、M19:3、M19:6、M25:5、M25:6、M34:5、M34:8、M34:12、M34:13、M34:15、M36:9、M58:1、M58:2、M66:10、M66:11、M69:2、M69:8、M69:9、M71:4、M71:3、M79:1、M79:7 和 M79:8（图 3 - 63）。

　　Ⅴ式　12 件。与Ⅳ式相比，圈足消失变成平底。口部、肩部的水波纹消失，肩部仅饰弦纹，仍流行耳部贴饰横向 S 形纹。标本号分别是 M7:13、M7:14、M7:15、M47:14、M47:16、M60:15、M60:16、M60:17、M60:18、M64:2、M78:1 和 M78:2（图 3 - 63）。

　　Ⅵ式　1 件。与Ⅴ式相比，腹部略鼓。耳部横向 S 形纹不见。标本号是 M10:7（图 3 - 63）。

　　盘口壶　共 72 件。根据口部、腹部、圈足及纹饰的变化分为 5 式：

　　Ⅰ式　6 件。盘口微现，细高颈，圆鼓腹，圈足外撇，半环耳。口部、颈部饰水波纹，肩部饰成组弦纹。标本号分别是 M9:15、M9:16、M9:17、M9:18、M9:20 和 M18:12（图 3 - 64）。

　　Ⅱ式　16 件。与Ⅰ式相比，盘口变明显，颈部变粗硕，圈足。耳部多贴饰横向 S 形纹。标本号分别是 M19:5、M25:12、M25:13、M42:23、M42:24、M50:2、M50:3、M50:16、M56:7、M56:8、M56:9、M56:10、M67:15、M67:16、M67:10 和 M71:7（图 3 - 64）。

　　Ⅲ式　16 件。与Ⅱ式相比，器身变得修长，腹由圆鼓腹变成弧腹，圈足近无。耳部装饰简化，水波纹几乎消失，下腹旋纹较为明显。标本号分别是 M3:2、M3:3、M5:11、M42:10、M42:15、M42:19、M42:22、M42:26、M47:10、M47:12、M47:13、M47:15、M60:9、M23:4、M77:1 和 M77:2（图 3 - 64）。

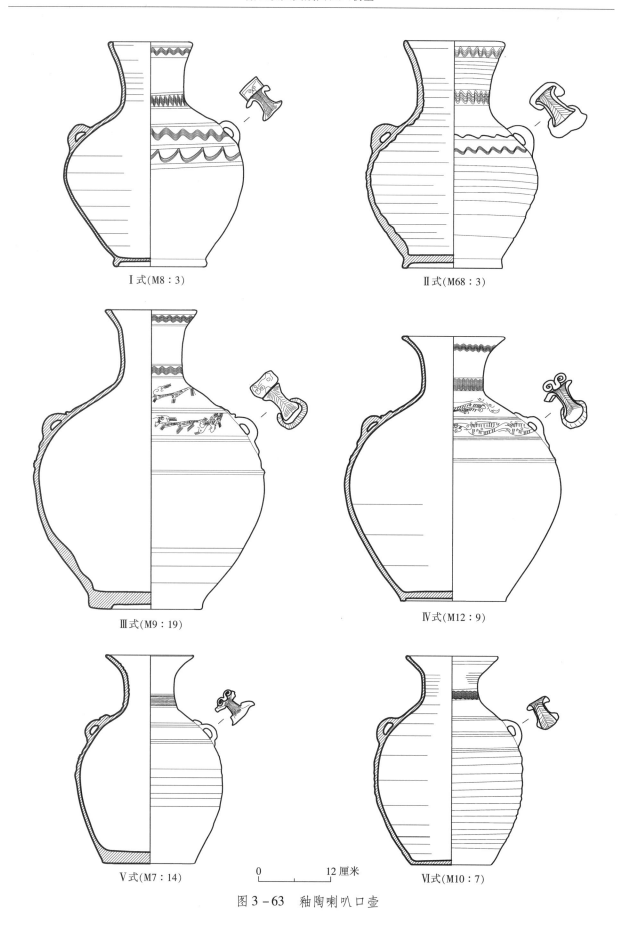

Ⅰ式(M8∶3)　　　　　　Ⅱ式(M68∶3)

Ⅲ式(M9∶19)　　　　　　Ⅳ式(M12∶9)

Ⅴ式(M7∶14)　　0　　12厘米　　Ⅵ式(M10∶7)

图3-63　釉陶喇叭口壶

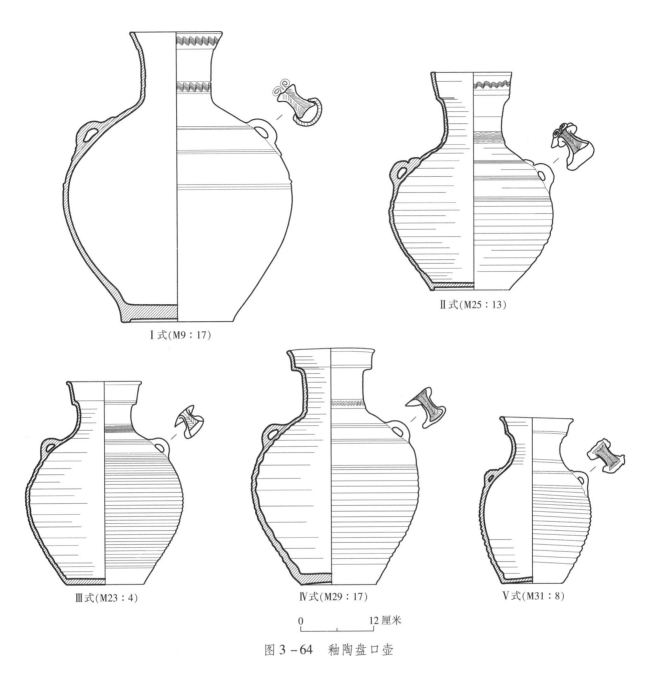

Ⅰ式(M9：17)

Ⅱ式(M25：13)

Ⅲ式(M23：4)

Ⅳ式(M29：17)

Ⅴ式(M31：8)

0　　　　　　　12厘米

图 3 - 64　釉陶盘口壶

　　Ⅳ式　17件。与Ⅲ式相比，器身显得修长，溜肩更甚，平底。弦纹和旋纹成为纹饰的主体。标本号分别是 M10：9、M14：3、M14：13、M16：1、M16：2、M16：9、M28：2、M28：3、M29：8、M29：17、M29：18、M51：2、M73：8、M73：11、M73：16、M80：16 和 M80：27（图 3 - 64）。

　　Ⅴ式　17件。与Ⅳ式相比，器身略显修长。标本号分别是 M26：10、M30：14、M30：15、M31：6、M31：8、M31：9、M33：14、M33：4、M33：7、M33：8、M33：11、M33：13、M46：14、M70：9、M70：10、M37：13 和 M37：14（图 3 - 64）。

　　釉陶瓿　共55件。32座墓出土，少则1件，多则3件。早期多与鼎、盒、壶相伴出现，晚期多与壶、罐相伴出现。均为硬陶。上部采用淋釉法施釉，多数脱釉。主体使用轮制法修制，耳部多为模制或捏塑后贴塑而成。纹饰有叶脉纹、兽面纹、羽鸟纹、弦纹、水波纹等。M4：4 为折肩、斜腹，较为特

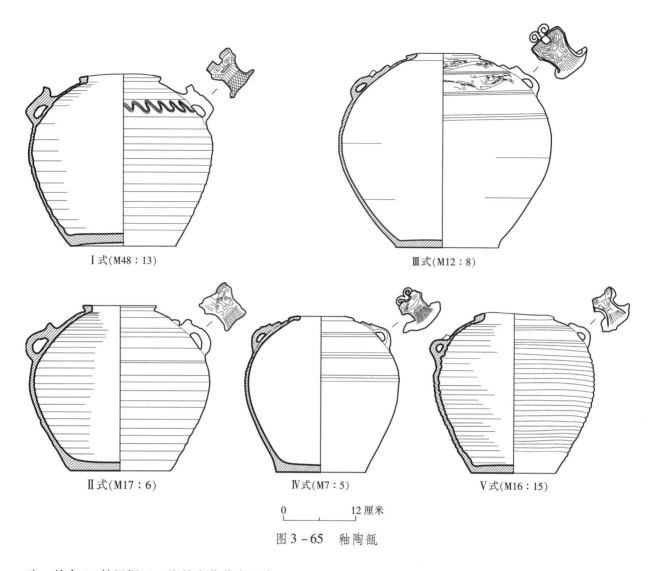

Ⅰ式(M48:13)　　　　　　　　　　　　　　　Ⅲ式(M12:8)

Ⅱ式(M17:6)　　　　　Ⅳ式(M7:5)　　　　　Ⅴ式(M16:15)

0　　　　　　12厘米

图3-65　釉陶瓿

殊，其余54件根据口、腹的变化分为5式：

Ⅰ式　1件。敛口，矮颈，弧肩，鼓腹，下腹弧收，铺首耳低于口唇。耳部饰兽面纹，肩部饰水波纹。标本号是M48:13（图3-65）。

Ⅱ式　12件。与Ⅰ式相比，耳更低于口唇，耳上翘幅度小。耳部的兽面纹退化，肩部出现羽鸟纹装饰。标本号分别是M9:2、M9:8、M9:14、M17:5、M17:6、M20:4、M20:7、M22:10、M22:13、M24:13、M68:1和M68:7（图3-65）。

Ⅲ式　23件。与Ⅱ式相比，颈近无，耳部更低，耳不上翘，下腹有明显弧收。耳部流行横向S形纹。标本号分别是M11:4、M11:5、M12:7、M12:8、M13:4、M18:7、M19:9、M19:29、M25:17、M25:23、M34:10、M34:11、M36:6、M36:10、M47:17、M50:15、M50:17、M60:12、M66:4、M66:9、M71:9、M79:2和M79:6（图3-65）。

Ⅳ式　6件。与Ⅲ式相比，颈变无，耳部上移，肩部略鼓。纹饰简化。标本号分别是M3:5、M7:1、M7:5、M7:10、M29:6和M29:11（图3-65）。

Ⅴ式　12件。与Ⅳ式相比，鼓肩变成弧肩，器身变高。下腹开始装饰旋纹。标本号分别是M10:5、

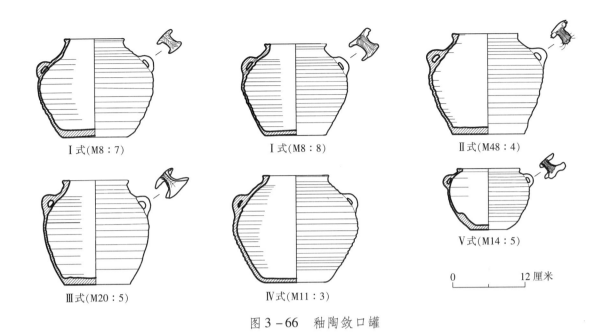

Ⅰ式(M8∶7)　　　　　　Ⅰ式(M8∶8)　　　　　　Ⅱ式(M48∶4)

Ⅲ式(M20∶5)　　　　　　Ⅳ式(M11∶3)　　　　　　Ⅴ式(M14∶5)

0　　　　　　12厘米

图3－66　釉陶敛口罐

M16∶12、M16∶15、M28∶13、M28∶16、M29∶10、M29∶12、M44∶7、M73∶2、M73∶10、M73∶1和M80∶20（图3－65）。

釉陶罐　共133件。硬陶。上部施釉，釉层多脱落严重。主体使用轮制法，耳部多为贴塑而成。纹饰有叶脉纹、弦纹、旋纹等。根据口部差异分为敛口罐、侈口罐、直口罐、母口罐和直口长颈罐。

敛口罐　共18件。可分为5式：

Ⅰ式　5件。敛口，矮颈，弧肩，鼓腹，平底，最大径位于肩部。肩及腹部满饰旋纹，耳部饰叶脉纹。标本号分别是M8∶6、M8∶7、M8∶8、M8∶9和M8∶12（图3－66）。

Ⅱ式　5件。与Ⅰ式相比，肩部略斜，最大径下移，近于中腹部。标本号分别是M48∶4、M24∶6、M24∶7、M24∶10和M24∶12（图3－66）。

Ⅲ式　3件。与Ⅱ式相比，变化不大。标本号分别是M20∶5、M20∶8和M20∶9（图3－66）。

Ⅳ式　4件。与Ⅲ式相比，最大径位于中腹部。标本号分别是M11∶2、M11∶3、M19∶8和M36∶5（图3－66）。

Ⅴ式　1件。与Ⅳ式相比，肩部变成弧肩。标本号是M14∶5（图3－66）。

侈口罐　共52件。可分为5式：

Ⅰ式　20件。侈口，束颈，鼓腹，双耳位于上腹部，腹最大径位于中腹略偏上。标本号分别是M4∶2、M4∶7、M13∶1、M13∶5、M19∶7、M19∶10、M19∶12、M19∶28、M25∶10、M25∶15、M25∶25、M34∶4、M56∶4、M56∶5、M56∶6、M67∶8、M67∶28、M69∶5、M69∶10和M69∶15（图3－67）。

Ⅱ式　11件。与Ⅰ式相比，肩部略弧，最大径上移。标本号分别是M3∶1、M3∶8、M5∶3、M5∶10、M5∶12、M7∶4、M7∶7、M7∶9、M42∶12、M42∶13和M60∶7（图3－67）。

Ⅲ式　10件。与Ⅱ式相比，肩部略鼓，下腹弧收较甚，最大径上移到肩部。标本号分别是M10∶1、M10∶3、M10∶10、M16∶11、M28∶8、M29∶7、M44∶3、M44∶4、M73∶15和M80∶22（图3－67）。

Ⅳ式　10件。与Ⅲ式相比，器形变得较高，束颈，溜肩，最大径移到中腹偏上。标本号分别是

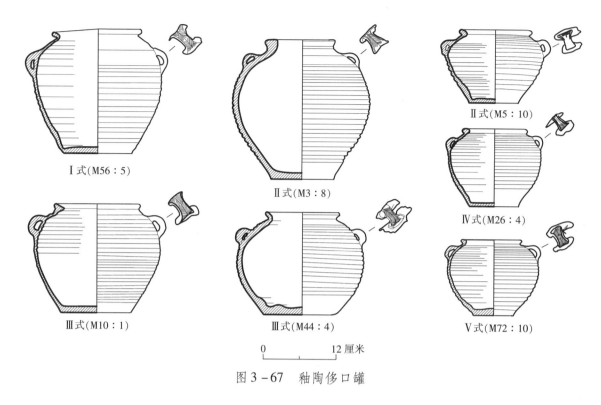

Ⅱ式(M5：10)

Ⅳ式(M26：4)

Ⅰ式(M56：5)

Ⅱ式(M3：8)

Ⅲ式(M10：1)

Ⅲ式(M44：4)

Ⅴ式(M72：10)

0　　　　　　12厘米

图3-67　釉陶侈口罐

M26：1、M26：2、M26：4、M26：5、M26：6、M30：9、M31：16、M70：4、M70：5和M45：11（图3-67）。

Ⅴ式　1件。标本号是M72：10（图3-67）。

直口罐　共54件。可分为5式：

Ⅰ式　6件。直口，矮颈，溜肩，鼓腹。腹部旋纹较稀疏。标本号分别是M48：3、M48：5、M68：8、M68：12、M68：13和M68：14（图3-68）。

Ⅱ式　15件。与Ⅰ式相比，肩部略斜。腹部旋纹增多变密。标本号分别是M9：1、M9：3、M9：11、M17：4、M17：7、M17：8、M17：10、M17：11、M17：12、M17：17、M22：4、M22：3、M22：6、M22：14和M22：12（图3-68）。

Ⅲ式　15件。与Ⅱ式相比，颈部变高，腹最大径移到中腹部。标本号分别是M12：4、M12：5、M18：3、M18：6、M18：8、M18：10、M58：5、M58：7、M58：10、M66：3、M66：13、M71：5、M71：11、M79：4和M79：10（图3-68）。

Ⅳ式　13件。与Ⅲ式相比，器形变得较高，腹部加深。肩部饰弦纹。标本号分别是M30：7、M31：10、M31：23、M31：22、M35：3、M35：4、M35：5、M35：6、M35：8、M37：2、M37：3、M37：4和M37：8（图3-68）。

Ⅴ式　5件。与Ⅳ式相比，器身变高，下腹斜收。标本号分别是M1：1、M1：2、M72：6、M72：8和M72：9（图3-68）。

母口罐　共8件。可分为2式：

Ⅰ式　1件。母口，弧肩，鼓腹，平底。标本号是M12：3（图3-69）。

Ⅱ式　7件。与Ⅰ式相比，最大径上移，下腹弧收。标本号分别是M7：2、M7：3、M7：6、M7：8、M7：11、M7：12和M7：16（图3-69）。

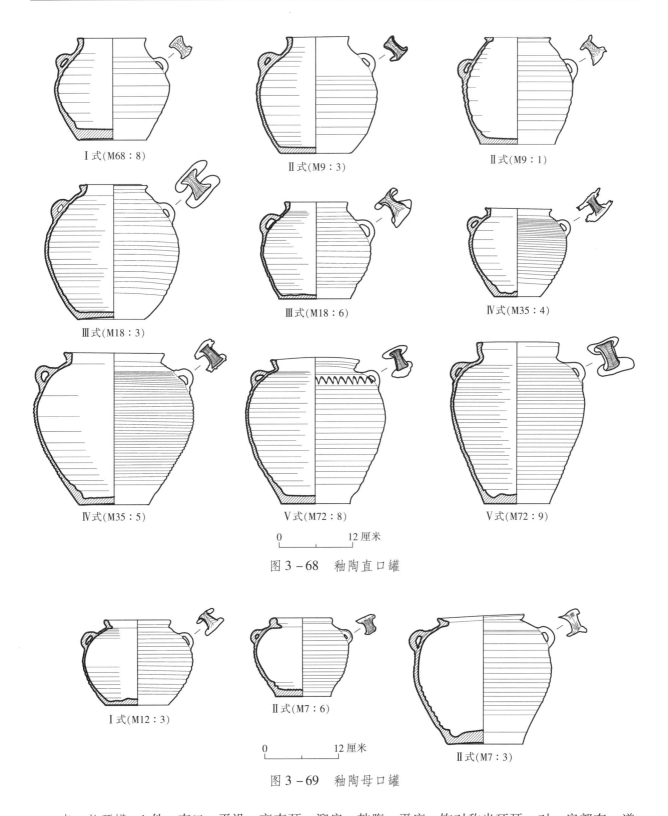

Ⅰ式(M68∶8)　　　　Ⅱ式(M9∶3)　　　　Ⅱ式(M9∶1)

Ⅲ式(M18∶3)　　　　Ⅲ式(M18∶6)　　　　Ⅳ式(M35∶4)

Ⅳ式(M35∶5)　　　　Ⅴ式(M72∶8)　　　　Ⅴ式(M72∶9)

0　　　　　12厘米

图 3 - 68　釉陶直口罐

Ⅰ式(M12∶3)　　　　Ⅱ式(M7∶6)

0　　　　　12厘米

Ⅱ式(M7∶3)

图 3 - 69　釉陶母口罐

　　直口长颈罐　1件。直口，平沿，高直颈，溜肩，鼓腹，平底，饰对称半环耳一对。肩部有一道折棱，肩及腹部满饰旋纹，耳部饰叶脉纹。标本号是 M8∶10。

　　釉陶双唇罐　共9件。8座墓出土，多为单件出土。均为硬陶。上部施青釉。主体使用轮制法修制，耳部为贴塑而成。纹饰有叶脉纹、弦纹、旋纹等。根据口、肩、腹的不同可分为5式：

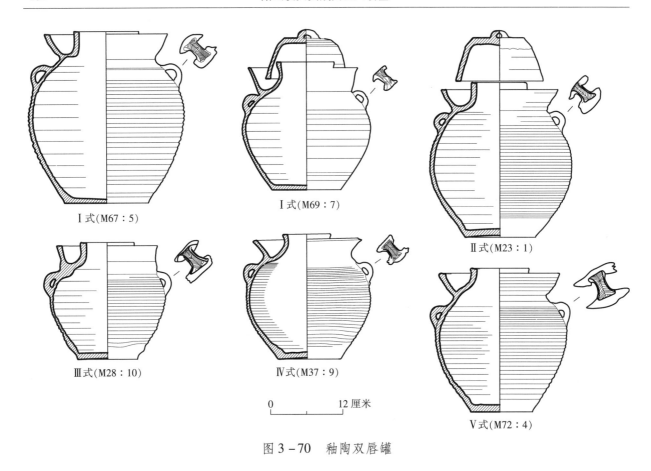

Ⅰ式(M67∶5)　　　　　Ⅰ式(M69∶7)　　　　　Ⅱ式(M23∶1)

Ⅲ式(M28∶10)　　　　Ⅳ式(M37∶9)　　　　　Ⅴ式(M72∶4)

0　　　　12厘米

图3-70　釉陶双唇罐

　　Ⅰ式　4件。内唇略高于外唇，内口较直，束颈，溜肩，鼓腹，平底。标本号分别是M67∶5、M69∶7、M71∶8和M71∶10（图3-70）。

　　Ⅱ式　1件。与Ⅰ式相比，内口略敛。标本号是M23∶1（图3-70）。

　　Ⅲ式　2件。与Ⅱ式相比，内、外唇基本等高，肩部变鼓，下腹斜收。标本号分别是M14∶6和M28∶10（图3-70）。

　　Ⅳ式　1件。与Ⅲ式相比，内唇高于外唇。肩部弦纹不见。标本号是M37∶9（图3-70）。

　　Ⅴ式　1件。与Ⅳ式相比，腹部变深。标本号是M72∶4（图3-70）。

　　釉陶瓿式罐　共18件。9座墓出土，少则1件，多则3件。硬陶。上部采用淋釉法施釉，多数釉层脱落严重。主体使用轮制法修制，耳部多为贴塑而成。纹饰有叶脉纹、弦纹、旋纹等。根据肩、腹及底的不同可分为4式：

　　Ⅰ式　1件。敛口，溜肩，鼓腹，平底，肩部贴饰对称半环耳一对。标本号是M58∶11（图3-71）。

　　Ⅱ式　6件。与Ⅰ式相比，肩部略弧，下腹部弧收明显。肩部饰弦纹，下腹满饰旋纹。标本号分别是M5∶5、M23∶2、M23∶3、M42∶11、M42∶18和M47∶19（图3-71）。

　　Ⅲ式　3件。与Ⅱ式相比，肩部略鼓，下腹部弧收更为明显。标本号分别是M14∶4、M14∶11和M14∶12（图3-71）。

　　Ⅳ式　8件。与Ⅲ式相比，底变小。标本号分别是M30∶5、M30∶6、M33∶9、M46∶4、M46∶15、M37∶6、M37∶10和M37∶15（图3-71）。

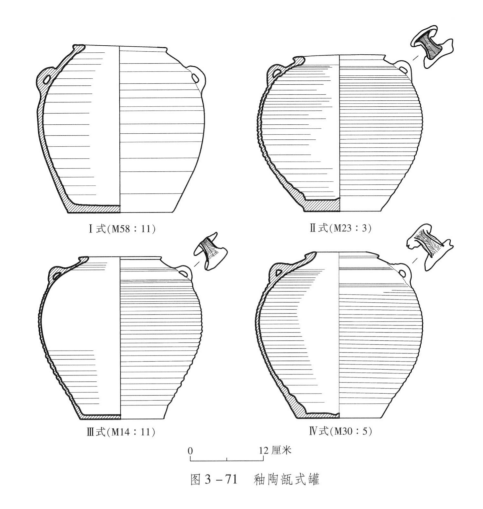

I式(M58:11)　　　　　　　　II式(M23:3)

III式(M14:11)　　　　　　　IV式(M30:5)

0 ├─────┤ 12厘米

图 3 - 71　釉陶瓿式罐

釉陶樽　1 件。标本号是 M19:23。

釉陶盆　1 件。标本号是 M19:14。

釉陶井　4 件。标本号分别是 M67:18、M67:19、M67:29 和 M67:30。

釉陶麟趾金　2 件（组）。标本号分别是 M7:18 和 M47:2。

硬陶罍　共 38 件。硬陶。泥条盘筑而成，有轮修现象。纹饰均为拍印纹。根据口、腹及纹饰的不同可分为 7 式：

I 式　1 件。方唇，直口，矮颈，弧肩，圆鼓腹，最大径位于中腹偏上。肩部饰一周弦纹，腹部满饰拍印席纹。标本号是 M8:11（图 3 - 72）。

II 式　1 件。与 I 式相比，口变成敞口，最大径上移。标本号是 M68:15（图 3 - 72）。

III 式　3 件。与 II 式相比，口部外敞更甚，最大径上移。标本号分别是 M9:10、M24:8 和 M24:9（图 3 - 72）。

IV 式　9 件。与 III 式相比，口变短，肩略鼓，腹圆鼓，最大径下移。标本号分别是 M3:4、M3:7、M19:1、M19:13、M25:19、M25:22、M67:11、M79:5 和 M79:11（图 3 - 72）。

V 式　3 件。与 IV 式相比，口变成敛口，鼓肩。标本号分别是 M3:6、M5:2 和 M47:20（图 3 - 72）。

VI 式　13 件。与 V 式相比，口部出现凹沿，最大径在肩下。标本号分别是 M10:4、M14:7、M16:13、

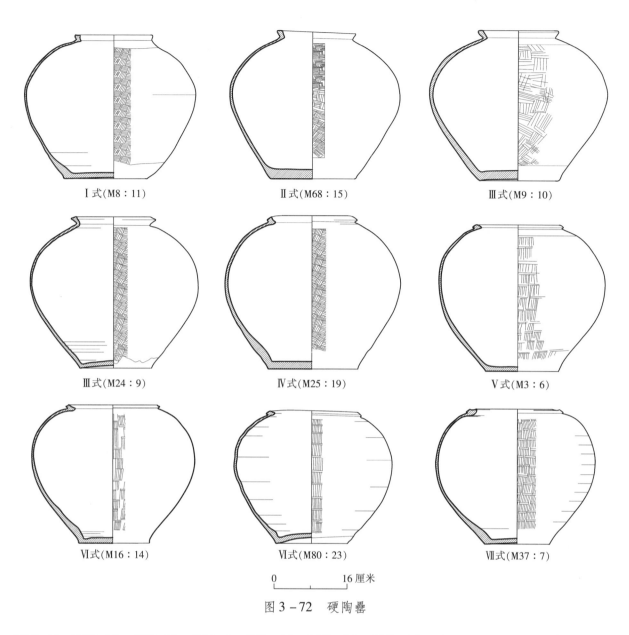

Ⅰ式(M8：11)　　　　　　Ⅱ式(M68：15)　　　　　　Ⅲ式(M9：10)

Ⅲ式(M24：9)　　　　　　Ⅳ式(M25：19)　　　　　　Ⅴ式(M3：6)

Ⅵ式(M16：14)　　　　　　Ⅵ式(M80：23)　　　　　　Ⅶ式(M37：7)

0　　　　　　16厘米

图 3 - 72　硬陶罍

M16：14、M28：14、M28：15、M29：9、M29：13、M73：12、M73：14、M73：17、M80：23 和 M80：24（图 3 - 72）。

　　Ⅶ式　8 件。与Ⅵ式相比，口部凹沿明显，最大径位于肩部。出现拍印方格纹。标本号分别是 M15：1、M30：13、M31：14、M33：12、M46：5、M37：7、M37：12 和 M45：8（图 3 - 72）。

　　印纹硬陶罐　3 件。标本号分别是 M5：9、M64：1 和 M6：3。

　　陶罐　共 27 件。变化规律与釉陶罐类似。根据口部的差异分为敛口罐、侈口罐和直口罐。

　　敛口罐　共 4 件。根据腹部及纹饰的变化，可分为 3 式：

　　Ⅰ式　1 件。敛口，凹沿，矮颈，溜肩，鼓腹，平底，肩部贴塑对称半环耳一对。腹部饰旋纹，耳部饰叶脉纹。标本号是 M68：16（图 3 - 73）。

　　Ⅱ式　1 件。与Ⅰ式相比，腹部变鼓，最大径下移，近于中腹部。标本号是 M29：4（图 3 - 73）。

　　Ⅲ式　2 件。与Ⅱ式相比，腹部变深。旋纹更为密集。标本号分别是 M46：1、M46：8（图 3 - 73）。

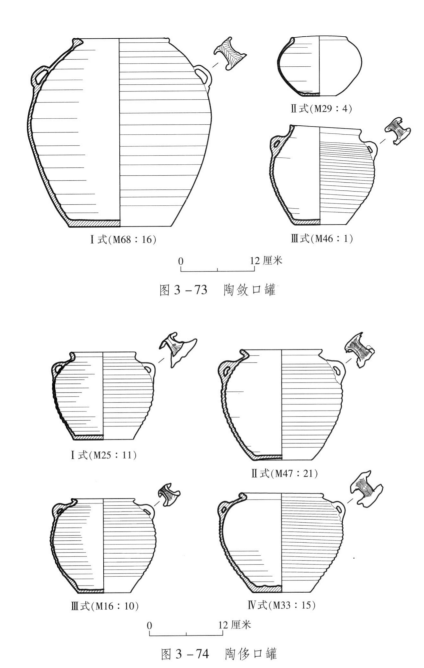

Ⅱ式(M29∶4)

Ⅰ式(M68∶16)

Ⅲ式(M46∶1)

0　　　　　12 厘米

图 3 - 73　陶敛口罐

Ⅰ式(M25∶11)

Ⅱ式(M47∶21)

Ⅲ式(M16∶10)

Ⅳ式(M33∶15)

0　　　　　12 厘米

图 3 - 74　陶侈口罐

侈口罐　共21件。根据肩、腹部的变化，可分为4式：

Ⅰ式　9件。侈口，圆唇，束颈，弧肩，鼓腹，肩部贴塑对称半环耳一对。腹部饰旋纹，耳部饰叶脉纹。标本号分别是 M4∶6、M25∶8、M25∶11、M25∶14、M25∶18、M25∶26、M34∶3、M34∶14 和 M50∶20（图 3 - 74）。

Ⅱ式　2件。与Ⅰ式相比，腹部变鼓，最大径下移。标本号分别是 M47∶21、M47∶22（图 3 - 74）。

Ⅲ式　7件。与Ⅱ式相比，腹部变圆鼓，最大径近于中腹部。标本号分别是 M16∶6、M16∶7、M16∶8、M16∶10、M28∶9、M28∶12 和 M28∶11（图 3 - 74）。

Ⅳ式　3件。与Ⅲ式相比，溜肩变成圆肩，最大径上移至肩部。标本号分别是 M33∶5、M33∶15 和 M74∶1（图 3 - 74）。

直口罐　2件。标本号分别是 M74∶2、M74∶3。

陶灶　2件。标本号分别是 M3∶14、M70∶1。

陶井　2件。标本号分别是 M1∶4、M35∶2。

陶三足盆　1件。标本号是 M35∶11。

陶盂　3件。标本号分别是 M44∶1、M44∶2 和 M10∶11。

陶麟趾金　1组。标本号是 M60∶23。

（二）瓷器

3座墓共出土3件瓷器，约占出土遗物的0.32%。器形包括碗、罐和盂。

原始瓷碗　1件。标本号是 M11∶1。

青瓷五管瓶　1件。标本号是 M6∶2。

青瓷盂　1件。标本号是 M45∶10。

（三）铜器

共出土编号铜器138件（组），约占出土遗物的14.74%。铜质较差，锈蚀严重。铜容器的器壁均较薄，多数残碎无法起取，有些仅大致器形可辨，具体形制则不辨，少量铜镜保存尚好。器形包括镣斗、釜、甑、鼎、盂、盆、碗、盒、带钩、刀、镞、弩、镜和铜钱等。

铜镣斗　4件。标本号分别是 M3∶12、M29∶16、M67∶3 和 M73∶3。

铜釜　4件。标本号分别是 M3∶15、M29∶21、M29∶3 和 M33∶16。

铜甑　1件。标本号是 M29∶2。

铜鼎　1件。标本号是 M73∶6。

铜盂　1件。标本号是 M73∶4。

铜盆　13件。标本号分别是 M3∶9、M16∶16、M24∶1、M28∶7、M29∶14、M35∶10、M47∶4、M67∶17、M69∶3、M69∶4、M73∶18、M80∶1 和 M80∶8。

铜碗　1件。标本号是 M16∶17。

铜盒　1件。标本号是 M33∶1。

铜带钩　3件。标本号分别是 M19∶19、M47∶8 和 M67∶32。

铜刀　1件。标本号是 M19∶24。

铜镞　1件。标本号是 M80∶7。

铜弩　1件。标本号是 M80∶19。

铜器　2件。标本号分别是 M19∶22 和 M26∶15。

鎏金铜器　1件。标本号是 M50∶10。

铜镜　共36件。共30座墓出土铜镜，一般出土1件，有的出土2件。其中 M19∶26 和 M37∶20 未见，M8∶15、M15∶15、M17∶16、M36∶3 和 M50∶13 因残碎严重，形制不辨。14件铜镜有铭文。均为圆形。有星云纹镜、日光镜、连弧纹昭明镜、博局纹镜、四乳四螭镜、天禄辟邪镜、四乳四禽镜、七乳四神镜和四乳镜。

星云纹镜　2件。镜面微弧。博山纽。座外饰弦纹，弦纹外为内向十六连弧纹，外侧两周弦纹夹星云纹带，四枚并蒂连珠座的大乳丁将纹带分成四区，每区各有七枚小乳丁，乳丁间以细线连接，内向十六连弧纹镜缘。标本号分别是 M9∶22 和 M68∶19。

日光镜　3件。纽座外饰两周凸弦纹，外侧饰一周粗弦纹带，其外为两周弦纹夹一周铭文带，镜铭为"见日之光，长毋相忘"。标本号分别是 M20∶16、M25∶3 和 M79∶13。

连弧纹昭明镜　2件。圆纽座。内区纽座外饰凸弦纹，外侧一周内向连弧纹带，外侧为栉齿纹带，其外为一周铭文带，铭文带外侧为栉齿纹。外区素面。标本号分别是 M33∶10 和 M50∶6。

博局镜　15件。镜背有四乳、五乳和八乳之分，纹饰有四神、禽鸟、简化博局和几何纹之分。方框外侧正中各伸出一个 T 形符号与 L 形符号相对，方框四角又与 V 形符号相对，三种符号将镜的内区分成四方八等分。标本号分别是 M3∶17、M14∶14、M3∶18、M5∶6、M42∶4、M42∶8、M46∶17、M67∶23、M70∶13、M77∶5、M80∶12、M28∶6、M31∶2、M47∶7 和 M35∶13。

四乳四螭镜　1件。圆纽座。内区纽座外饰两周凸弦纹，其间为一周栉齿纹，外侧为四乳四螭纹，其外为一周弦纹和一周栉齿纹。宽素缘。标本号是 M30∶3。

天禄辟邪铭文镜　1件。圆纽，圆纽座。内区纽座外饰两只张口相向、交尾一体的有翼神兽，当即天禄、辟邪。左兽为天禄，龙首，曲身，体生翼，长尾卷曲，躯体瘦长，头生一角，角向后倾斜，口内吐出长舌。右兽为辟邪，龙首，曲身，体生翼，尾不见，口边有一舌状物，头生一角，角前凸，角端卷曲。右兽下还有一只鹿，鹿呈奔跑状，头上有两角，口内含仙草。二神兽头部之间有反书"胡"字。纹饰呈浮雕形，凸起较高，造型精美，形象生动。神兽纹空白处用云纹填充。神兽纹外侧为两周弦纹，弦纹内为一周铭文带，镜铭为："胡氏作镜四夷服，多贺国家人民息，胡虏殄灭天下复，风雨（时节）五谷孰，长保二亲得力，传告后世乐无亟，牛马□目"47 字，铭文间有反书，首尾用两排"···"符号间隔。弦纹外侧为一周栉齿纹。外区由内向外分别饰锯齿纹、弦纹、流云纹。缘上饰弦纹带。标本号是 M73∶22。

四乳四禽镜　3件。内区纽座外饰两周凸弦纹，外侧为四乳四禽纹，四个禽鸟形态类似，其外为两周弦纹，弦纹之间填充短线，外侧为栉齿纹、锯齿纹和弦纹。标本号分别是 M15∶6、M23∶7 和 M37∶19。

七乳四神镜　1件。圆纽座。内区座外环列九枚乳丁，乳丁间以卷云纹相隔，外为一周弦纹带，其外为一周栉齿纹，外为两周弦纹夹七乳四神禽兽纹，七乳均有内向八个连弧纹座，大乳丁间饰青龙、白虎、禽鸟、玄武和瑞兽，外为一周栉齿纹。外区由内向为分别饰锯齿纹、弦纹、连续流云纹和弦纹带。标本号是 M29∶15。

四乳镜　1件。圆纽座。内区纽座外饰四乳，四乳间纹饰不辨，其外为两周弦纹夹一周栉齿纹，外侧为锯齿纹。标本号是 M73∶25。

铜钱　共67件（组）。

五铢　共64件（组）。其中24件（组）保存不佳，钱纹模糊，无法分式。另外40件（组）根据"五铢"二字形态的差异，可分3式：

Ⅰ式　18件（组）。"五铢"略显瘦高，"五"字中间两笔略呈弧曲形，"铢"字的金字头为小三角形。标本号分别是 M19∶18、M19∶20、M19∶25、M24∶3、M25∶1、M25∶2、M34∶18、M50∶5、M50∶8、M50∶9、M50∶14、M67∶12、M67∶20、M67∶24、M71∶15、M71∶17、M79∶14 和 M79∶15（图 3－75）。

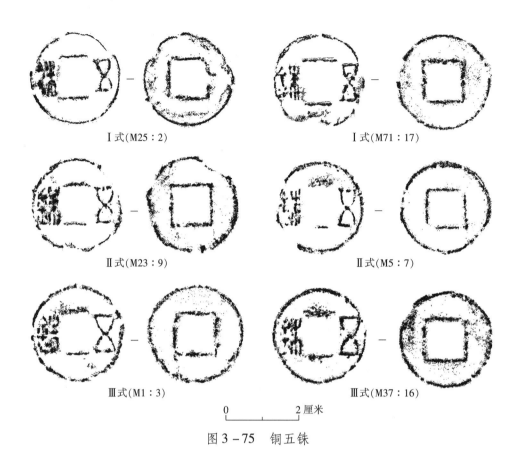

I 式（M25：2）　　　　　　　　　I 式（M71：17）

II 式（M23：9）　　　　　　　　　II 式（M5：7）

III 式（M1：3）　　　　　　　　　III 式（M37：16）

0　　　　　2 厘米

图 3 - 75　铜五铢

II 式　10 件（组）。"五铢"二字略显矮胖，"五"字中间两笔呈弧曲形，"铢"字的金字头呈三角形略大。标本号分别是 M3：10、M3：11、M3：16、M3：20、M3：22、M3：24、M5：7、M5：8、M23：5 和 M23：9（图 3 - 75）。

III 式　12 件（组）。"五铢"二字显矮胖，"五"字中间两笔呈斜交，两横不出头，"铢"字的金字头呈三角形。标本号分别是 M15：2、M15：3、M15：9、M70：12、M70：14、M73：19、M73：21、M1：3、M1：7、M35：14、M37：16 和 M37：18（图 3 - 75）。

大泉五十　共 3 组。大小形制类似，粘连锈蚀严重。正背面穿外均有郭，正面穿外有篆文"大泉五十"四字，钱纹清晰，字体优美。"大"横笔呈半圆形，"五"字中间两笔呈弧曲形相交，两横不出头，"十"字竖笔较长。标本号分别是 M47：1、M47：6 和 M47：9。

（四）铁器

共出土编号铁器 110 件（组），约占出土遗物的 11.75%。铁质较差，锈蚀严重，有些仅大致器形可辨，具体形制则不辨，少量铁器保存尚好。器形包括镛斗、釜、刀、剑、匕首等。

铁镛斗　10 件。多严重锈残，铁锈与泥土粘连，不易清理，器形难辨。标本号分别是 M45：7、M45：9、M37：1、M70：11、M50：4、M46：13、M30：12、M26：13、M25：21 和 M16：3。

铁釜　27 件（组）。多严重锈残，铁锈与泥土粘连，不易清理，器形难辨。标本号分别是 M72：5、M1：5、M80：25、M80：26、M79：12、M69：17、M69：18、M67：33、M67：34、M60：2、M60：3、M50：23、

M50：24、M47：23、M47：24、M46：11、M34：2、M33：17、M31：18、M31：21、M30：10、M25：20、M19：15、M19：16、M16：4、M14：2 和 M5：1。

铁刀　28 件。长条形，多锈残。标本号分别是 M3：21、M8：14、M12：11、M15：7、M17：14、M26：16、M29：19、M29：23、M30：1、M30：4、M31：7、M36：2、M42：6、M47：5、M51：1、M56：14、M60：19、M60：21、M66：15、M67：21、M70：16、M71：18、M77：6、M80：5、M80：9、M80：11、M35：16 和 M37：22。

铁剑　10 件。均锈残。标本号分别是 M31：1、M31：5、M34：17、M46：21、M71：16、M73：24、M80：13、M23：8、M35：12 和 M37：21。

铁匕首　2 件。锈残。标本号分别是 M70：15 和 M37：17。

铁构件　2 件。锈残。标本号分别是 M46：18 和 M35：15。

铁器　22 件。形制不辨。标本号分别是 M16：19、M16：21、M16：22、M25：27、M26：17、M34：21、M46：12、M50：1、M50：11、M50：25、M50：7、M50：12、M51：5、M56：1、M56：11、M56：12、M56：13、M58：4、M58：9、M23：6、M73：20 和 M73：23。

铁棺钉　9 件。标本号分别是 M3：23、M12：12、M15：4、M15：8、M24：5、M67：26、M67：27、M80：4 和 M80：14。

（五）其他

共 27 件（组）。有石黛板、石研黛器、玉环、料珠、玛瑙、琉璃耳瑱和木架等。

石黛板　5 件。多为灰褐色砂岩。扁长方形，修制规整。正面或多面磨光。标本号分别是 M1：6、M6：1、M42：1、M80：3 - 1、M80：3 - 2。

石研黛器　3 件。灰色砂岩质。下方上圆。底面或顶、底两面磨光。标本号分别是 M1：6 - 1、M34：20 和 M42：1 - 2。

玉环　1 件。圆环形。饰绞丝纹。标本号是 M31：4。

料珠　13 件（组）。或为一串，或为几颗，有的大小相同，有的大小不一。标本号分别是 M8：16、M9：23、M16：23、M19：21、M20：17、M24：2、M25：4、M28：5、M29：20、M42：2、M46：19、M67：22 和 M68：20。

琉璃耳瑱　4 组。喇叭形，中间有一圆孔贯穿上下。深蓝色。标本号分别是 M3：19、M30：2、M46：19 和 M46：20。

木架　1 件。标本号是 M14：15。

第三节　墓葬分组、分期与年代

一　墓葬分组

根据墓葬形制的差异和随葬品组合形式的差异，我们将 59 座汉墓分成 8 组：

第 1 组：1 座。长方形竖穴土坑墓。填土上部铺一层小石子。随葬品基本组合为鼎、盒、壶、罐；

M8：Ⅰ式鼎①、Ⅰ式盒、Ⅰ式喇叭口壶、Ⅰ式敛口罐、直口罐、Ⅰ式硬陶罍、铜镜、铁刀、石黛板、料珠。

第2组：2座。均为长方形竖穴土坑墓。有设二层台现象。随葬品多为陶器，基本组合为鼎、盒、壶、瓿、罐、硬陶罍，鼎、盒、壶、瓿多成双出现。喇叭口壶有Ⅱ式和Ⅲ式，瓿有Ⅰ式和Ⅱ式，还有星云纹镜等。其组合形式可分为：

M48：Ⅱ式鼎、Ⅱ式盒、Ⅱ式喇叭口壶、Ⅲ式喇叭口壶、Ⅰ式瓿、Ⅰ式直口罐、Ⅱ式敛口罐、硬陶罍；

M68：Ⅱ式鼎、Ⅱ式盒、Ⅱ式喇叭口壶、Ⅱ式瓿、Ⅰ式直口罐、Ⅱ式硬陶罍、Ⅰ式陶敛口罐、泥钱、星云纹镜、料珠。

第3组：5座。均为长方形竖穴土坑墓。墓底有铺设小石子现象。随葬品以陶器为主，基本组合为鼎、盒、壶、瓿、罐、硬陶罍。鼎为Ⅲ式，盒为Ⅲ式，喇叭口壶为Ⅲ式，瓿为Ⅱ式，直口罐为Ⅱ式，敛口罐为Ⅱ式，硬陶罍为Ⅲ式，新出现Ⅰ式盘口壶，另外还有星云纹镜、日光镜、Ⅰ式铜五铢、铁刀和料珠等。其组合形式可分为：

M9：Ⅲ式鼎、Ⅲ式盒、Ⅲ式喇叭口壶、Ⅰ式盘口壶、Ⅱ式瓿、Ⅱ式直口罐、Ⅲ式硬陶罍、星云纹镜、铜五铢、料珠；

M17：Ⅲ式鼎、Ⅲ式盒、Ⅲ式喇叭口壶、Ⅱ式瓿、Ⅱ式直口罐、陶器、泥钱、铜五铢、铜镜、铁刀；

M20：Ⅲ式鼎、Ⅲ式盒、Ⅲ式喇叭口壶、Ⅱ式瓿、Ⅲ式敛口罐、硬陶罍、陶灶、陶罐、日光镜、料珠；

M22：Ⅲ式鼎、Ⅲ式盒、Ⅲ式喇叭口壶、Ⅱ式瓿、Ⅱ式直口罐、硬陶罍；

M24：Ⅲ式喇叭口壶、Ⅱ式瓿、Ⅱ式敛口罐、Ⅲ式硬陶罍、陶灶、铜盆、Ⅰ式铜五铢、铁钉、料珠。

第4组：17座。均为竖穴土坑墓，有长方形和梯形之分。存在填土上部铺小石子、墓底铺木炭、墓壁镶嵌鹅卵石和二层台等现象。随葬品仍以陶器为主，基本组合为壶、瓿、罐、硬陶罍。喇叭口壶为Ⅲ式和Ⅳ式，盘口壶为Ⅰ式和Ⅱ式，瓿为Ⅲ式，直口罐为Ⅲ式，敛口罐为Ⅲ式，侈口罐为Ⅰ式，硬陶罍为Ⅳ式，新出现瓿式罐，铜镜、铜钱作为组合经常出现，铜镜有日光镜、昭明镜、博局镜等，铜钱多为Ⅰ式铜五铢，新出现铁镶斗、铁釜等。其组合形式可分为：

M4：Ⅳ式喇叭口壶、瓿、Ⅰ式侈口罐、Ⅰ式陶侈口罐、泥球、铜五铢；

M11：壶、Ⅲ式瓿、Ⅳ式敛口罐、原始瓷碗；

M12：Ⅳ式喇叭口壶、Ⅲ式瓿、Ⅰ式母口罐、Ⅲ式直口罐、陶灶、铁刀、铁钉；

M13：Ⅳ式喇叭口壶、壶、Ⅲ式瓿、Ⅰ式侈口罐、陶灶；

M18：Ⅳ式喇叭口壶、Ⅰ式盘口壶、Ⅲ式瓿、Ⅲ式直口罐、陶器、陶灶；

M19：Ⅳ式喇叭口壶、Ⅱ式盘口壶、Ⅲ式瓿、Ⅰ式侈口罐、Ⅳ式敛口罐、盆、樽、Ⅳ式硬陶罍、陶罐、陶灶、陶器、泥钱、Ⅰ式铜五铢、铜带钩、铜刀、铜镜、铜器、铁釜、料珠；

---

①　本节中未注明质地之器物均为釉陶器。

M25：Ⅳ式喇叭口壶、Ⅱ式盘口壶、Ⅲ式瓿、Ⅰ式侈口罐、Ⅳ式硬陶罍、Ⅰ式陶侈口罐、泥钱、Ⅰ式铜五铢、日光镜、铁釜、铁镰斗、铁器、料珠；

M34：Ⅳ式喇叭口壶、Ⅲ式瓿、Ⅰ式侈口罐、硬陶罍、Ⅰ式陶侈口罐、陶罐、陶灶、Ⅰ式铜五铢、铁釜、铁剑、铁器、砺石；

M36：Ⅳ式喇叭口壶、Ⅲ式瓿、Ⅳ式敛口罐、陶灶、铜五铢、铜镜、铁刀；

M50：Ⅱ式盘口壶、Ⅲ式瓿、硬陶罍、Ⅰ式陶侈口罐、陶灶、陶器、Ⅰ式铜五铢、连弧纹昭明镜、鎏金铜器、铁器、铁镰斗、铁釜；

M56：Ⅱ式盘口壶、Ⅰ式侈口罐、陶器、铁刀、铁器；

M58：Ⅳ式喇叭口壶、Ⅰ式瓿式罐、Ⅲ式直口罐、陶灶、铁器；

M66：Ⅳ式喇叭口壶、低温铅釉陶盘口壶、Ⅲ式瓿、Ⅲ式直口罐、硬陶罍、陶灶、陶器、铜五铢、铁刀；

M67：Ⅱ式盘口壶、Ⅰ式侈口罐、Ⅰ式双唇罐、井、Ⅳ式硬陶罍、陶灶、陶井、铜镰斗、铜盆、八乳博局铭文镜、铜带钩、Ⅰ式铜五铢、铁刀、铁釜、铁棺钉、料珠；

M69：Ⅳ式喇叭口壶、瓿、Ⅰ式侈口罐、Ⅰ式双唇罐、硬陶罍、铜钱、铜盆、铁釜；

M71：Ⅳ式喇叭口壶、Ⅱ式盘口壶、Ⅲ式瓿、Ⅲ式直口罐、Ⅰ式双唇罐、硬陶罍、陶灶、Ⅰ式铜五铢、铁剑、铁刀；

M79：Ⅲ式喇叭口壶、Ⅳ式喇叭口壶、Ⅲ式瓿、Ⅲ式直口罐、Ⅳ式硬陶罍、陶灶、泥钱、Ⅰ式铜五铢、日光镜、铁釜。

第5组：10座。有土坑墓和砖椁墓两种，以土坑墓为主，包括长方形、梯形和刀把形三类，砖椁墓仅1座。填土中仍有铺小石子现象，发现墓底铺白膏泥现象。随葬品仍以陶器为主，基本组合为壶、瓿、罐、硬陶罍。喇叭口壶为Ⅴ式，盘口壶为Ⅱ式和Ⅲ式，瓿为Ⅲ式和Ⅳ式，直口罐为Ⅲ式，侈口罐为Ⅱ式，瓿式罐为Ⅱ式，硬陶罍为Ⅳ式和Ⅴ式，铜镜更为常见，以博局镜为主，还有四乳四禽镜等，铜钱多为Ⅱ式五铢，也有大泉五十，铜、铁器常见。其组合形式可分为：

M3：Ⅲ式盘口壶、Ⅳ式瓿、Ⅱ式侈口罐、Ⅳ式硬陶罍、Ⅴ式硬陶罍、陶灶、陶井、铜盆、铜镰斗、铜釜、八乳博局镜、Ⅱ式铜五铢、铁刀、铁棺钉、料珠；

M5：Ⅲ式盘口壶、Ⅱ式瓿式罐、Ⅱ式侈口罐、Ⅴ式硬陶罍、印纹硬陶罐、八乳博局镜、Ⅱ式铜五铢、铁釜；

M7：Ⅴ式喇叭口壶、Ⅳ式瓿、Ⅱ式侈口罐、Ⅱ式母口罐、釉陶麟趾金、铜五铢、玉器；

M23：Ⅲ式盘口壶、Ⅱ式瓿式罐、Ⅱ式双唇罐、Ⅱ式铜五铢、四乳四禽镜、铁器、铁剑；

M42：Ⅱ式盘口壶、Ⅲ式盘口壶、Ⅱ式瓿式罐、Ⅱ式侈口罐、硬陶罍、陶灶、铜五铢、八乳博局铭文镜、铁刀、料珠、石黛板、石研黛器；

M47：Ⅴ式喇叭口壶、Ⅲ式盘口壶、Ⅲ式瓿、Ⅱ式瓿式罐、Ⅴ式硬陶罍、Ⅱ式陶侈口罐、釉陶麟趾金、泥钱、铜大泉五十、铜盆、四神博局镜、铜带钩、铁刀、铁釜；

M60：Ⅴ式喇叭口壶、Ⅲ式盘口壶、Ⅲ式瓿、Ⅱ式侈口罐、硬陶罍、陶灶、陶麟趾金、泥钱、铜五铢、铁釜、铁刀；

M64：Ⅴ式喇叭口壶、印纹硬陶罐；

M77：Ⅲ式盘口壶、硬陶罍、八乳博局铭文镜、铁刀；

M78：Ⅴ式喇叭口壶、陶盆。

第6组：9座。均为竖穴土坑墓，包括长方形、梯形和凸字形三种类型。填土中仍见铺小石子现象，有设二层台现象。随葬品仍以陶器为主，基本组合为壶、瓿、罐、硬陶罍。喇叭口壶为Ⅵ式，盘口壶为Ⅳ式，瓿为Ⅴ式，侈口罐为Ⅲ式，瓿式罐为Ⅲ式，硬陶罍为Ⅵ式，铜、铁容器出现较多，铜镜有博局镜、七乳四神镜、天禄辟邪镜等，铜钱有Ⅲ式铜五铢。其组合形式可分为：

M10：Ⅵ式喇叭口壶、Ⅳ式盘口壶、Ⅴ式瓿、Ⅲ式侈口罐、Ⅵ式硬陶罍、陶盉、陶锅、陶灶；

M14：Ⅳ式盘口壶、Ⅲ式瓿式罐、Ⅵ式敛口罐、Ⅲ式双唇罐、Ⅵ式硬陶罍、陶器、八乳博局镜、铁釜、木架；

M16：Ⅳ式盘口壶、Ⅴ式瓿、Ⅲ式侈口罐、Ⅵ式硬陶罍、Ⅲ式陶侈口罐、陶灶、铜盆、铜碗、铜五铢、铁镶斗、铁釜、铁器、料珠；

M28：Ⅳ式盘口壶、Ⅴ式瓿、Ⅲ式侈口罐、Ⅲ式双唇罐、Ⅵ式硬陶罍、Ⅲ式陶侈口罐、陶灶、铜五铢、几何纹简化博局镜、铜盆、料珠；

M29：Ⅳ式盘口壶、Ⅳ式瓿、Ⅴ式瓿、Ⅲ式侈口罐、Ⅵ式硬陶罍、Ⅱ式陶敛口罐、陶灶、七乳四神镜、铜盆、铜甑、铜锅、铜镶斗、铜釜、铁刀、料珠；

M44：壶、Ⅴ式瓿、Ⅲ式侈口罐、陶盉；

M51：Ⅳ式盘口壶、陶罐、陶灶、铁刀、铁器；

M73：Ⅳ式盘口壶、Ⅴ式瓿、Ⅲ式侈口罐、Ⅵ式硬陶罍、陶灶、铜镶斗、铜盉、铜鼎、铜盆、天禄辟邪铭文镜、四乳镜、Ⅲ式铜五铢、铁剑、铁器、玛瑙；

M80：Ⅳ式盘口壶、Ⅴ式瓿、Ⅲ式侈口罐、Ⅵ式硬陶罍、陶灶、铜盆、铜弩、铜镞、几何纹博局镜、铜五铢、铁钉、铁刀、铁剑、铁釜、石黛板。

第7组：11座。有土坑墓和砖室墓两种，土坑墓包括长方形、凸字形和刀把形三种，填土中有小石子，发现白膏泥填土；砖室墓包括长方形和凸字形两种。随葬品以陶器为主，基本组合为壶、罐、瓿式罐和硬陶罍。喇叭口壶消失，盘口壶为Ⅴ式，侈口罐为Ⅳ式，直口罐为Ⅳ式，瓿式罐为Ⅳ式，硬陶罍为Ⅶ式，新出现青瓷器，铜、铁器仍较多，铜镜以博局镜为主，还有四乳四禽镜、昭明镜等，铜钱多为Ⅲ式铜五铢。其组合形式可分为：

M15：Ⅶ式硬陶罍、Ⅲ式铜五铢、四乳四禽镜、铁刀、铁棺钉；

M26：Ⅴ式盘口壶、Ⅳ式侈口罐、陶灶、铜五铢、铜器、铁镶斗、铁刀、铁器；

M30：Ⅴ式盘口壶、Ⅳ式瓿式罐、Ⅳ式直口罐、Ⅳ式侈口罐、Ⅶ式硬陶罍、陶井、四乳四螭镜、铁刀、铁釜、铁镶斗、琉璃耳瑱；

M31：Ⅴ式盘口壶、Ⅳ式直口罐、Ⅳ式侈口罐、Ⅶ式硬陶罍、陶罐、四乳博局镜、铜五铢、铁剑、铁刀、铁釜、玉环；

M33：Ⅴ式盘口壶、Ⅳ式瓿式罐、Ⅶ式硬陶罍、Ⅳ式陶侈口罐、陶罐、铜盒、铜五铢、连弧纹昭明镜、铜釜、铁釜；

M46：Ⅴ式盘口壶、Ⅳ式瓿式罐、Ⅶ式硬陶罍、陶器、Ⅲ式陶敛口罐、八乳博局铭文镜、铁釜、铁器、铁镶斗、铁构件、铁剑、琉璃耳瑱；

M70：Ⅴ式盘口壶、Ⅳ式侈口罐、硬陶罍、陶灶、陶井、泥盆、Ⅲ式铜五铢、八乳博局铭文镜、铁镶斗、铁刀、铁匕首；

M74：Ⅳ式陶侈口罐、陶直口罐；

M35：壶、Ⅳ式直口罐、陶罐、陶灶、陶井、陶三足盆、四神博局镜、Ⅲ式铜五铢、铁剑、铁构件、铁刀；

M37：Ⅴ式盘口壶、Ⅳ式瓿式罐、Ⅳ式直口罐、Ⅳ式双唇罐、Ⅶ式硬陶罍、陶灶、Ⅲ式铜五铢、四乳四禽镜、铁镶斗、铁匕首、铁剑、铁刀；

M45：壶、Ⅳ式侈口罐、Ⅶ式硬陶罍、陶器、青瓷盂、铁镶斗。

第 8 组：4 座。均为砖室墓，墓壁有单层和双层之分，以顺向平铺叠砌为主，1 座墓底铺砖梗，1 座墓底发现腰坑。因被盗严重，随葬品均较少，以罐为主，有少量青瓷器。其组合形式可分为：

M1：Ⅴ式直口罐、陶井、铁釜、Ⅲ式铜五铢、石黛板；

M2：空；

M6：青瓷五管瓶、印纹硬陶罐、石黛板；

M72：壶、Ⅴ式直口罐、Ⅴ式侈口罐、Ⅴ式双唇罐、陶盆、陶灶、陶井、铁釜。

二　分期与年代

59 座汉墓相互之间未见叠压打破现象，其年代关系找不到地层学证据，但是除了 M2 外，其余 58 座墓均出土多少不一的随葬品，且墓葬形制亦存在一定差异，故而根据前述墓葬形制与随葬品组合的变化，结合可资断代的铜镜和铜钱等资料，我们将各组墓葬分成五期并断代如下：

第一期　包括第 1 组和第 2 组墓葬，西汉中期墓。

均为土坑墓。

由前述组合形式可知，本期鼎、盒、壶、瓿、罐器物组合较为稳定，器物形式与江苏东阳小云山一号墓①，江苏邗江胡场五号汉墓②，绍兴狮子山西汉墓③，龙游东华山④，浙江义乌西汉墓⑤，江苏高淳固城⑥ M1、M2，湖州方家山⑦，湖州杨家埠二十八号墩汉墓⑧，绍兴小龙斗 M33⑨，嵊州郯山⑩，安吉上马山西汉墓⑪，余杭义桥汉墓⑫等墓葬出土同类遗物器形相似。

本期出土遗物相似性极大，但是出土Ⅰ式鼎、Ⅰ式盒、Ⅰ式喇叭口壶和Ⅰ式硬陶罍的 M8 年代明

---

①　盱眙县博物馆：《江苏东阳小云山一号汉墓》，《文物》2004 年第 5 期

②　扬州博物馆、邗江县图书馆：《江苏邗江胡场五号汉墓》，《文物》1981 年第 11 期。

③　绍兴市文物管理处：《绍兴狮子山西汉墓》，《考古》1988 年第 9 期。

④　朱土生：《浙江龙游县东华山汉墓》，《考古》1993 年第 4 期。

⑤　浙江省文物管理委员会：《浙江义乌发现西汉墓》，《考古》1965 年第 3 期。

⑥　南京市博物馆：《江苏高淳固城汉墓发掘简报》，《东南文化》1992 年第 5 期。

⑦　浙江省文物考古研究所：《浙江湖州市方家山第三号墩汉墓》，《考古》2002 年第 1 期。

⑧　浙江省文物考古研究所：《湖州市杨家埠二十八号墩汉墓》，《浙江汉六朝墓报告集》，科学出版社，2012 年。

⑨　浙江省文物考古研究所、绍兴县文物保护管理所：《绍兴平水会稽村汉六朝墓发掘简报》，《浙江汉六朝墓报告集》，科学出版社，2012 年。

⑩　张恒：《浙江嵊州市郯山汉墓》，《东南文化》2004 年第 2 期。

⑪　安吉县博物馆：《浙江安吉上马山西汉墓的发掘》，《考古》1996 年第 7 期。

⑫　杭州市文物考古所、余杭博物馆：《余杭义桥汉六朝墓》，文物出版社，2010 年。

显早于出土Ⅱ式鼎、Ⅱ式盒、Ⅱ式喇叭口壶、Ⅱ式瓿、Ⅰ式直口罐和Ⅱ式硬陶罍 M48 和 M68。前者鼎的兽蹄足明显，盒盖较平，盒下腹弧收不明显，而后者鼎的兽蹄足退化严重，盒盖隆起，盒下腹弧收明显。M68∶19 是一件星云纹铜镜，西汉中期较流行。

我们认为上述 3 座墓的绝对年代约为汉武帝元狩五年之后到宣帝时期，即为西汉中期，其中第 1 组墓葬年代应为西汉中期早段，而第 2 组墓葬年代应为西汉中期晚段。

第二期　包括第 3 组和第 4 组墓葬，西汉晚期墓。

均为土坑墓。

由前述组合形式可知，本期壶、瓿、罐、硬陶罍器物组合较为稳定，壶、瓿、罐、硬陶罍的形态与江苏仪征胥浦 101 号汉墓[①]，浙江龙游县东华山 12 号汉墓[②]，安吉上马山西汉墓[③] M6、M10、M11，湖州方家山[④] M24、M28，浙江嵊州剡山[⑤] M59、M71，杭州老和山汉墓[⑥] M131、M98，余杭义桥西汉墓[⑦]，湖州杨家埠二十八号墩汉墓第三期[⑧]，龙游仪冢山汉墓第一期[⑨]，湖州白龙山汉六朝墓第三期[⑩]，奉化南岙林场汉六朝墓第 1 段、第 2 段[⑪]等墓葬所出土的同类器物相类似，后者所处时代均被定为西汉晚期。

本期还出现大量铜镜，有星云纹镜、日光镜、昭明镜和博局镜。M50∶6 这件昭明镜镜铭为"内而青而以而昭而明而光而象而夫而日而月"，为西汉晚期常见。

第 3 组器物组合中还包含鼎和盒，鼎已从早期的三足退化成平底无足，鼎盖无纽，只保留了双立耳，这与湖州方家山 M26[⑫]、绍兴小龙斗 M3、M36、M44[⑬]，龙游东华山 M12[⑭]和奉化白杜南岙林场 M111∶5[⑮]出土的无足平底带盖鼎样式相似。壶口隐约可见小盘口，正是从喇叭口向盘口转变的过渡形态，足变为矮圈足近平底。瓿的装饰有兽面纹铺首衔环双耳，肩腹部出现刻划变体鸟纹。这种鸟纹与杭州古荡朱乐昌墓[⑯]所出瓿其形态雷同。

我们认为上述 22 座墓的绝对年代约为西汉元、成、哀、平四代，即为西汉晚期，其中第 3 组墓葬年代应为西汉晚期早段，而第 4 组墓葬年代应为西汉晚期晚段。

---

① 扬州博物馆：《江苏仪征胥浦 101 号西汉墓》，《文物》1987 年第 1 期。
② 龙游县文物管理委员会：《浙江龙游县东华山 12 号汉墓》，《考古》1990 年第 4 期。
③ 安吉县博物馆：《浙江安吉上马山西汉墓的发掘》，《考古》1996 年第 7 期。
④ 浙江省文物考古研究所：《浙江湖州市方家山第三号墩汉墓》，《考古》2002 年第 1 期。
⑤ 张恒：《浙江嵊州市剡山汉墓》，《东南文化》2004 年第 2 期。
⑥ 浙江省文物考古研究所：《浙江省杭州市老和山汉墓发掘报告》，《浙江省文物考古研究所学刊》第七辑，杭州出版社，2005 年。
⑦ 杭州市文物考古所、余杭区博物馆：《余杭义桥汉六朝墓》，文物出版社，2010 年。
⑧ 浙江省文物考古研究所：《湖州市杨家埠二十八号墩汉墓》，《浙江汉六朝墓报告集》，科学出版社，2012 年。
⑨ 浙江省文物考古研究所、龙游县博物馆：《龙游仪冢山汉墓发掘简报》，《浙江汉六朝墓报告集》，科学出版社，2012 年。
⑩ 浙江省文物考古研究所、湖州市博物馆：《湖州市白龙山汉六朝墓葬发掘报告》，《浙江汉六朝墓报告集》，科学出版社，2012 年。
⑪ 浙江省文物考古研究所、宁波市文物考古研究所、奉化市文物保护管理所：《奉化白杜南岙林场汉六朝墓葬》，《浙江汉六朝墓报告集》，科学出版社，2012 年。
⑫ 浙江省文物考古研究所：《浙江湖州市方家山第三号墩汉墓》，《考古》2002 年第 1 期。
⑬ 浙江省文物考古研究所、绍兴县文物保护管理所：《绍兴平水会稽村汉六朝墓发掘简报》，《浙江汉六朝墓报告集》，科学出版社，2012 年。
⑭ 龙游县文物管理委员会：《浙江龙游县东华山 12 号汉墓》，《考古》1990 年第 4 期。
⑮ 浙江省文物考古研究所、宁波市文物考古研究所、奉化市文物保护管理所：《奉化白杜南岙林场汉六朝墓葬》，《浙江汉六朝墓报告集》，科学出版社，2012 年。
⑯ 浙江省文物管理委员会：《杭州古荡汉代朱乐昌墓清理简报》，《考古》1959 年第 3 期。

第三期　包括第5组和第6组墓葬，新莽至东汉早期墓。

多为土坑墓，新出现砖椁墓。

由前述组合可知，本期壶、瓿、罐、硬陶罍的器物组合仍较为稳定，组合中铜、铁器增多。其中第5组中壶、瓿、罐、硬陶罍的形态与江苏邗江宝女墩新莽墓①Ⅲ式盘口壶、Ⅲ式壶、Ⅲ式罍，浙江嵊州郯山②Ⅴ式壶、Ⅵ式壶、CⅤ式罐、Ⅲ式罍，龙游东华山③Ⅲ式瓿、A型Ⅲ式壶、B型Ⅲ式壶、Ⅱ式罍，余杭义桥汉墓④，湖州白龙山汉六朝墓第四期⑤，奉化南岙林场汉六朝墓第3段⑥，湖州杨家埠二十八号墩汉墓第四期⑦，湖州方家山⑧第三期墓壶、瓿、罍、罐等同类器物相类似，后者所处时代均被定为新莽时期。第6组器物中壶、瓿、罐、硬陶罍的形态老和山汉墓⑨东汉早期墓，上虞牛头山⑩东汉早期墓，绍兴印山汉墓⑪，奉化南岙林场汉六朝墓第4段⑫等墓葬出土的同类器物相似。

本期流行博局镜，以尚方铭文镜为多，不见前一期常见的日光镜、星云纹镜和昭明镜。M47出土铜钱均为大泉五十，钱纹清晰，字体优美，为典型的新莽时期货币。

我们认为上述19座墓的绝对年代约为新莽至安帝永初三年（公元109年），即新莽至东汉早期，其中第5组墓葬年代应为新莽至东汉初期，而第6组墓葬年代应为东汉早期。

第四期　包括第7组墓葬，东汉中期墓。

土坑墓、砖室墓均见。砖室墓墓壁砌法均为平砖错缝叠砌。M45封门外弧，其结构与老和山汉墓⑬M70、广州汉墓⑭Ⅳ型2式墓、余杭义桥M48⑮结构类似。

随葬品基本组合为壶、罐、瓿式罐和硬陶罍，喇叭口壶消失，瓿式罐代替瓿成为组合器之一。硬陶罍上出现拍印方格纹，Ⅳ式直口罐形态与之前变化较大。本期器形与杭州大观山果园第二组墓⑯，奉化南岙林场汉六朝墓第6段⑰，上虞永初三年墓⑱，上虞驮山M31⑲等墓葬的同类器相似。

①　扬州博物馆、邗江县图书馆：《江苏邗江县杨寿乡宝女墩新莽墓》，《文物》1991年第10期。
②　张恒：《浙江嵊州市剡山汉墓》，《东南文化》2004年第2期。
③　朱土生：《浙江龙游县东华山汉墓》，《考古》1993年第4期。
④　杭州市文物考古所、余杭区博物馆：《余杭义桥汉六朝墓》，文物出版社，2010年。
⑤　浙江省文物考古研究所、湖州市博物馆：《湖州市白龙山汉六朝墓葬发掘报告》，《浙江汉六朝墓报告集》，科学出版社，2012年。
⑥　浙江省文物考古研究所、宁波市文物考古研究所、奉化市文物保护管理所：《奉化白杜南岙林场汉六朝墓葬》，《浙江汉六朝墓报告集》，科学出版社，2012年。
⑦　浙江省文物考古研究所：《湖州市杨家埠二十八号墩汉墓》，《浙江汉六朝墓报告集》，科学出版社，2012年。
⑧　浙江省文物考古研究所：《浙江湖州市方家山第三号墩汉墓》，《考古》2002年第1期。
⑨　浙江省文物考古研究所：《浙江省杭州市老和山汉墓发掘报告》，《浙江省文物考古研究所学刊》第七辑，杭州出版社，2005年。
⑩　蒋乐平：《上虞牛头山古墓葬发掘》，《沪杭甬高速公路考古报告》，文物出版社，2002年。
⑪　过伟明、黎毓馨：《绍兴印山汉墓出土的器物》，《东南文化》2001年第11期。
⑫　浙江省文物考古研究所、宁波市文物考古研究所、奉化市文物保护管理所：《奉化白杜南岙林场汉六朝墓葬》，《浙江汉六朝墓报告集》，科学出版社，2012年。
⑬　浙江省文物考古研究所：《浙江省杭州市老和山汉墓发掘报告》，《浙江省文物考古研究所学刊》第七辑，杭州出版社，2005年。
⑭　广州文物管理委员会、广州市博物馆：《广州汉墓》，文物出版社，1981年。
⑮　杭州市文物考古所、余杭区博物馆：《余杭义桥汉六朝墓》，文物出版社，2010年。
⑯　浙江省文物考古研究所：《杭州大观山果园汉墓发掘简报》，《浙江汉六朝墓报告集》，科学出版社，2012年。
⑰　浙江省文物考古研究所、宁波市文物考古研究所、奉化市文物保护管理所：《奉化白杜南岙林场汉六朝墓葬》，《浙江汉六朝墓报告集》，科学出版社，2012年。
⑱　吴玉贤：《浙江上虞蒿坝东汉永初三年墓》，《文物》1983年第6期。
⑲　黎毓馨：《上虞驮山古墓葬发掘》，《沪杭甬高速公路考古报告》，文物出版社，2002年。

本期仍流行博局镜。

我们认为上述 11 座墓的绝对年代约为东汉安帝永初三年（公元 109 年）至汉顺帝时期，即东汉中期。

第五期　包括第 8 组墓葬，东汉晚期墓。

均为砖室墓。壁砖砌法仍以平铺叠砌为主，出现二顺一丁砌法。墓葬的平面形态及墓壁、墓底的砌法与浙江汉代晚期墓[①]的砌法相同。

新出现的青瓷五管瓶与嘉兴九里汇东汉墓[②]出土的五管瓶十分相似，直口罐与上期相比器身明显变高，部分罐身旋纹消失，石黛板和研黛器组合经常出现。

我们认为上述 4 座墓的绝对年代约为东汉冲帝至献帝时期，即东汉晚期。

关于上述演变，我们可以从图 3 - 76 中得到直观认识。

第四节　墓地性质与葬俗

溪头黄墓地占地面积大，东西约 210 米，南北约 150 米。墓葬分布相对集中，从发掘情况看，汉六朝时期此地人类活动比较频繁。墓地内发现的墓葬有土坑墓和砖室墓之分，土坑墓中规模最大的长不超过 4.4 米，宽不超过 3.7 米，砖室墓普遍规模不大，均属于中小型墓葬，且以小型墓葬为多。

墓地内出土了大量的遗物，种类多，类型丰富，但是，这些遗物均为各时期内常见的器物，未见精美的漆木器、金银器等，更未见表明身份地位的遗物。这些都从一个侧面揭示出墓主人的身份和地位。墓地内的贫富差距也可以从随葬品上得到一定的反应。如 M67 出土遗物达到 34 件（组），而 M64 仅见壶和罐。有些墓内出土大量铜、铁器和料珠等物，而有些墓内则未见这类遗物。

从墓葬形制规模、随葬品数量和质量等多方面因素进行综合考虑，我们初步认定该墓地是一处古代平民墓地，汉代这里是人类活动最为频繁的时期。

墓葬方向各异，其中土坑墓以西向和北向为主，砖室墓方向无规律可循。墓葬的方向一般朝向山前开阔地带，同一时期位置相近的墓葬方向大致相同。

竖穴土坑墓内的填土均为五花土，系墓坑挖土原土回填，有的填土较硬，经过夯筑，有的未经夯筑。5 座墓的墓坑设有斜坡墓道。4 座墓发现熟土二层台。26 座墓的墓底发现枕木沟，7 座墓发现漆皮或棺木朽痕。18 座墓填土中发现铺砌小石子现象，厚约 10 厘米，有的铺在填土上部，有的铺在填土下部，有的铺于填土顶部，有的铺于墓底。1 座墓墓底铺垫木炭，1 座墓墓底紧靠四壁铺垫有 49 厘米宽的鹅卵石面。1 座墓填土上部发现灰白色膏泥，1 座墓墓底铺　层白膏泥。未见人骨，葬式不明，葬具不明。

---

①　姚仲源：《浙江汉、六朝古墓概述》，《中国考古学会第三次年会论文集》，文物出版社，1984 年。
②　嘉兴市文化局：《浙江嘉兴九里汇东汉墓》，《考古》1987 年第 7 期。

第四章　东晋南朝墓葬

第一节　墓葬分述

共 6 座，除 M39 为凸字形砖室墓、M49 为刀把形砖室墓外，其余均为长方形砖室墓。

M39

M39 位于墓地西部，凸字形砖室墓，方向 90°。墓葬于早年遭到破坏，顶部无存。墓口距离地表深约 0.3 米，墓坑开于生土上。由墓门、甬道和墓室三部分组成。封门位于甬道前端，宽 0.75、厚 0.33 米，甬道位于墓室前端正中，长 0.7、宽 0.78、残高 0.55 米。墓室为长方形，长 4.65、宽 1、残高 1.2 米。墓室东西壁平直，南北壁向外弧凸。墓室及甬道壁采用三顺一丁法垒砌，墓底平铺一层人字形砖，墓室中后部采用二横二纵错缝平铺一层棺床。墓砖侧面饰钱纹和几何纹，规格为长 34、宽 17、厚 5.5 厘米。墓内填土为黄褐色。未见人骨、葬具痕迹（图 4 - 1A）。

随葬品共 4 件，包括青瓷鸡首壶、小碗和滑石猪。

青瓷鸡首壶　1 件。

M39：4，盘口，高束颈，弧肩，鼓腹，平底内凹，肩部贴塑对称横桥耳一对。肩部贴塑一鸡首，鸡冠、眼睛等均清晰可见。鸡首对面是壶柄，残。器体变形严重。肩部饰弦纹。灰色胎。器体施青釉，底部无釉。口径 10.3、腹径 18.7、底径 12.7、残高 23.5 厘米（图 4 - 1B；彩版一六〇）。

青瓷小碗　1 件。

M39：1，直口，圆唇，深腹，饼足内凹。腹部饰两道弦纹。内外底有叠烧痕迹。灰色胎。通体施青釉，施釉不均，保存较好。口径 8.5、足径 5.1、高 4.4 厘米（图 4 - 1B；彩版一六一，1）。

滑石猪　2 件。大小形制类似，刻划简单，略微似猪形。

M39：2，长 6.8、高 1、宽 1.6 厘米（图 4 - 1B；彩版一六一，2）。

M39：3，长 6.9、高 1.1、宽 1.6 厘米（图 4 - 1B；彩版一六一，3）。

M40

M40 位于墓地西部，基建工地最高处，长方形砖室墓，方向 90°，南与 M41 相连。墓葬于早年遭到破坏，顶部无存，墓口距离地表深约 0.7 米，墓坑开于生土上。墓南壁已向外倾斜。墓底不平，

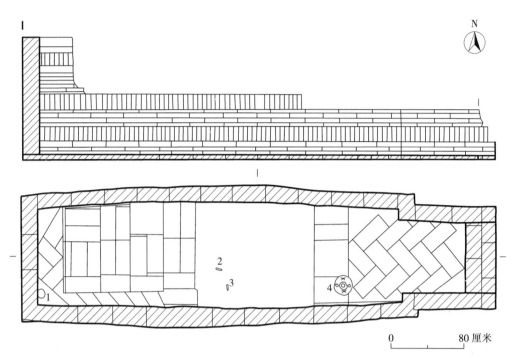

图 4 - 1A　东晋南朝墓 M39 平、剖面图

1. 青瓷小碗　2、3. 滑石猪　4. 青瓷鸡首壶

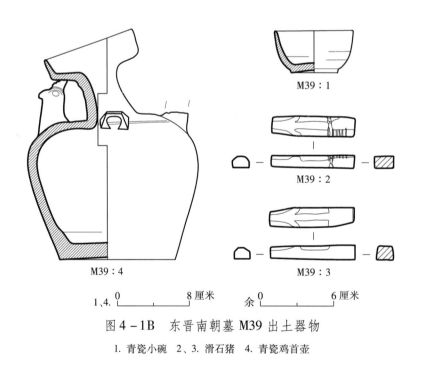

图 4 - 1B　东晋南朝墓 M39 出土器物

1. 青瓷小碗　2、3. 滑石猪　4. 青瓷鸡首壶

前低后高，高差约 0.07 米。墓室长 3.44、东端宽 0.66、西端宽 0.8、残高 0.48 米。墓壁采用五顺一丁法垒砌，墓底砖为错缝平铺。墓砖侧面饰钱纹和几何纹，规格为长 34、宽 17、厚 4 厘米。墓内填土为黄褐色。未见人骨、葬具痕迹（图 4 - 2）。

未发现随葬品。

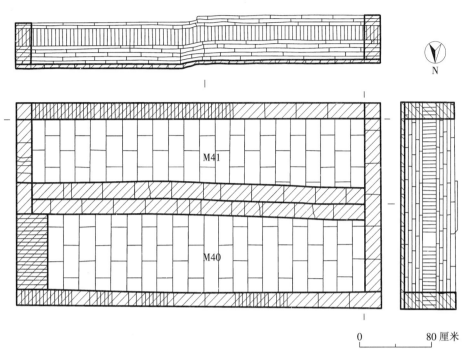

图 4 - 2　东晋南朝墓 M40 和 M41 平、剖面图

M41

M41 位于墓地西部，基建工地最高处，长方形砖室墓，方向 90°，北与 M40 相连。墓葬于早年遭到破坏，顶部无存，墓口距离地表深约 0.7 米，墓坑开于生土上。墓北壁已向南倾斜。墓底不平，前低后高，高差约 0.07 米。墓室长 3.6、东端宽 0.72、西端宽 0.68、残高 0.48 米。墓壁采用五顺一丁错缝垒砌，墓底砖为错缝平铺。墓砖侧面饰钱纹和几何纹，规格为长 34、宽 17、厚 4 厘米。墓内填土为黄褐色。未见人骨、葬具痕迹（图 4 - 2）。

未发现随葬品。

M49

M49 位于墓地中部西侧，刀把形砖室墓，方向 100°。墓葬于早年遭到破坏，顶部无存，墓口距离地表深约 0.5 米，墓坑开于生土上。封门位于甬道前端，为单砖竖砌。甬道开于墓室东侧，长 1、宽 0.78、残高 0.9 米。墓室长 4.1、宽 1.4、残高 0.9 米。墓壁采用三顺一丁法砌筑，其中西壁为双层砌筑。墓底采用人字形砖铺垫，墓室中部用二横二纵法铺设棺床。墓砖纵侧面饰钱纹等纹饰，规格为长 33、宽 16、厚 4 厘米。墓内填土为黄褐色。未见人骨、葬具痕迹（图 4 - 3A）。

随葬品位于甬道和墓室的东北角，共 4 件，包括青瓷盘口壶、鸡首壶、碗。

青瓷盘口壶　2 件。盘口，束颈，溜肩，鼓腹，下腹斜收，平底内凹，肩部贴塑对称双半环耳一对。颈腹部饰旋纹。

M49∶1，灰色胎。青釉。口径 12.4、腹径 18.8、底径 11.1、高 29 厘米（图 4 - 3B；彩版一六二）。

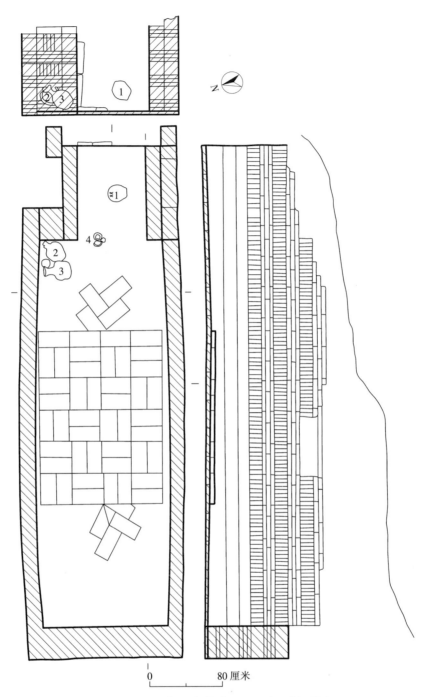

图4-3A　东晋南朝墓 M49 平、剖面图

1、2. 青瓷盘口壶　3. 青瓷鸡首壶　4. 青瓷碗

　　M49：2，口部残。红色胎。青釉，脱釉严重。腹径22.8、底径12.4、残高32.5厘米（图4-3B；彩版一六三）。

　　青瓷鸡首壶　1件。

　　M49：3，未见。

　　青瓷碗　1件。

　　M49：4，未见。

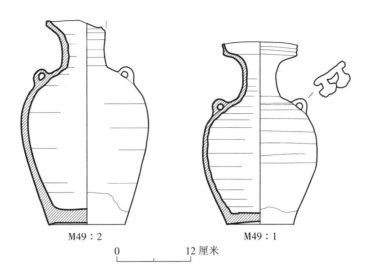

图 4 - 3B　东晋南朝墓 M49 出土青瓷盘口壶

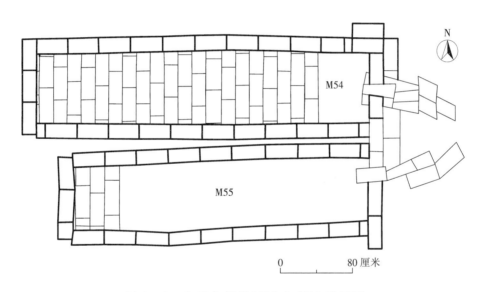

图 4 - 4　东晋南朝墓 M54 和 M55 平面图

M54 和 M55

M54 和 M55 位于墓地西南部，均为长方形砖室墓，方向 90°。墓葬于早年遭到破坏，顶部无存，墓坑开于生土上。两墓南北并列，M54 在北，M55 在南，两墓共用一个甬道，甬道位于 M54、M55 东侧，由 M54 东壁中部起向东南方向倾斜和 M55 东壁中部起向东北方向倾斜相连的砖构成，呈梯形，残长 0.9、宽 0.59 米。M54 墓室长 3.6、宽 0.74、残高 0.11 ~ 0.54 米。墓壁砖为顺向平铺叠砌，南北壁略外弧。墓底砖为横向错缝平铺。M55 墓室长 3.25、宽 0.64、残高 0.32 米。墓壁砖为顺向平铺叠砌，南北壁略外弧。墓底砖为横向错缝平铺。墓砖规格为长 33、宽 15、厚 5 厘米。墓内填土为黄褐色。未见人骨、葬具痕迹（图 4 - 4）。

未发现随葬品。

第二节　墓葬年代

这批墓葬均未出纪年遗物，只能通过墓葬形制和出土遗物的类比来判断其年代。M39 和 M49 的两侧壁均外弧，但后壁不外弧，墓壁砌法均为三顺一丁法砌筑，墓葬形制上具有东晋时期墓葬的特点。M49：1 盘口壶与杭州余杭小横山 Aa 型 Ⅱ 式盘口壶[1]以及诸暨牌头水 M2、M3 出土盘口壶[2]相似。M49：2 盘口壶与小横山 Aa 型 Ⅲ 式盘口壶相似。M39：4 鸡首壶与瑞安六朝墓鸡首壶 M5：2[3] 和三门横山鸡首壶 M10：7[4] 相似。因此，M39 和 M49 的年代应为东晋晚期至南朝早期。

M40 和 M41、M54 和 M55 为并列砖室墓，未出随葬品，墓葬形制与余杭小横山的双室砖室墓相似，因此，上述四墓的年代也应为东晋南朝时期。

① 杭州市文物考古研究所、余杭博物馆：《余杭小横山东晋南朝墓》，文物出版社，2013 年。
② 浙江省文物考古研究所、诸暨市博物馆：《浙江诸暨牌头六朝墓的发掘》，《东南文化》2006 年第 3 期。
③ 瑞安市文物馆：《瑞安六朝墓》，《浙江汉六朝墓报告集》，科学出版社，2012 年。
④ 浙江省文物考古研究所、三门县博物馆：《三门横山汉六朝古墓葬》，《浙江汉六朝墓报告集》，科学出版社，2012 年。

第五章 结 语

溪头黄墓地共发现76座古代墓葬,墓地沿用时间长。墓地内时代最早的墓为战国早中期墓,最晚的墓为明代墓,虽说中间有一定的缺环,但是总体上看,该处未发现文化堆积层,是一处比较单纯的古代平民墓地。

溪头黄墓地位于西山南麓,位置较低,与商至春秋时期墓葬多位于山顶迥然有别。发现的3座战国墓均为战国早中期,之后直到西汉中期这里才再次成为墓地。历年的考古工作显示,湘湖一带西周至战国早期的遗址和墓葬较多,但是,它们几乎都只沿用到战国早期,战国中期开始难觅踪影。这可能与战国中期楚灭越的历史背景紧密相关。

汉代是溪头黄墓地最为繁盛的时期。汉墓的数量较多,发展序列完整,从西汉中期到东汉晚期均有代表性墓葬,各时期墓葬特征清晰明确,具有很强的代表性。汉代墓葬类型丰富多样,包括土坑墓、砖椁墓和砖室墓三种类型,土坑墓还有有墓道和无墓道之分,平面形态可分为长方形、梯形、刀把形和凸字形四种,具有一定的代表性。土坑墓墓葬填土中经常发现铺砌一层小石子现象,墓底多见枕木沟,也具有一定的地域性。

通过分析墓葬形制和典型遗物特点,我们分析出一批东汉中晚期墓葬。值得注意的是,在东汉中期溪头黄墓地仍以土坑墓为主,这与以往得出的"江浙地区东汉时期砖室墓异军突起并占据统治地位"的认识迥然有别,具有一定的地域特点。浙江地区以往发现的东汉中晚期墓葬多为砖室墓,往往遭到严重盗掘,随葬品较少,溪头黄东汉中晚期墓多保存较好,出土大量随葬品,这为我们认识东汉墓葬的丧葬习俗提供了难得的珍贵资料,也为细化东汉墓的分期提供了可靠资料。

M66内发现的一件低温铅釉陶盘口壶为北方地区汉墓中所常见,但其在浙江汉墓中尚属少见,其发现为研究汉代低温铅釉陶的地域分布、制作工艺及当时的文化传播提供了新的线索。

M73内发现一件神兽镜,我们初步认定其神兽图像应为天禄、辟邪,二神兽头部中间有一个"胡"字,尚属罕见,镜铭亦为"胡氏",属于汉代姓氏镜的新品种,镜铭末句"牛马□目"在已有资料中尚未见,应属汉镜吉语新题材。

总之,溪头黄墓地的发现对于研究战国、汉、六朝时期中国南方尤其是江浙地区的丧葬习俗具有十分重要的意义。

附录 唐、宋、明墓葬

一 墓葬分述

共 8 座，分别是 M27、M38、M57、M59、M61、M62、M75 和 M76。包括土坑墓和砖室墓两种类型。

M27

M27 位于墓地西部，长方形砖室墓，方向 290°。墓坑开于生土上，墓口距离地表深约 2 米，墓室上部已被推掉。墓室内长 3、宽 0.9、残深 0.4 米。墓内填土为灰黄色。坑壁竖直，修制规整。墓壁呈三顺一丁法砌筑，墓底砖呈人字形平铺。墓砖规格为长 26、宽 12、厚 3.5 厘米。未见人骨、葬具痕迹（图附 1）。

随葬品位于墓底东部，仅见 1 件青瓷盘口壶。

青瓷盘口壶 1 件。

M27：1，盘口，圆唇，高束颈，弧肩，鼓腹，平底，肩部贴半环耳一对。器形瘦高。颈腹部有旋纹痕。灰褐色胎。口内及器身上施青釉，脱釉严重。口径 15.2、腹径 16、底径 9.4、高 29.6 厘米（图附 1；彩版一六四）。

M38

M38 位于墓地西部，梯形砖室墓，方向 272°。墓葬于早年遭到破坏，顶部无存，墓口距离地表深约 0.4 米，墓坑开于生土上。墓室长 2.35、宽 0.52～0.68、残深 0.75 米。墓壁采用平砌错缝法垒砌，砖缝内有石灰。墓底平铺两块长 41、宽 38 厘米方砖，中间有一块长砖的规格同墓壁砖。墓砖规格为长 34、宽 18、厚 7 厘米。墓内遭到扰乱。发现若干枚棺钉，人骨已腐朽（图附 2）。

未见随葬品。

M57

M57 位于墓地西南部，长方形砖室墓，方向 320°。墓葬于早年遭到破坏，顶部无存，墓坑开于生土上。墓室内长 3.03、宽 0.95、残深 0.21～0.52。墓壁先砌五顺一丁，其上再砌四顺一丁，墓的四壁

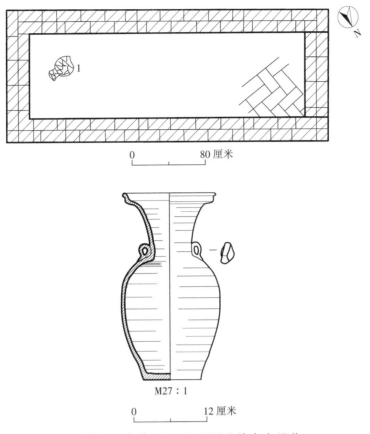

图附 1　唐墓 M27 平面图及其出土器物

1. 青瓷盘口壶

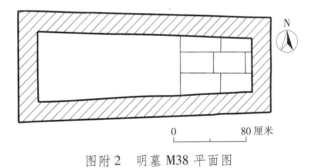

图附 2　明墓 M38 平面图

都设有 3 个壁龛，东壁为两排砖，其余三壁均为一排砖。墓底砖为人字形平铺。墓内填土为黄褐色。未见人骨、葬具痕迹（图附 3）。

随葬品位于墓底西北角，仅见 1 件青瓷盘口陶壶。

青瓷盘口壶　1 件。

M57：1，盘口，圆唇，高束颈，溜肩，鼓腹，下腹弧收，平底，颈肩结合部贴塑对称半环耳一对。灰色胎。施青黄釉，脱釉严重。口径 14.7、腹径 15.8、底径 9、高 27.6 厘米（图附 3；彩版一六五）。

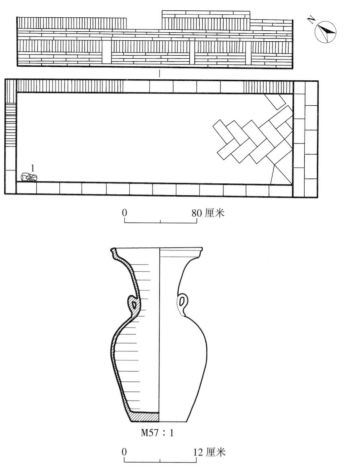

0   80厘米

M57∶1

0   12厘米

图附3　唐墓 M57 平、剖面图及其出土器物

1. 青瓷盘口壶

M59

M59 位于墓地西南部，长方形竖穴土坑墓，方向 300°。墓葬保存较差，墓口距离地表深约 2 米，墓坑打破 M60。墓壁保存不完整，仅残留东壁 1.58、北壁 0.7 米。墓坑残深 0.4 米。墓内填土为黄色沙土。未见人骨，墓底发现有铁棺环等（图附 4A）。

随葬品位于墓底北部，铜镜下面有一件铜器衬托，上面发现有朽木片。棺底由四块砖架起，两块已失。共 12 件，包括青瓷罐、盒、墓砖、铜镜、钱、鎏金铜器和铁棺环、铁器。

青瓷罐　1 件。

M59∶3，敛口，斜沿，圆唇，鼓腹，平底。腹部饰两条弦纹。灰褐色胎。施青釉，内壁施釉不及底，外壁施釉及底，外底无釉。口径 20.3、底径 10.4、高 16.3 厘米（图附 4B；彩版一六六，1）。

青瓷盒　1 件。

M59∶4，盖失。圆唇，子口，上腹直，下腹弧收，大平底，圈足。灰黄色胎，胎质细腻。通体施青釉，釉面光滑有光泽。外底有垫圈痕。口径 12.6、足径 11、高 3.6 厘米（图附 4B；彩版一六六，3）。

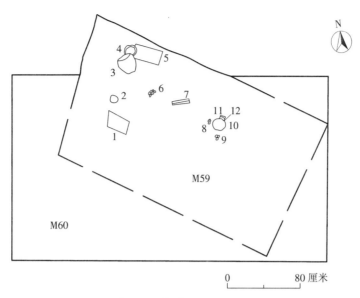

图附 4A 宋墓 M59 平面图

1、5. 墓砖 2. 铁棺环 3. 青瓷罐 4. 青瓷盒 6、8、9. 铜钱 7. 铁器 10. 铜镜 11、12. 铜器

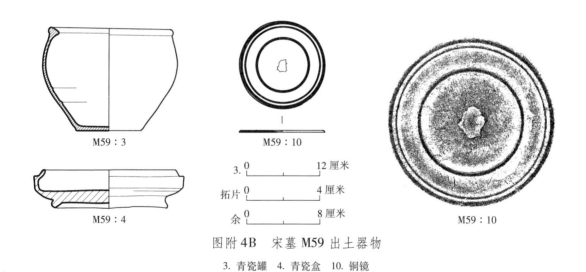

图附 4B 宋墓 M59 出土器物

3. 青瓷罐 4. 青瓷盒 10. 铜镜

墓砖 2 件。

M59:1，未见。

M59:5，青砖。长方体。无纹饰。长 31.7、宽 15.5、高 4.3 厘米（彩版一六六，2）。

铜镜 1 件。

M59:10，圆形铜镜。镜纽缺失，镜背面灰黑色锈层均匀分布。仅饰两道粗弦纹。直径 9.3 厘米（图附 4B；彩版一六七）。

铜钱 3 件。

M59:6、8、9，残碎。

鎏金铜器 2 件。

M59:11，形制不明。

M59：12，扣状（彩版一六八，1）。

铁棺环　1件。

M59：2，锈残。

铁器　1件。

M59：7，锈蚀严重。形制不辨。

M61

M61位于墓地东北部，正方形砖室墓，方向200°。墓葬于早年遭到破坏，顶部无存，墓口距离地表深约0.2米，墓坑开于生土上。墓室长2.5、宽2.5、残深0.62米。东壁砖保存较多，顺向平铺叠砌，北壁只有两块墓砖，其一横置，西壁仅留有一块墓砖。墓砖规格为长28、宽13、厚5厘米。墓室填土为黄褐色。墓室分两部分，东半边中部发现6块断砖围住一个青白釉盖罐，棺木放置在西半边。棺木痕迹上发现撒满若干种铜钱，北侧还置有头钗和若干枚棺钉（图附5A）。

随葬品共4件，分别是瓷盖罐，银头钗，铜钱和铁棺钉。

瓷盖罐　1件。

M61：1，直口微敛，方尖唇，溜肩，弧腹，底内凹。肩部饰一周竖线纹，腹部饰瓜棱纹。白色胎。施青白釉，器内满釉，器外施釉不及底。器物变形。口径6.2、底径5.4、高6.5厘米（图附5A；彩版一六八，3）。

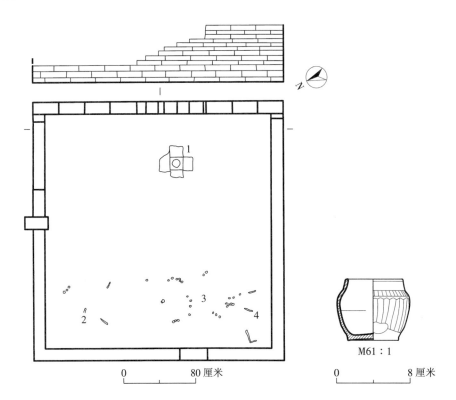

图附5A　宋墓M61平、剖面图及其出土器物

1. 瓷盖罐　2. 银头钗　3. 铜钱　4. 铁棺钉

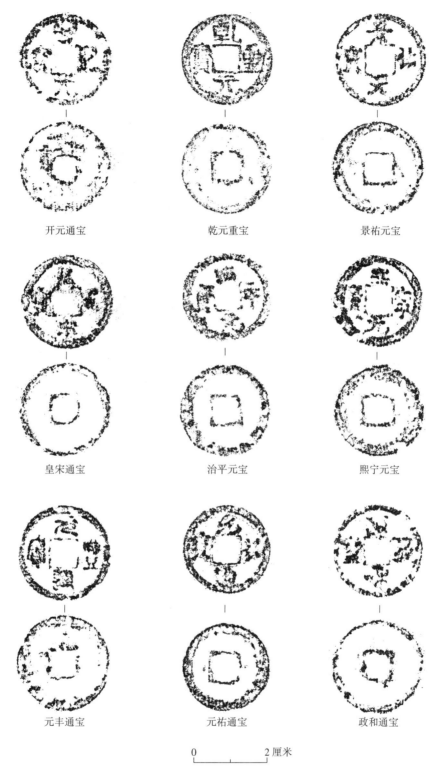

开元通宝　　　　　　乾元重宝　　　　　　景祐元宝

皇宋通宝　　　　　　治平元宝　　　　　　熙宁元宝

元丰通宝　　　　　　元祐通宝　　　　　　政和通宝

0　　　　　　2厘米

图附5B　宋墓 M61 出土铜钱（M61∶3）

银头钗　1件。

M61∶2，长条形，弯折（彩版一六八，2）。

铜钱　1组。

M61∶3，共20枚。均为小平钱，圆形方穿，穿外有郭。郭外有四字钱纹。其中2枚钱纹不可辨识。直径约 2.5 厘米（图附 5B）。

开元通宝　1 枚。背无纹，楷书，对读。

乾元重宝　1 枚。背无纹，隶书，对读。

景祐元宝　2 枚。背无纹，行书，旋读。

皇宋通宝　4 枚。背无纹，行书，对读。

治平元宝　1 枚。背无纹，楷书，旋读。

熙宁元宝　1 枚。背无纹，行书，旋读。

元丰通宝　2 枚。背无纹，篆书，旋读。

元祐通宝　5 枚。背无纹，行书，旋读。

政和通宝　1 枚。背无纹，隶书，对读。

铁棺钉　1 件。

M61：4，锈残。

M62

M62 位于墓地东北部，长方形砖室墓，方向 350°。墓葬于早年遭到破坏，顶部无存，墓坑开于生土上。墓室内长 1.14、宽 0.56、残高 0.28 米。墓壁砌法为先顺向砌一层平砖，再砌一层丁砖，丁砖顺横交错，两块顺砖之间放置两至三块横向砖，再砌三层平砖，砌法很不规则。墓底无砖。未见人骨、葬具痕迹。在墓室北侧发现有 1 件铜盆和数枚铜钱，旁边数枚棺钉。铜钱较多，但大多已经腐烂，无法起取（图附 6A）。

随葬品散置于墓底，共 5 件（组），分别是铜盆、钱和铁棺钉。

铜盆　1 件。

M62：1，残碎。放置在一个木盒里，木盒腐朽，痕迹明显可见。其厚度约 5 毫米。

铜钱　3 组。

M62：2，2 枚。开元通宝，圆形方穿，穿外有郭。正面郭外有楷书"开元通宝"四字钱纹，对读。直径 2.5 厘米。

M62：3，1 枚。乾元重宝，圆形方穿，穿外有郭。正面郭外有楷书"乾元重宝"四字钱纹，对读。直径 2.5 厘米。

M62：4，6 枚。3 枚残损严重。圆形方穿，穿外有

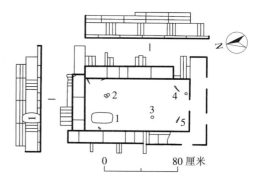

图附 6A　宋墓 M62 平、剖面图

1. 铜盆　2~4. 铜钱　5. 铁棺钉

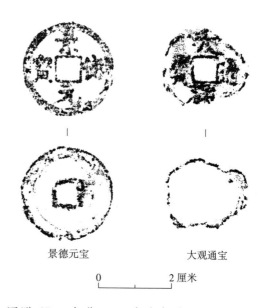

景德元宝　　　　大观通宝

图附 6B　宋墓 M62 出土铜钱（M62：4）

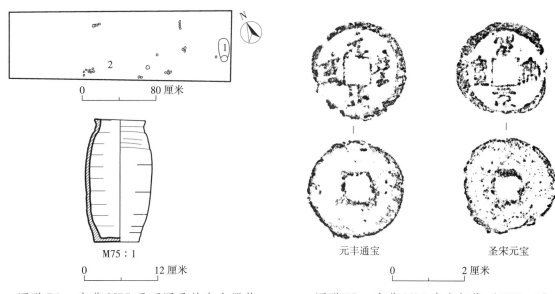

图附 7A　宋墓 M75 平面图及其出土器物
1. 青瓷瓶　2. 铜钱

图附 7B　宋墓 M75 出土铜钱（M75：2）

郭，正面郭外有四字钱纹，对读。

　　景德元宝　1 枚。背无纹，行书，旋读。直径 2.5 厘米（图附 6B）。

　　熙宁元宝　1 枚。背无纹，篆书，旋读。直径 2.4 厘米。

　　大观通宝　1 枚。背无纹，楷书，对读。直径 2.4 厘米（图附 6B）。

　　铁棺钉　1 件。

　　M62：5，锈残。

M75

　　M75 位于墓地西南部，北临 M76，长方形竖穴土坑墓，方向 294°。墓葬保存较完整，墓坑开于生土上。墓壁竖直，修制规整，墓底较平整。墓坑长 2.4、宽 0.75、残深 0.36 米。墓内填土为黄褐色。未见人骨、葬具痕迹（图附 7A）。

　　随葬品位于墓底东部，铜钱散置于墓底，共 2 件（组），包括青瓷瓶和铜钱。

青瓷瓶　1 件。

　　M75：1，侈口，平沿，短斜颈，曲腹，平底浅凹。灰褐色胎。施青釉，脱釉严重。口径 8.2、底径 7.2、高 19.4 厘米（图附 7A；彩版一六九，1）。

铜钱　1 组。

　　M75：2，若干枚。多为元丰通宝，亦见圣宋元宝。元丰通宝，小平钱，行书，钱纹旋读。直径 2.6、厚 0.15 厘米。圣宋元宝，小平钱，篆书，钱纹旋读。直径 2.5、厚 0.15 厘米。

M76

　　M76 位于墓地西南部，南临 M75，长方形竖穴土坑墓，方向 294°。墓葬保存较完整，墓坑开于生

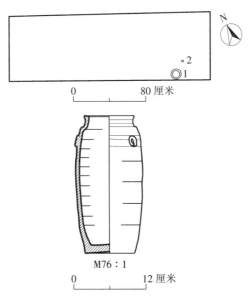

图附 8　宋墓 M76 平面图及其出土器物
1. 青瓷瓶　2. 铜钱

土上。墓壁竖直，修制规整，墓底较平整。墓坑长 2.2、宽 0.72、残深 0.36 米。墓内填土为黄褐色。未见人骨、葬具痕迹（图附 8）。

随葬品位于墓底东部，铜钱散置于墓底，共 2 件，包括青瓷瓶和铜钱。

青瓷瓶　1 件。

M76：1，侈口，平沿，短斜颈，曲腹，平底浅凹，颈腹结合处贴塑对称环耳一对。灰褐色胎。施青釉，脱釉严重。口径 8.2、底径 8.1、高 21.9 厘米（图附 8；彩版一六九，2）。

铜钱　1 组。

M76：2，未见。

二　墓葬年代

M27 和 M57 未出明确纪年遗物，二墓均为长方形砖室墓，M57 墓壁为五顺一丁加砌四顺一丁，墓的四壁都设有 3 个壁龛，其做法具有浙江地区隋唐墓葬的特点。两墓各出土一件青瓷盘口壶，形制类似，均为盘口、圆唇、高束颈、弧肩、鼓腹、平底，器形瘦高，其器形与浙江诸暨唐代土坑墓 M3[①] 和浙江绍兴里木栅 M14：1[②] 雷同。因此，M27 和 M57 的年代应为唐早期。

M61 出土大量铜钱，包括开元通宝、乾元重宝、景祐元宝、皇宋通宝、治平元宝、熙宁元宝、元丰通宝、元祐通宝和政和通宝等。M62 出土的铜钱包括开元通宝、乾元重宝、景德元宝、熙宁元宝和大观通宝等。因此 M61 和 M62 的年代应为北宋。

M75 和 M76 各出土一件青瓷瓶，这种类型的青瓷瓶在浙江地区宋墓中很常见。M75 出土的铜钱均

---

① 诸暨县文物管理委员会：《浙江诸暨县唐代土坑墓》，《考古》1988 年第 6 期。
② 绍兴县文管所：《浙江绍兴里木栅晋、唐墓》，《考古》1994 年第 6 期。

为北宋钱，元丰通宝铸行于宋神宗时期，而圣宋元宝铸行于宋徽宗建中靖国时期。因此，M75 和 M76 的年代应为北宋。

M59 出土的铜钱残碎，但是它出土青瓷罐的器形和胎釉特征均具有北宋器物特点。因此 M59 的年代也应为北宋。

M38 遭到破坏，未见随葬品，但是从该墓的墓葬规模和墓砖规格分析，该墓的年代应为明代。

杭州地区在唐宋时期曾经为吴越国和南宋的都城，十分繁华，但是，考古资料中唐宋时期的墓葬资料则十分贫乏，与当时的历史背景极不相符。溪头黄墓地唐宋墓葬的发现无疑为研究中国南方尤其是江浙地区唐宋时期的丧葬习俗提供了难得的资料。

附表一　土坑墓登记表

墓号	时代	墓向	葬葬形制	墓葬尺寸（米）长	宽	深	随葬品 陶瓷器*	金属器	其他	备注
M3	新莽至东汉初期	288°	梯形竖穴土坑墓	3.63	2.55~3	1.75	III式盘口壶2、IV式瓿1、III式移口罐2、IV式硬陶罍2、V式硬陶罍1、陶灶1、陶井1	铜盆1、铜镶斗1、铜釜1、铜八乳博局镜2、II式铜五铢6、铁刀1、铁棺钉1	琉璃耳填1	红色漆皮痕迹、铁棺钉，填土顶部铺小石子
M4	西汉晚期晚段	350°	长方形竖穴土坑墓	2.8	1.5	0.8	IV式喇叭口壶1、瓿1、I式移口罐2、罐残件1、I式陶罐残件3、泥球1	铜五铢1		
M5	新莽至东汉初期	330°	长方形竖穴土坑墓	3.65	2.06	1	III式盘口壶1、壶1、II式瓿武罐1、II式移口罐1、印纹硬陶罐3、罐残件1、V式硬陶罍1	铜八乳博局镜1、II式铜五铢2、铁釜1		红色漆皮痕迹，墓底铺小石子
M7	新莽至东汉初期	102°	长方形竖穴土坑墓	3.5	1.36	0.5	V式喇叭口壶3、IV式瓿1、III式移口罐3、II式母口罐1、麟趾金1	铜五铢2	玉器1	填土上部铺小石子
M8	西汉中期早段	0°	长方形竖穴土坑墓	3.4	1.86	0.88	I式鼎1、I式盒1、I式敛口罐1、直口罐5、I式硬陶罍1、硬陶罍残件2	铜镜1、铁刀1	石黛板1、料珠1	填土上部铺小石子
M9	西汉晚期早段	90°	长方形竖穴土坑墓	3.7	2.4	1.4	III式鼎2、II式瓿2、III式盘1、III式移口罐3、II式直口罐3、III式硬陶罍1、硬陶罍残件1	铜星云纹镜1、铜五铢1	料珠1	墓底铺小石子
M10	东汉早期	288°	长方形竖穴土坑墓	3.1	2.4	0.8	VI式喇叭口壶1、IV式盘口壶1、壶残件1、V式瓿1、III式移口罐3、罐2、VI式硬陶罍1、陶灶1、陶锅1、硬陶罍残件1、陶盂1			
M11	西汉晚期晚段	348°	长方形竖穴土坑墓	2.75	1.5	0.45	壶残件1、III式瓿2、IV式敛口罐2、原始瓷碗1			墓底铺小块岩石
M12	西汉晚期晚段	270°	长方形竖穴土坑墓	3.3	1.86	1.4	IV式瓿4、III式母口罐1、陶灶1	铁刀1、铁钉1		墓底铺木炭
M13	西汉晚期晚段	274°	梯形竖穴土坑墓	3.3	1.75~1.85	0.6	IV式喇叭口壶1、III式盘口壶2、壶1、罐残件2、III式母口罐1、I式移口罐1			
M14	东汉早期	80°	长方形竖穴土坑墓	4.1	2.8	1.3	IV式盘口壶2、壶1、III式瓿1、V式敛口罐3、罐1、III式双唇罐1、III式双罐残件1、V式硬陶罍1、VI式硬陶罍1、陶器1、硬陶罍残件1	铜八乳博局镜1、铁釜1	木架1	填土上部铺砂石

* 本列内未注明质地者均为釉陶器。

续附表一

墓号	时代	墓向	墓葬形制	墓葬尺寸（米）			随葬品			备注
				长	宽	深	陶瓷器	金属器	其他	
M15	东汉中期	270°	长方形竖穴土坑墓	3.9	2.54	0.4	Ⅶ式硬陶罍1	Ⅲ式铜五铢3、铜四乳四禽镜1、铜镜1、铁刀1、铁棺钉2		红色漆皮痕迹，填土上部铺砂石
M16	东汉早期	290°	凸字形竖穴土坑墓	4	3	0.4	Ⅳ式盘口壶3、Ⅴ式瓶2、Ⅲ式喇叭口罐1、Ⅵ式硬陶罍2、Ⅲ式陶俑口罐4、陶灶1	铜盆1、铜碗1、铜五铢2、铁镶斗1、铁釜1、铁器3	料珠1（1组3颗）	
M17	西汉晚期早段	270°	长方形竖穴土坑墓	3.5	1.9	0.6	Ⅲ式鼎2、Ⅲ式盒2、Ⅱ式喇叭口壶2、Ⅱ式瓶1、Ⅲ式直口罐7、陶器1、泥钱1组	铜五铢2、铜镜1、铁刀1		
M18	西汉晚期晚段	270°	长方形竖穴土坑墓	3.3	1.6	0.5	Ⅳ式喇叭口壶3、Ⅰ式直口罐1、Ⅱ式瓶1、Ⅲ式直口罐4、陶灶1			填土内有木炭痕迹
M19	西汉晚期晚段	260°	长方形竖穴土坑墓	3.65	2.6	0.8	Ⅳ式喇叭口壶2、壶1、盒1、樽1、Ⅰ式俑口罐4、Ⅳ式硬陶罐1、盆1、器1、Ⅳ式硬陶罍5、陶罐1、泥钱1	Ⅰ式铜五铢3、铜带钩1、铜矛1、铜镜1、铜器1、铁釜2	料珠1	填土上部铺小石子，墓壁镶嵌鹅卵石
M20	西汉晚期早段	350°	长方形竖穴土坑墓	3.6	2.2	1.32	Ⅲ式鼎2、Ⅲ式盒3、硬陶罍残件1、陶灶1、Ⅱ式瓶3、陶器罐1	铜日光镜1	料珠1	墓底铺小石子
M22	西汉晚期早段	272°	长方形竖穴土坑墓	2.98	1.8	0.85	Ⅱ式鼎2、Ⅲ式盒2、Ⅲ式喇叭口壶2、Ⅱ式直口罐5、硬陶罍残件1、Ⅱ式瓶1			
M24	西汉晚期早段	344°	长方形竖穴土坑墓	3.15	1.8	0.95	Ⅲ式喇叭口壶1、Ⅱ式瓶1、Ⅲ式盉口罐4、罐残件1、Ⅲ式硬陶罍2、硬陶罍残件1、陶灶1	铜盆1、Ⅰ式铜五铢1、铁钉1	料珠1组	
M25	西汉晚期晚段	352°	长方形竖穴土坑墓	3.55	2	0.65	Ⅳ式喇叭口壶2、Ⅲ式盘口壶2、Ⅰ式瓶2、Ⅰ式俑口罐3、Ⅳ式硬陶罍2、硬陶罍残件3、罐残件5、泥钱1	Ⅰ式铜五铢2、铜日光镜1、铁釜1、铁镶斗1、铜器1	料珠1	
M26	东汉中期	350°	长方形竖穴土坑墓	3.8	2.2	0.2	Ⅴ式盘口壶2、壶件2、Ⅴ式俑口罐5、罐残件4、陶灶1	铜五铢1、铜器1、铁镶斗1、铁刀1		填土上部为灰白色青泥
M28	东汉早期	0°	梯形竖穴土坑墓	3.53	2.5~2.7	0.4~0.6	Ⅳ式盘口壶2、Ⅴ式瓶2、Ⅲ式硬陶罍2、Ⅲ式俑口罐1、唇罐1、Ⅵ式硬陶罍2、Ⅲ式俑口罐3、陶灶1	铜几何纹简化博局镜1、铜五铢1、铁器1、铜盆1	料珠1组	填土内夹杂小石块

续附表一

墓号	时代	墓向	墓葬形制	墓葬尺寸（米）			随葬品			备注
				长	宽	深	陶瓷器	金属器	其他	
M29	东汉早期	88°	长方形竖穴土坑墓	3.6	2.7	1.2	IV式盘口壶3、V式瓿2、III式陶敛口罐1、VI式硬陶瓿2、II式硬陶敛口罐残件2、陶灶1	铜七乳四神镜1、铜盆1、铜瓿1、铜釜1、铜镶斗1、铁刀2	料珠1组	熟土二层台，填土上部用小石子夯筑，可见棺木痕迹
M30	东汉中期	350°	梯形竖穴土坑墓	3.7	2.15~2.3	0.7	V式盘口壶2、IV式瓿武直口罐1、IV式移口罐1、VII式硬陶瓿1、陶井1	铜四乳螭镜1、铁刀2、铁釜1、铜镶斗1	琉璃耳填1组	
M31	东汉中期	170°	长方形竖穴土坑墓	3.6	1.9	0.6~0.8	V式盘口壶3、IV式直口罐1、IV式移口罐3、VII式硬陶瓿1、硬陶罐残件1、陶罐残件6	铜四乳博局镜1、铜五铢1、铁剑2、铁刀1、铁釜2	玉环1	
M33	东汉中期	80°	刀把形竖穴土坑墓	3.4	1.9	0.5	V式盘口壶6、IV式硬陶罐1、VII式硬陶瓿1、IV式陶移口罐2、陶罐2	铜五铢2、铜连纹弧昭明镜1、铜盆1、铁釜1		填土下部包含小石子
M34	西汉晚期晚段	354°	梯形竖穴土坑墓	3.75	2.25~2.35	0.4~0.9	IV式喇叭口壶5、III式瓿2、I式陶敛口罐1、硬陶瓿残件1、I式陶移口罐1、陶灶1	I式铜五铢1、铁釜1、铁剑1、铁器1	石黛板1、石研黛器1	填土下部包含小石子
M36	西汉晚期晚段	280°	长方形竖穴土坑墓	3.7	2.3	0.7~1.5	IV式喇叭口壶1、壶1、III式陶敛口罐1、罐残件1、陶灶1	铜五铢1、铜镜1、铁刀1		
M42	新莽至东汉初期	352°	梯形竖穴土坑墓	3.4	2.85~2.7	0.6~0.8	II式盘口壶5、III式瓿2、II式移口罐1、硬陶瓿残件4、硬陶瓿残件2、陶灶1	铜五铢3、铜八乳博局铭文镜2、铁刀1	料珠1、石黛板1、石研黛器1	墓底铺一层白膏泥
M43	战国早中期	105°	不规则竖穴土坑墓	3.3	1.8	0.2	印纹硬陶坛1、印纹硬陶罐4、原始瓷碗6、陶器4、纺轮3			
M44	东汉早期	200°	长方形竖穴土坑墓	3.7	2.2	0.55~0.35	壶残件1、V式瓿1、瓿残件2、陶盂2			
M46	东汉中期	178°	凸字形竖穴土坑墓	3.6	3.56	1.3	V式盘口壶1、壶残件2、VIII式硬陶瓿2、硬陶罐残件3、陶器1、III式硬陶罐1、陶罐2、陶罐残件1	铜八乳博局铭文镜1、铁器1、铁釜1、铁镶斗1、铁构件1、铁剑1	琉璃耳填2	甬道长1.7、宽1、残高0.34~0.92米
M47	新莽至东汉初期	174°	梯形竖穴土坑墓	4	2.4~2.6	0.9	V式喇叭口壶2、III式盘口壶4、壶残件1、III式瓿1、II式瓿武移口罐1、V式硬陶瓿1、III式硬陶敛口罐2、陶罐残件2、麟趾金1（1组16件）、泥钱1	铜大泉五十3、铜盆1、铜四神博局镜1、铜带钩1、铁刀1、铁釜2		填土内夹杂小石块

续附表一

墓号	时代	墓向	墓葬形制	墓葬尺寸（米）			随葬品			备注
				长	宽	深	陶瓷器	金属器	其他	
M48	西汉中期晚段	270°	长方形竖穴土坑墓	3.2	1.8	0.3	II式鼎2、II式盒2、II式喇叭口壶1、III式喇叭口壶1、I式瓿1、I式敛口罐1、硬陶罍残件1			
M50	西汉晚期晚段	350°	长方形竖穴土坑墓	4.2	3.3	1.68	II式盘口壶3、壶残件4、I式移口罐1、III式瓿2、硬陶罍残件1、陶灶1、陶器1	I式铜五铢4、铜连弧纹昭明镜1、铜镜1、鎏金铜器1、铁器5、铁镰斗1、铁釜2		墓底紧靠四壁铺垫有49厘米宽的鹅卵石面
M51	东汉早期	280°	长方形竖穴土坑墓	3.6	1.7	0.5	IV式盘口壶1、陶罐2、陶灶1	铁刀1、铁器1		
M56	西汉晚期晚段	280°	梯形竖穴土坑墓	2.6	1.55	0.8	II式盘口壶4、I式移口罐3、陶器2	铁器4		填土内含细砂石
M58	西汉晚期晚段	287°	梯形竖穴土坑墓	2.8	1.7	0.6	IV式喇叭口壶2、壶残件1、I式移口罐1、II式直口罐3、罐残件1、陶灶1	铁器2		填土内含细砂石
M59	北宋	300°	长方形竖穴土坑墓	1.58	0.7	0.4	青瓷罐1、青瓷盒1	铜钱3、铜镜1、鎏金铜器2、铁棺环1、铁器1	墓砖2	
M60	新莽至东汉初期	276°	长方形竖穴土坑墓	3.5	2	0.4	V式喇叭口壶2、III式盘口壶4、罐残件6、硬陶罍残件2、陶灶1、陶麟趾金1组、泥钱1组			填土内含细砂石
M63	战国早中期		不规则竖穴土坑墓				印纹硬陶罐7、坛1			填土中发现1件原始瓷碗；该墓的小件标签混乱，无法确知陶瓷器之外的其他随葬品
M64	新莽至东汉初期	280°	刀把形竖穴土坑墓	2.9	1.1~1.3	0.6	V式喇叭口壶1、印纹硬陶罐1			
M65	战国早中期	328°	长方形竖穴土坑墓	3.2	2.2	0.4	陶器7、原始瓷碗3、原始瓷杯5			
M66	西汉晚期晚段	280°	长方形竖穴土坑墓	3.1	1.8	0.45	IV式喇叭口壶2、III式瓿2、I式直口罐1、低温铅釉陶罐2、罐残件3、硬陶罍残件3、陶器1	铜五铢1、铁刀1		可见棺木痕迹

续附表一

墓号	时代	墓向	墓葬形制	墓葬尺寸（米）			随葬品			备注
				长	宽	深	陶瓷器	金属器	其他	
M67	西汉晚期晚段	346°	长方形竖穴土坑墓	4.2	2.52	0.7	II式盘口壶3、I式侈口罐2、罐残件4、I式双唇罐1、井4、IV式硬陶罍残件3、硬陶井1、陶灶1、碎陶片1组	铜镳斗1、铜盆1、铜八乳博局铭文镜1、铜带钩1、I式铜五铢3、铁刀1、铁釜1、铁棺钉2	料珠1	可见棺木痕迹
M68	西汉中期晚段	270°	长方形竖穴土坑墓	3.4	1.9	1	II式鼎2、II式盒2、I式喇叭口壶4、II式瓿2、I式直口罐4、罐残件1、II式硬陶罍1、I式陶敛口罐1、泥钱1	铜星云纹镜1	料珠1	设二层台
M69	西汉晚期晚段	356°	梯形竖穴土坑墓	3.8	2.75~2.9	0.2	IV式喇叭口壶3、瓿残件1、I式侈口罐3、罐残件1、I式双唇罐1、双唇罐残件1、硬陶罍残件1	铜五铢1、铜盆1、铁釜2		可见棺木痕迹
M70	东汉中期	275°	长方形竖穴土坑墓	4	2.4	0.35	V式盘口壶2、IV式侈口罐2、罐残件2、硬陶罍残件2、陶井1、泥盆1	I式铜五铢2、铜八乳博局铭文镜1、铁镳斗1、铁刀1、铁匕首1		
M71	西汉晚期晚段	270°	长方形竖穴土坑墓	4	2.4	0.45	IV式喇叭口壶2、瓿残件1、壶残件1、II式直口罐1、III式直口罐2、I式双唇罐2、陶灶1、硬陶罍残件2	I式铜五铢2、铁剑1、铁刀1		设二层台
M73	东汉早期	300°	长方形竖穴土坑墓	3.75	3.05	0.6~2.75	IV式侈口罐3、壶残件1、V式瓿3、III式侈口罐1、VI式硬陶罍3、罍残件1、III式双唇罐1、硬陶乳钉罐1	铜镳斗1、铜盉1、铜鼎1、铜盆1、III式铜五铢2组、铜天禄辟邪铭文镜1、铜四乳镜1、铁剑1、铁器2	玛瑙1	
M74	东汉中期	302°	长方形竖穴土坑墓	3.4	2.2	0.34	IV式侈口罐1、陶直口罐2、陶罐残件1			
M75	北宋	294°	长方形竖穴土坑墓	2.4	0.75	0.36	青瓷瓶1	铜钱1（组）		
M76	北宋	294°	长方形竖穴土坑墓	2.2	0.72	0.36	青瓷瓶1	铜钱1（组）		
M77	新莽至东汉初期	275°	长方形竖穴土坑墓	3.75	2.1	0.5	III式盘口壶2、硬陶罍残件2	铜八乳博局铭文镜1、铁刀1		
M78	新莽至东汉初期	340°	长方形竖穴土坑墓	2.96	1.72	0.53	V式喇叭口壶2、陶盆1、红陶片1组			

墓号	时代	墓向	墓葬形制	墓葬尺寸（米）			随葬品			备注
				长	宽	深	陶瓷器	金属器	其他	
M79	西汉晚期晚段	238°	长方形竖穴土坑墓	3.6	2.1	1	原始瓷1、Ⅲ式喇叭口壶1、Ⅳ式喇叭口壶3、Ⅲ式直口罐2、Ⅳ式硬陶罍2、硬陶罍残件1、陶灶1、泥钱1	Ⅰ式铜五铢2、铜日光镜1、铁釜1		
M80	东汉早期	50°	凸字形竖穴土坑墓	3.6	2.7	2.4	Ⅳ式盘口壶2、壶残件2、Ⅴ式瓿1、Ⅲ式杯口罐1、Ⅵ式硬陶罍2、硬陶罍残件1、陶灶1	铜五铢4、铜几何纹博局镜1、铜盆2、铜弩1、铜镞1、铁钉2、铁刀3、铁剑1、铁釜2	石黛板1（1组2件）	设二层台

附表二　砖椁墓、砖室墓登记表

墓号	时代	方向	墓葬形制	甬道（米）长	甬道（米）宽	甬道（米）高	墓室（米）长	墓室（米）宽	墓室（米）高	人骨情况	墓内设施	墓砖规格（厘米）	陶瓷器*	金属器	其他	备注
M1	东汉晚期	110°	长方形砖室墓				4.9	2.5	1.94	未见	三条砖便	34×16-4	V式直口罐2、陶井1	铁釜1、Ⅲ式铜五铢2	石黛板1、石砚黛器1	被盗
M2	东汉晚期	344°	长方形砖室墓				3.44	1.65	1.2	未见		34×16-4				被盗
M6	东汉晚期	100°	长方形砖室墓				3.9	2.3	1.4	未见		34×17-4	青瓷五管瓶1、印纹硬陶罐1		石黛板1	
M23	新莽至东汉初期	267°	长方形砖椁墓				2.9	1.95	1.1	未见		30×15-4	Ⅲ式盘口壶1、Ⅱ式瓶1、Ⅲ式罐2、Ⅱ式双唇罐1	Ⅱ式铜五铢2、铜四乳四禽镜1、铁剑1		
M27	唐早期	290°	长方形砖室墓				3	0.9	0.4			26×12-3.5	青瓷盘口壶1			
M35	东汉中期	290°	长方形砖室墓				2.77	1.16	0.9			33×17-4	壶残件1、Ⅳ式直口罐5、陶罐1、陶灶1、陶井1、陶三足盆1	铜盆1、四神博局镜1、Ⅲ式铜五铢1、铁剑1、铁构件1、铁刀1		
M37	东汉中期	350°	长方形砖室墓				2.9	2.2	0.98			27×13-3.5	V式盘口壶2、Ⅳ式直口罐3、Ⅳ式瓶式罐4、残件1、Ⅳ式双唇罐1、陶灶1、Ⅶ式硬陶罍2	Ⅲ式铜五铢2、铜四乳四禽铭文镜1、铜镜1、铁镰1、铁匕首1、铁剑1、铁刀1		
M38	明	272°	梯形砖室墓				2.35	0.52~0.68	0.75			34×18-7				
M39	东晋南朝	90°	凸字形砖室墓	0.7	0.78	0.55	4.65	1	1.2			34×17-5.5	青瓷小碗1、青瓷鸡首壶1			
M40	东晋南朝	90°	长方形砖室墓				3.44	0.66~0.8	0.48			34×17-4			滑石猪2	

* 本列内未注明质地者均为釉陶器。

续附表二

墓号	时代	方向	墓葬形制	甬道（米）长	甬道（米）宽	甬道（米）高	墓室（米）长	墓室（米）宽	墓室（米）高	人骨情况	墓内设施	墓砖规格（厘米）	随葬品 陶瓷器	随葬品 金属器	随葬品 其他	备注
M41	东晋南朝	90°	长方形砖室墓				3.6	0.68～0.72	0.48			34×17－4				
M45	东汉中期	96°	凸字形砖室墓	0.28	0.8	0.3	2.68	1.4	0.35			30×14－3.5	壶残件1、IV式侈口罐1、罐残件4、VII式硬陶罍1、陶器1、青瓷盂1	铁镰斗2		
M49	东晋南朝	100°	刀把形砖室墓	1	0.78	0.9	4.1	1.4	0.9			33×16－4	青瓷盘口壶2、青瓷鸡首壶1、青瓷碗1			
M54	东晋南朝	90°	长方形砖室墓	0.9	0.59		3.6	0.74	0.11～0.54			33×15－5				M54、M55共用一条甬道
M55	东晋南朝	90°	长方形砖室墓	0.9	0.59		3.25	0.64	0.32			33×15－5				
M57	唐早期	320°	长方形砖室墓				3.03	0.95	0.21～0.52		墓的四壁部设有3个壁龛		青瓷盘口壶1			
M61	北宋	200°	正方形砖室墓				2.5	2.5	0.62			28×13－5	瓷盖罐1	铜钱1（1组20枚）、棺钉1	银头钗1	
M62	北宋	350°	长方形砖室墓				1.14	0.56	0.28					铜盆1、铜钱3、铁棺钉1		
M72	东汉晚期	296°	长方形砖室墓				2.47	1.1	0.3		墓底砖下面，中心位置发现一个长0.7、宽0.4、深0.25米的腰坑	30×15－3	壶残件1、V式侈口罐3、V式直口罐1、V式双唇罐1、陶盆1、陶灶1、陶井1	铁釜1		

附表三　出土铜镜登记表

器号	镜名	直径	纹饰	铭文	保存状况	时代	备注
M3：17	八乳博局镜	12	TLV纹、鹿、玄武、蟾蜍、羽人、禽鸟纹、弦纹、栉齿纹、波折纹		残	新莽至东汉初期	
M3：18	八乳博局铭文镜	16	四叶柿蒂纹、TLV纹、青龙、白虎、朱雀、玄武、鹿、羊、仙树、禽鸟纹、弦纹、锯齿纹、波折纹	尚方作竟真大巧，上有渴饮玉泉饥食□，□□□游四海兮	残	新莽至东汉初期	
M5：6	八乳博局铭文镜	13.6	四叶柿蒂纹、TLV纹、禽鸟纹、弦纹、栉齿纹、锯齿纹、波折纹	尚□作竟真大巧，上有仙人不知老，渴饮玉泉饥枣	残	新莽至东汉初期	
M8：15					碎	西汉中期早段	
M9：22	星云纹镜	9.3	连弧纹、星云纹、弦纹		残碎	西汉晚期早段	
M14：14	八乳博局镜	13	四叶柿蒂纹、TLV纹、禽鸟纹、栉齿纹、锯齿纹、弦纹、复线波纹			东汉早期	
M15：5	不明铜镜	8.5	栉齿纹、弦纹、锯齿纹			东汉中期	
M15：6	四乳四禽镜	10.1	禽鸟纹、栉齿纹、锯齿纹、弦纹			东汉中期	
M17：16	不明铜镜	7.8	叶脉纹、云纹	青	残	西汉晚期早段	
M19：26							未见
M20：16	日光镜	7.5	连弧纹、栉齿纹、弦纹	长生□□，见日之光长毋□□	残	西汉晚期早段	
M23：7	四乳四禽镜	8.2	四乳四禽、栉齿纹、锯齿纹、弦纹			新莽至东汉初期	
M25：3	日光镜	7.8	弦纹、云纹	见日之光，长毋相忘	残	西汉晚期晚段	
M28：6	几何纹简化博局镜	8.6	弦纹、波折纹、锯齿纹、栉齿纹、V纹、几何纹			东汉早期	
M29：15	七乳四神镜	14	连弧纹、乳钉纹、青龙、白虎、禽鸟、玄武、瑞兽、弦纹带、栉齿纹、锯齿纹、流云纹			东汉早期	
M30：3	四乳四螭镜	10.1	四乳四螭、弦纹、栉齿纹			东汉中期	
M31：2	禽鸟四乳博局镜	10.4	TLV纹、禽鸟、仙草纹、锯齿纹、弦纹、复线波折纹			东汉中期	
M33：10	连弧纹昭明镜	9	连弧纹、弦纹、栉齿纹	昭而日前以而昭而明而光而日而夫而		东汉中期	
M35：13	四神博局镜		四叶柿蒂纹、TV纹、朱雀、青龙、玄武、禽鸟、弦纹、栉齿纹、锯齿纹、波折纹			东汉中期	
M36：3	不明				碎		

续附表三

器号	镜名	直径	纹饰	铭文	保存状况	时代	备注
M37：19	四乳四禽铭文镜	8.4	禽鸟纹、柿齿纹、弦纹	尚方……竟……有山……	残碎	东汉中期	
M37：20							未见
M42：4	八乳博局铭文镜	15.85	四叶柿蒂纹、TLV纹、青龙、白虎、朱雀、玄武、羽人、禽鸟、弦纹、锯齿纹、波折纹	尚方作竟真大巧，上有山人不知老，渴饮玉泉食饥枣	完整	新莽至东汉初期	
M42：8	八乳博局铭文镜	15.5	四叶柿蒂纹、TLV纹、羽人、禽鸟、弦纹、柿齿纹、锯齿纹、波折纹	尚方作竟真大好，上有山人不知老，口子	残	新莽至东汉初期	
M46：17	八乳博局铭文镜	16	短线纹、TLV纹、青龙、白虎、朱雀、玄武、禽鸟、弦纹、瑞兽、柿齿纹、锯齿纹、波折纹	尚方作竟真大好，上有山人不知老，渴饮玉泉食饥枣兮		东汉中期	
M47：7	四神博局镜	12	TLV纹、四神、禽鸟、瑞兽、弦纹、锯齿纹、柿齿纹、流云纹	尚方作竟真，……有山……	残碎	新莽至东汉初期	
M50：6	连弧纹昭明镜	11.2	连弧纹、弦纹、柿齿纹	内而清而以昭而光而象而夫而日而月	残	西汉晚期晚段	
M50：13	禾明铜镜	11.1	弦纹、变体蟠螭纹带		残	西汉晚期晚段	
M59：10	圆形铜镜	9.3	弦纹		残	北末	
M67：23	八乳博局铭文镜	18	四叶柿蒂纹、TLV纹、羽人、瑞兽、禽鸟、弦纹、柿齿纹、锯齿纹、波折纹	子丑黄卯辰巳午未申酉戌亥（排序混乱）；尚方作竟真	残碎	西汉晚期晚段	
M68：19	星云镜	9.6	星云纹、弦纹		残	西汉晚期晚段	
M70：13	八乳博局铭文镜	18	四叶柿蒂纹、TLV纹、白虎、鹿和禽鸟、弦纹、柿齿纹、锯齿纹、波折纹	子丑黄卯辰巳午未申酉戌亥（排序混乱）；尚方作竟真大好，上有山人不知老	残	东汉中期	
M73：22	天禄辟邪铭文镜	14.4	天禄、辟邪、鹿、弦纹、柿齿纹、锯齿纹、云纹	胡氏作镜四夷服，多贺国家人民息，胡房珍灭天下复，凤雨（时节）五谷孰，长保二亲乐得力，传告后世乐无亟，牛马口目	残	东汉早期	
M73：25	四乳镜	8.7	弦纹、柿齿纹、锯齿纹			东汉早期	
M77：5	八乳博局铭文镜	15.9	四叶柿蒂纹、TLV纹、朱雀、玄武、蟾蜍、禽鸟、弦纹、柿齿纹、锯齿纹、波折纹	尚方作竟真大巧，上（有仙人）不知老，渴饮玉泉食饥		西汉晚期晚段	
M79：13	日光镜				残碎	西汉晚期晚段	
M80：12	几何纹博局镜	9	四叶柿蒂纹、TLV纹、几何纹、弦纹、柿齿纹			东汉早期	

后 记

历年的考古调查、发掘工作表明，西山湘湖一带历来就是古人们生活的乐园，天然的归宿。从距今约 8000 年的跨湖桥文化到雄踞山巅的商周时期土墩遗存和湖畔的商周遗址，从城山顶的固陵城到西山畔的永兴城，从柴岭山山顶周代大型贵族土墩墓到宋明时期魏氏、孙氏、王氏、曹氏等达官贵人和地方豪绅的家族墓地。人们生前逐水乐山，死后复归山野。可以毫不夸张地说，西山湘湖以其独有的考古遗存见证了萧山的文明演化史。

1984 年，我尚是三岁幼儿，穿着开裆裤在田间地头无忧无虑穿梭。其时，改革开放的号角已吹遍华夏大地，地处东南沿海的杭州萧山勇立潮头，做了时代的弄潮儿。地处萧山西部的西山湘湖一带因其独特的地理位置优势俨然成了萧山改革开放的桥头堡。在这里，各种工业厂房先后上马开工建设，基建施工如火如荼。砖瓦厂、啤酒厂、布厂、印染厂、钢铁厂等如雨后春笋般拔地而起。今人择地搞建设，而古人对地理环境优越性的认识亦不遑多让。大规模地平地建厂，大型机械隆隆开掘，沉睡多年的古人不堪其扰，纷纷冒出来做着无言的抗争。

溪头黄墓地的发掘有些意外。本来，考古队在距离溪头黄村不远的黄家河村配合提花布厂基建进行考古发掘。在发掘过程中，考古队得知湘湖啤酒厂基建平整土地时，暴露了许多古墓葬，墓葬封土均已被大型推土机铲平，多数墓葬仅存墓底，文物遭到严重破坏。其时，刚刚挣脱思想禁锢的人们忙于搞建设，心头甚少文物保护的念头。对此，此次发掘的领队姚桂芳先生感慨万分，她在回忆当年发掘情况时说："由于在时间上，基建工期与抢救文物矛盾较大，基建部门个别领导人员乘考古队晚上收工之后，派人连夜用推土机铲，致使考古队已标明的古墓葬记号也被铲除。嗣后几经交涉，要求追究法律责任，才由县委、县政府领导亲赴现场，予以制止。……鉴于建设单位工期紧迫，当时文物法制也不健全，经再三协商仍未能达成暂停推土机作业，因此无法按考古程序进行布方或探沟发掘，只能争取到在发现有古墓葬迹象时，才能就地保护现场，及时进行抢救发掘清理。"

溪头黄墓地发掘出土遗物除少量入藏杭州博物馆外，其余文物标本一直沉睡在库房。30 多年间，杭州市文物考古研究所几经浮沉，这批发掘资料也随着考古所的变动多次辗转，从六公园到灵隐，从桐庐分水到杭州凤凰山脚，再到萧山祇园寺，装箱、拆箱、运输均对出土遗物造成很大影响，部分文物已无从找寻，发掘原始资料亦难寻踪影。相较于发掘过程的举步维艰，出土文物的命途多舛则更让人唏嘘不已。

2012 年，考古所决定清理历史欠账，将这批发掘资料公之于世。同年 11 月，梁宝华开始清理所里历年发掘项目的遗物，并按工地分开装箱，溪头黄墓地出土遗物首次单独归类存放。2013 年 3 月，这批资料运到萧山工作站（祇园寺）整理。获知要整理溪头黄墓地发掘资料的消息时，已73岁高龄的项目领队姚桂芳先生立刻将发掘资料副本移交到所资料室，并亲自撰写墓地发现、发掘情况说明。

　　面对这批几乎与自己同龄的发掘资料，我的内心是十分惶恐的。溪头黄墓地的发掘是一次在特殊历史时期与挖掘机赛跑的抢救性发掘，更兼多数发掘人员都是从萧山、余杭临时抽调的业余文保员，专业考古人员力量薄弱，因此，发掘资料的完整性和可靠程度就需要仔细斟酌辨认。如此陈年旧账处理起来十分困难，稍有不慎就会犯错误。手摸泛黄的发掘资料副本，仔细核对墓葬登记表和墓葬平剖面图时，虽然没有发掘日记来佐证，我也可以直观地体会到当年发掘时"时间紧、任务重"的氛围。一些墓葬平面图明显具有草图特征，特别是墓内器物仅仅绘制了整体分布边界，尚未绘制器物个体细节，多数墓葬剖面图未做到平剖面相结合，更未见体现器物剖视情况的图纸。指北针标示方向与实际方向多有龃龉，墓葬登记表与墓葬平剖面图存在多处抵牾，如此种种，不一而足。纸质资料虽然有很多不尽如人意的地方，但是尚能通过相互对照来厘定。而命途多舛的出土遗物则没有那么幸运了。质地坚硬的高温釉陶器、印纹硬陶器和原始瓷器、瓷器等容易处理的器物多数已经拼对、修复，但是存在重号、缺号现象，且由于时间久远，多数器物需要重新拼对修复。大量的泥质陶器、铜铁器、铜镜、铜钱、泥质钱和料器等原始包装完好，处理工作需要从头开始。我们花了几个月时间按照墓葬单位逐一分类，对照原始标签、墓葬登记表、墓葬平剖面图核对各墓出土遗物，最后我们遗憾地发现除少数墓葬单位信息完整之外，多数墓葬单位信息不全，至于是发掘时候出的问题还是保管过程中出的问题则就不得而知了。

　　分类工作完成后，遗迹清绘、遗物绘图工作有序开展，墓葬描述和遗物描述工作亦随之展开。发掘报告编写工作亦有条不紊开展。2014年8月，发掘报告编写完成。

　　本报告由杨金东执笔撰写。报告的整理编写是集体劳动的成果，参与整理的人员有杨金东、崔太金、梁宝华、李迎、施梦以、赵一杰、方勇、孔飞燕、孟佳恩、王博等。遗迹图由杨金东电脑清绘、核对；器物图由赵一杰、方勇、孔飞燕、孟佳恩、王博、杨金东绘制，杨金东统一核对；器物拓片由李迎完成；器物摄影由施梦以、王博和蒋巍完成。吉林大学2011级硕士研究生于小婷协助整理工作。

　　成书过程中，唐俊杰所长、房友强书记为我们创造了良好的工作氛围，解决了后顾之忧。杭州市园林文物局文物处、财政局等相关部门为报告的编写工作提供必要的财政支持。北京大学考古文博学院王音博士为本书翻译英文提要。

　　特别感谢本次考古发掘领队姚桂芳先生，先生毫不利己，慨然拿出珍藏多年的发掘资料副本，并亲自撰写墓地发掘情况说明，为报告的顺利编写和出版奠定了坚实的基础。虽说发掘资料有些许瑕疵，但是瑕不掩瑜，我们要对保护文物做出贡献的考古前辈们表示由衷的谢意。

　　本报告的出版得到文物出版社的大力支持。

　　谨向上述单位和个人表示衷心感谢。

　　书中纰漏之处均由编者承担责任，恳请读者批评指正。

杭州市文物考古研究所　杨金东
2018年7月24日

ABSTRACT

The cemetery of Xitouhuang is located in Xitouhuang Village, south of Xiaoshan District of Hangzhou City, which is about 5 kilometers from the government of Xiaoshan District, and covers an area of about 4000 square meters. From August 20th to October 25th of 1984, in order to cooperate with the construction work of Xianghu brewery, Hangzhou Municipal Administration of Landscape and Cultural Relics organized manpower to conduct rescue excavation of Xitouhuang cemetery. 76 ancient tombs were excavated, including 3 tombs of the Warring States Period, 59 tombs of the Han Dynasty, 6 tombs of the Six Dynasties, 7 tombs of the Tang and Song Dynasties as well as 1 tomb of the Ming Dynasty. Tombs of the Han Dynasty can be classified into vertical earthen pit tombs, brick-coffined tombs and brick-chambered tombs, while the rest are brick-chambered and earthen pit ones. There are 1012 pieces (groups) of unearthed objects, of which 41 pieces are from tombs of the Warring States Period; 936 pieces (groups) are from tombs of the Han Dynasty, including pottery, porcelain, bronzes, iron articles, jade articles, beads, agate, stone plates, ear decorations and wooden stands; 8 pieces are from tombs of the Eastern Jin Dynasty; and 27 pieces (groups) are from tombs of the Tang and Song Dynasties. Pottery and porcelain wares are relatively well preserved, while bronze and iron articles are severely damaged.

The cemetery of Xitouhuang was used for quite a long time. The earliest tomb in the cemetery can date back to the early and middle Warring States Period, while the latest tomb is of the Ming Dynasty. In general, no cultural accumulation is found, which indicates that this is a relatively simple ancient cemetery of populace.

The cemetery of Xitouhuang is located at the south foot of the Western Hill, the location of which is relatively low. This is quite different from most tombs dating back from the Shang Dynasty to the Spring and Autumn Period, which are often located on the top of the hill. The 3 tombs of the Warring States Period can be traced back to the early and middle stages of the Warring States Period, and not until the middle Western Han Dynasty did the place become a cemetery again. Archaeological work of the past shows that there are many sites and tombs dating back from the Western Zhou Dynasty to the early Warring States Period in the area of Xianghu Lake, but they are mostly used only to the early Warring States Period, with hardly any trace found in the middle Warring States Period. This may be closely related to the historical background that the State of Yue was eliminated by the State of Chu during the middle Warring States Period.

The Han Dynasty was the most prosperous period of Xitouhuang cemetery. There are a large number of Han Dynasty tombs, comprised of various tomb types and constituting a complete development sequence. Representative tombs can be found of each stage from the middle Western Han Dynasty to the late Eastern Han Dynasty, and the characteristics of each stage are clear. The Han Dynasty tombs can be classified into three types, that is, the earthen pit tombs, the brick-coffined tombs and the brick-chambered tombs. The earthen pit tombs can be further classified into ones with tomb passage and ones without tomb passage, the plane shapes of which include four types as rectangle, trapezoid, the shape of knife and the shape of character 凸 (*Tu*). A layer of small pebbles is often found in the earthen pit tomb, and grooves of sleepers are often seen at the bottom of the tombs, which are probably local burial characteristics. By analyzing the features of tomb shapes and typical objects, we identify a number of middle and late Eastern Han Dynasty tombs among the earthen pit tombs, which is a phenomenon worthy of attention. Most of the middle and late Eastern Han Dynasty tombs found in Zhejiang area are brick-chambered ones, and they are often severely stolen and with few burial objects left. The middle and late Eastern Han Dynasty tombs of Xitouhuang cemetery are well preserved and contain a large number of burial objects, which provide us with rare precious materials to understand the burial customs of the Eastern Han Dynasty tombs, as well as reliable materials to refine the staging of the Eastern Han Dynasty tombs. A lead-glazed pottery pot of low temperature found in M66 is common in Han Dynasty tombs of northern China, but rare in Han Dynasty tombs of Zhejiang. This finding provides a new clue for the study of the regional distribution, the production process and the cultural transmission of the lead-glazed pottery of low temperature in the Han Dynasty. In M73, a mirror with decoration of divine beasts is found. We preliminarily identify the image of the divine beast as *Tian Lu* or *Bi Xie*. There is a character *Hu* inscribed between the heads of the two beasts, which is quite unusual. The inscription of the mirror is also "*Hu Shi*", which adds a new kind to the Han Dynasty mirrors with family names. The last sentence of the mirror inscription is "*Niu Ma*□*Mu*", which has not yet been seen in earlier materials, meaning it may be a new theme of auspicious words on Han Dynasty mirrors.

In the Tang and Song Dynasties, being the capital of State Wuyue and the Southern Song Dynasty, Hangzhou was a very prosperous city. However, tomb materials of the Tang and Song Dynasties in Hangzhou were very poor and very incompatible with the historical background of that time. The discovery of the tombs of Tang and Song Dynasties in Xitouhuang cemetery undoubtedly provides rare materials for studying burial customs in the Tang and Song Dynasties.

In a word, the discovery of Xitouhuang cemetery is of great significance for the study of burial customs in Southern China, especially Jiangsu and Zhejiang area, of the Warring States Period, the Han and the Six Dynasties, as well as the Tang and Song Dynasties.

◎ 彩 版

1. 印纹硬陶罐（M43：1）

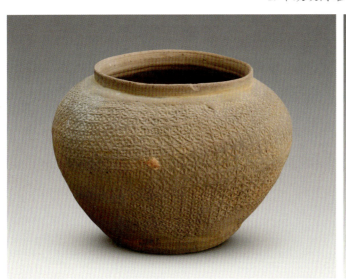

2. 印纹硬陶罐（M43：9）

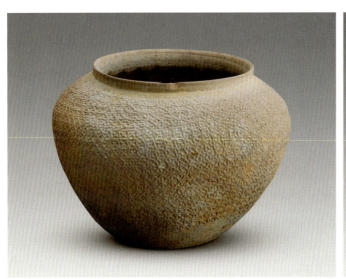

3. 印纹硬陶罐（M43：17）

彩版一　战国墓M43出土器物

1. 原始瓷碗（M43：2）　　　　　　　　2. 原始瓷碗（M43：3）

彩版二　战国墓M43出土器物

1. 原始瓷碗（M43：4）　　　　　　　　　　2. 原始瓷碗（M43：11）

彩版三　战国墓M43出土器物

1. 印纹硬陶直口罐（M63：1）

2. 印纹硬陶直口罐（M63：5）

3. 印纹硬陶侈口罐（M63：2）

4. 印纹硬陶侈口罐（M63：6）

5. 印纹硬陶侈口罐（M63：7）

彩版四　战国墓M63出土器物

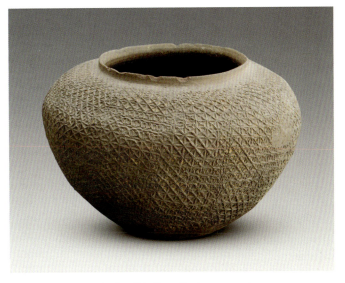

1. 印纹硬陶侈口罐（M63：8）

3. 印纹硬陶坛（M63：4）

2. 原始瓷碗（M63：01）

4. 印纹硬陶筒形罐（M63：3）

彩版五　战国墓M63出土器物

1. 原始瓷碗（M65：4）　　　　　　　　2. 原始瓷碗（M65：8）

彩版六　战国墓M65出土器物

1. 原始瓷杯（M65：2）

2. 原始瓷杯（M65：3）

3. 原始瓷杯（M65：5）

4. 原始瓷杯（M65：7）

彩版七　战国墓M65出土器物

1. 釉陶盘口壶（M3：2）

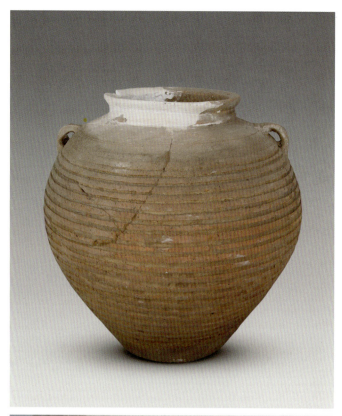

3. 釉陶侈口罐（M3：1）

2. 釉陶盘口壶（M3：3）

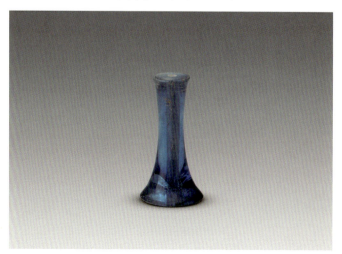

4. 琉璃耳瑱（M3：19）

彩版八　汉墓M3出土器物

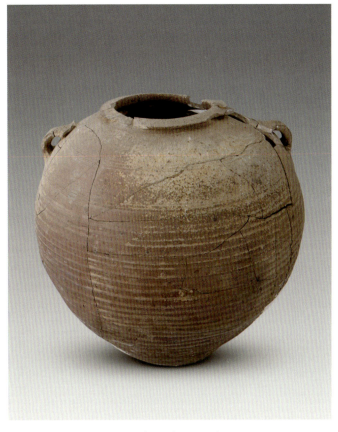

1. 釉陶瓿（M3：5）

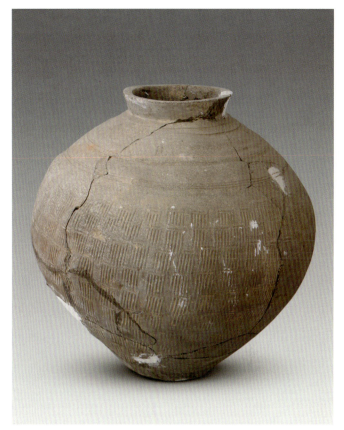

2. 硬陶罍（M3：4）

3. 硬陶罍（M3：6）

4. 硬陶罍（M3：7）

彩版九　汉墓M3出土器物

1. 陶灶（M3：14）

2. 釉陶喇叭口壶（M4：1）

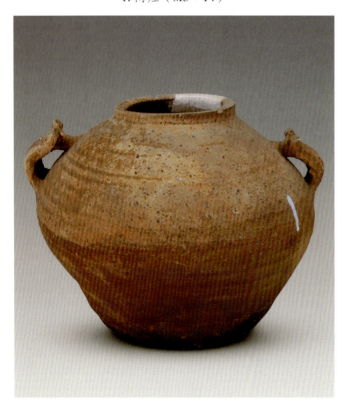

M4：1

M4：4

3. 釉陶瓿（M4：4）

彩版一〇　汉墓M3、M4出土器物

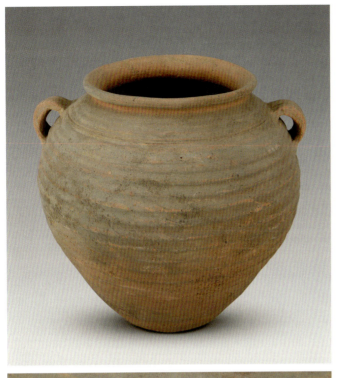

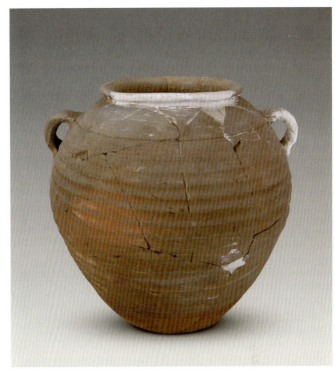

1. 釉陶侈口罐（M4：2）

2. 釉陶侈口罐（M4：7）

3. 陶罐（M4：6）

4. 泥球（M4：11）

彩版一一　汉墓M4出土器物

1. 釉陶壶（M5∶11）

2. 釉陶壶（M5∶13）

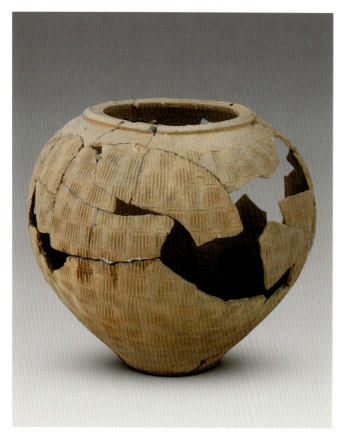

3. 硬陶罍（M5∶2）

4. 铜镜（M5∶6）

彩版一二　汉墓M5出土器物

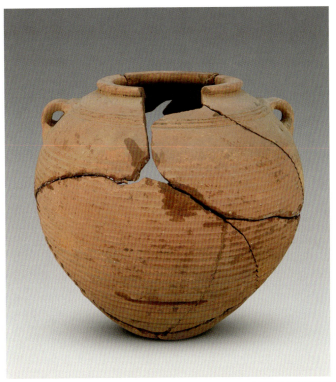

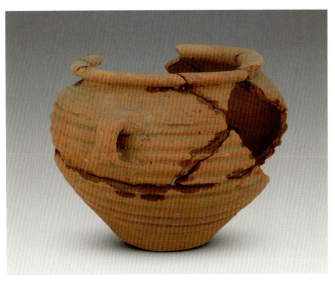

3. 釉陶侈口罐（M5：10）

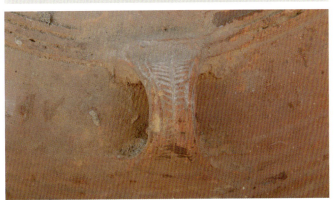

1. 釉陶瓿式罐（M5：5）

4. 釉陶侈口罐（M5：12）

2. 釉陶侈口罐（M5：3）

5. 印纹硬陶罐（M5：9）

彩版一三　汉墓M5出土器物

1. 釉陶喇叭口壶（M7：13）

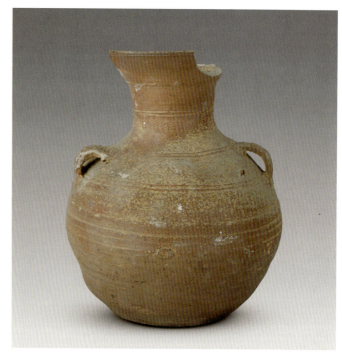

3. 釉陶喇叭口壶（M7：15）

M7：13　　　　M7：14

2. 釉陶喇叭口壶（M7：14）

4. 釉陶麟趾金（M7：18）

彩版一四　汉墓M7出土器物

1. 釉陶瓿（M7：5）　　　　　　　　2. 釉陶瓿（M7：10）

彩版一五　　汉墓M7出土器物

1. 釉陶瓿（M7：1）

M7：1

M7：4

2. 釉陶罐（M7：4）

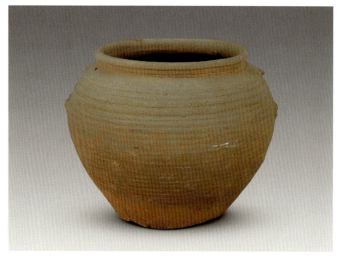

3. 釉陶罐（M7：7）

4. 釉陶罐（M7：9）

5. 釉陶罐（M7：2）

彩版一六　汉墓M7出土器物

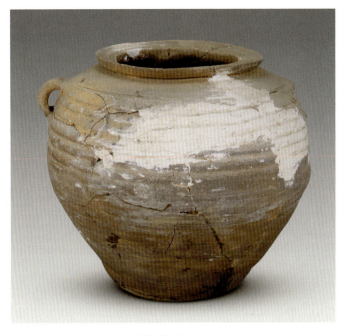

1. 釉陶罐（M7∶3）

4. 釉陶罐（M7∶16）

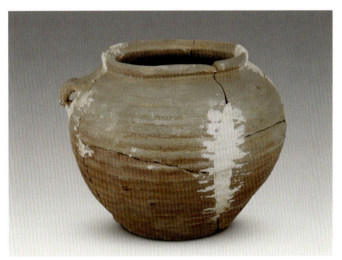

2. 釉陶罐（M7∶6）

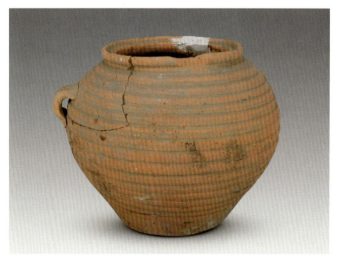

5. 釉陶罐（M7∶11）

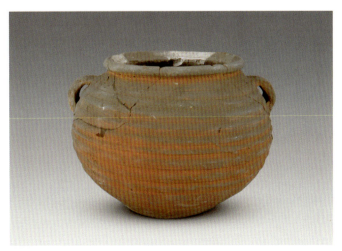

3. 釉陶罐（M7∶8）

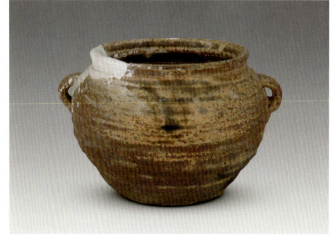

6. 釉陶罐（M7∶12）

彩版一七　汉墓M7出土器物

1. 釉陶鼎（M8：1）

3. 釉陶喇叭口壶（M8：3）

M8：3

M8：1

2. 釉陶盒（M8：2）

彩版一八　汉墓M8出土器物

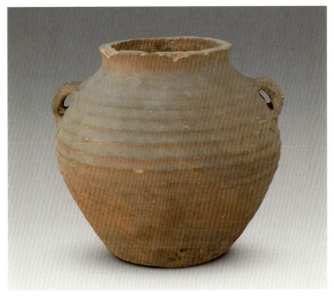

1. 釉陶罐（M8：6）

2. 釉陶罐（M8：7）

3. 釉陶罐（M8：8）

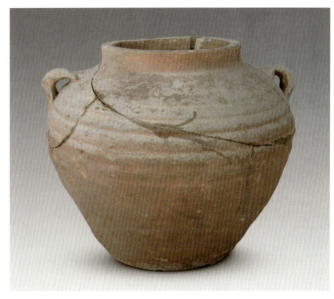

4. 釉陶罐（M8：9）

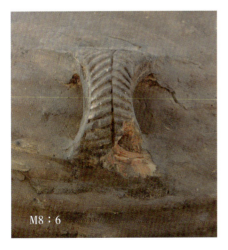

M8：6

M8：8

M8：9

彩版一九　汉墓M8出土器物

1. 釉陶罐（M8∶12）

2. 釉陶罐（M8∶10）

3. 硬陶罍（M8∶11）

4. 料珠（M8∶16）

彩版二〇　汉墓M8出土器物

1. 釉陶鼎（M9∶4）　　　　　　　　2. 釉陶鼎（M9∶5）

3. 釉陶盒（M9∶6）　　　　　　　　4. 釉陶盒（M9∶9）

彩版二一　汉墓M9出土器物

1. 釉陶壶（M9：12）

2. 釉陶壶（M9：19）

彩版二二　汉墓M9出土器物

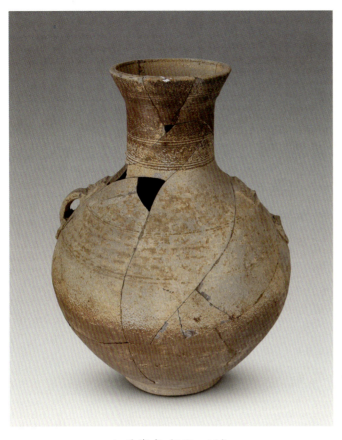

1. 釉陶壶（M9：16）

2. 釉陶壶（M9：17）

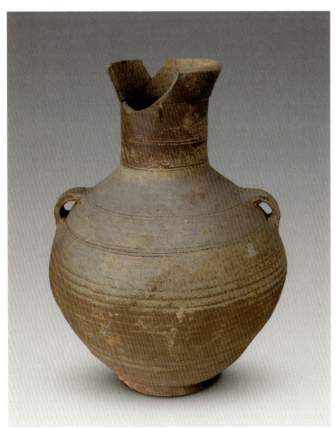

3. 釉陶壶（M9：18）

彩版二三　汉墓M9出土器物

1. 釉陶壶（M9：21）

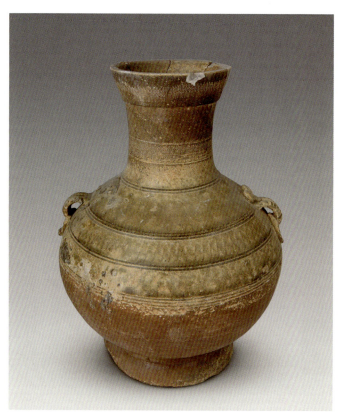

2. 釉陶壶（M9：15）

3. 釉陶壶（M9：20）

彩版二四　汉墓M9出土器物

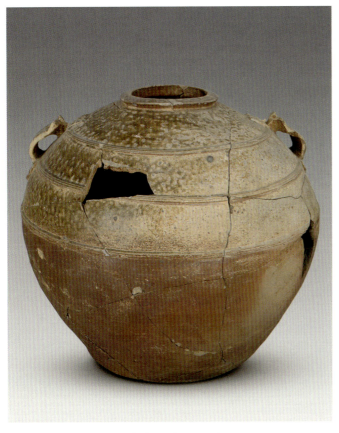

1. 釉陶瓿（M9：2）

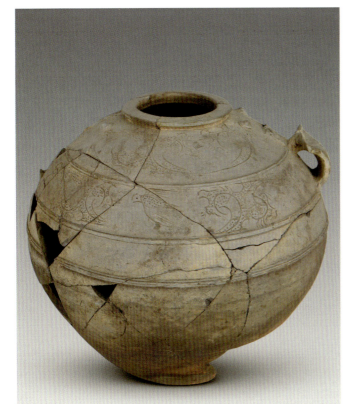

2. 釉陶瓿（M9：8）

3. 釉陶瓿（M9：14）

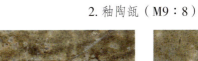

M9：2

M9：8

M9：14

彩版二五　汉墓M9出土器物

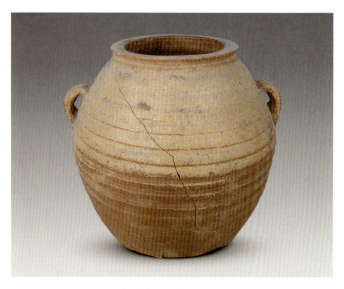

1. 釉陶直口罐（M9：1）

2. 釉陶直口罐（M9：3）

3. 釉陶直口罐（M9：11）

4. 硬陶罍（M9：10）

5. 料珠（M9：23）

彩版二六　汉墓M9出土器物

1. 铜镜（M9：22）

2. 陶盂（M10：11）

3. 釉陶壶（M10：6）

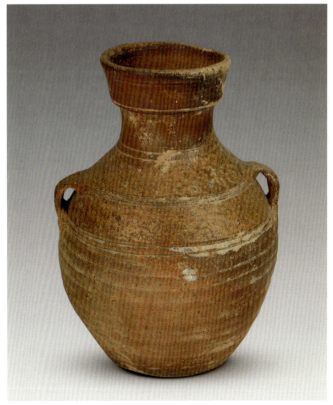

4. 釉陶壶（M10：9）

彩版二七　汉墓M9、M10出土器物

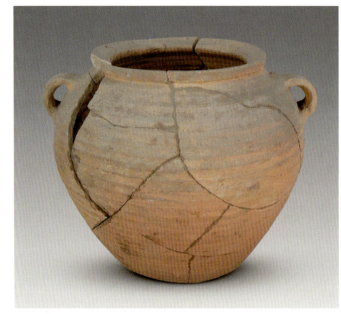

3. 釉陶罐（M10：1）

1. 釉陶瓿（M10：5）

4. 釉陶罐（M10：3）

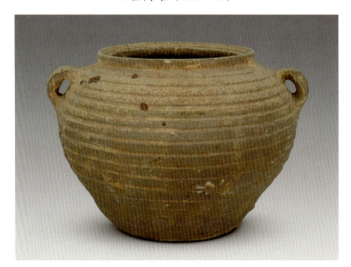

2. 硬陶罍（M10：4）

5. 釉陶罐（M10：10）

彩版二八　汉墓M10出土器物

1. 釉陶瓿（M11：4）

M11：4

M11：5

M11：6

2. 釉陶瓿（M11：5）

3. 釉陶壶（M11：6）

彩版二九　汉墓M11出土器物

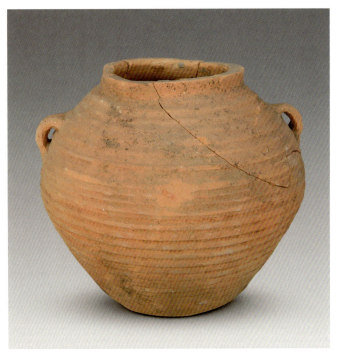

1. 釉陶敛口罐（M11：3）

2. 釉陶敛口罐（M11：2）

3. 原始瓷碗（M11：1）

4. 釉陶罐（M12：3）

5. 釉陶罐（M12：4）

6. 釉陶罐（M12：5）

彩版三〇　汉墓M11、M12出土器物

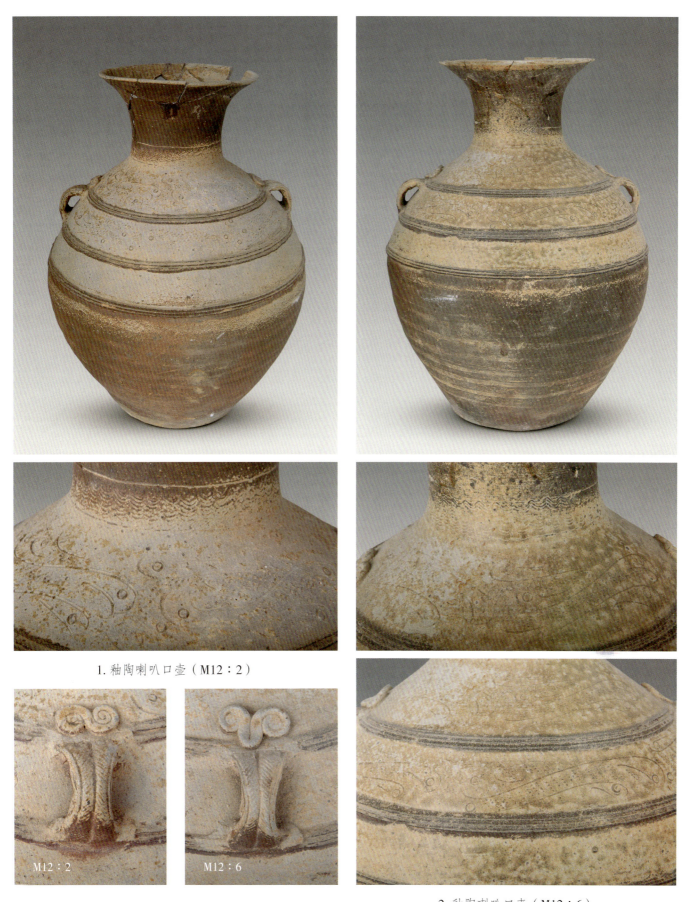

1. 釉陶喇叭口壶（M12：2）

M12：2

M12：6

2. 釉陶喇叭口壶（M12：6）

彩版三一　汉墓M12出土器物

1. 釉陶喇叭口壶（M12：9）　　　　　2. 釉陶喇叭口壶（M12：10）

彩版三二　汉墓M12出土器物

1. 釉陶瓿（M12：7）　　　　　　　　　　2. 釉陶瓿（M12：8）

彩版三三　汉墓M12出土器物

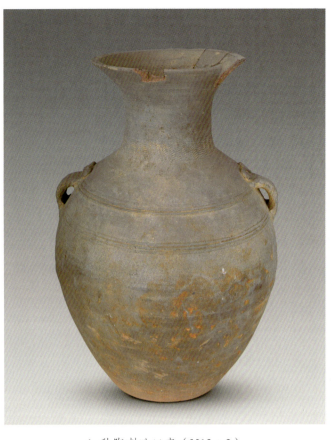

1. 釉陶喇叭口壶（M13：2）

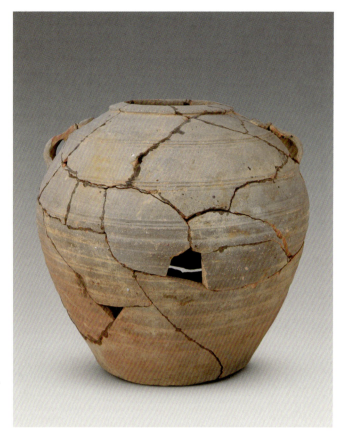

3. 釉陶瓿（M13：4）

2. 釉陶喇叭口壶（M13：3）

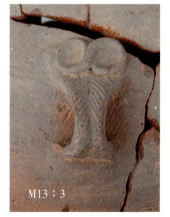

彩版三四　汉墓M13出土器物

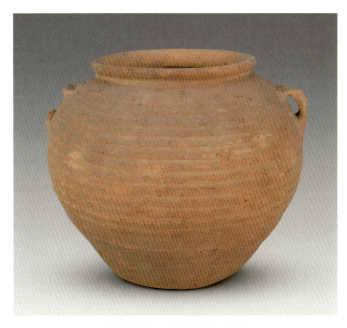

1. 釉陶侈口罐（M13：1）

2. 釉陶侈口罐（M13：5）

3. 硬陶罍（M14：7）

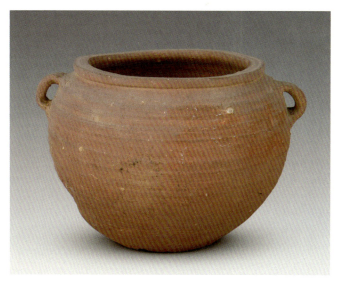

4. 釉陶敛口罐（M14：5）

彩版三五　汉墓M13、M14出土器物

1. 釉陶壶（M14：8）

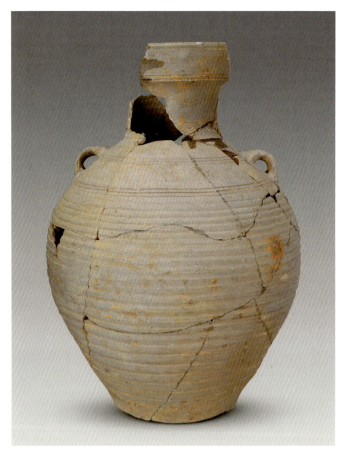

2. 釉陶壶（M14：13）

3. 釉陶壶（M14：3）

M14：13

M14：8

彩版三六　汉墓M14出土器物

1. 釉陶瓿式罐（M14：4）

2. 釉陶瓿式罐（M14：11）

3. 釉陶瓿式罐（M14：12）

4. 釉陶双唇罐（M14：6）

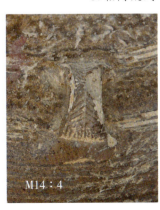

M14：4

M14：11

M14：12

M14：6

彩版三七　汉墓M14出土器物

1. 铜镜（M15：6）

2. 硬陶罍（M15：1）

彩版三八　汉墓M15出土器物

1. 釉陶盘口壶（M16：1）

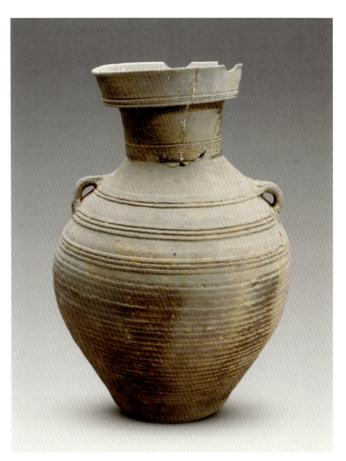

2. 釉陶盘口壶（M16：2）

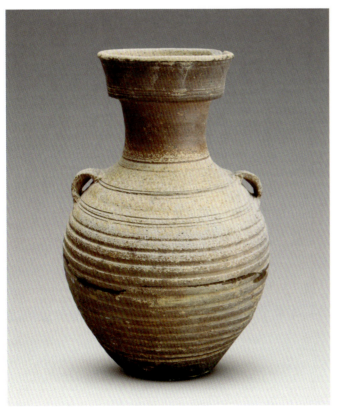

3. 釉陶盘口壶（M16：9）

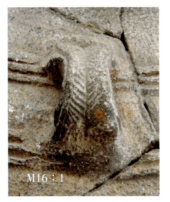

M16：1

M16：2

M16：9

彩版三九　汉墓M16出土器物

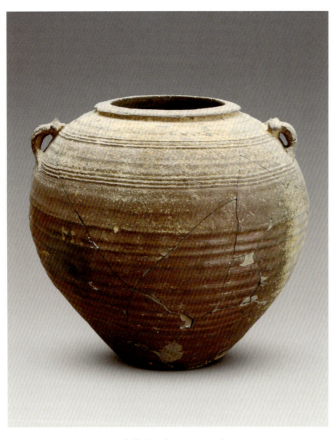

1. 釉陶瓿（M16：12）

M16：12

M16：15

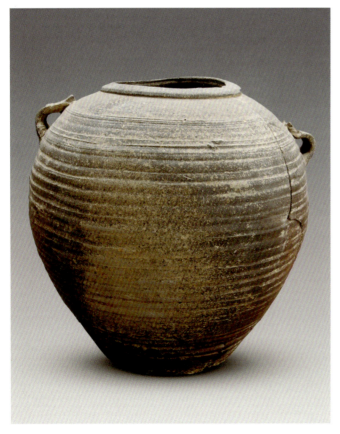

2. 釉陶瓿（M16：15）

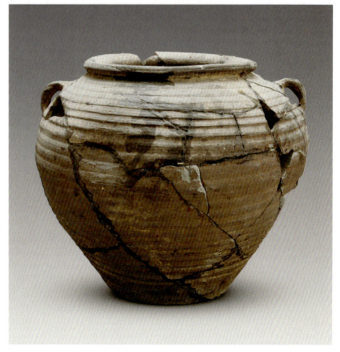

3. 釉陶侈口罐（M16：11）

彩版四〇　汉墓M16出土器物

1. 陶侈口罐（M16：6）

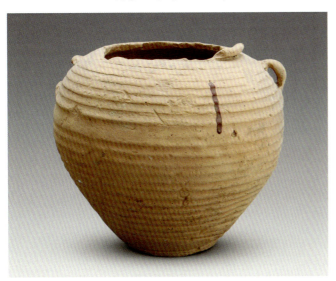

2. 陶侈口罐（M16：7）

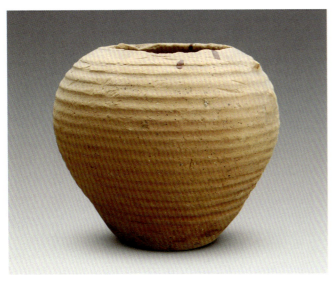

3. 陶侈口罐（M16：8）

4. 硬陶罍（M16：13）

5. 硬陶罍（M16：14）

彩版四一　汉墓M16出土器物

1. 釉陶鼎（M17：9）

2. 釉陶盒（M17：2）

3. 釉陶盒（M17：3）

M17：9

M17：18

4. 釉陶喇叭口壶（M17：18）

彩版四二　汉墓M17出土器物

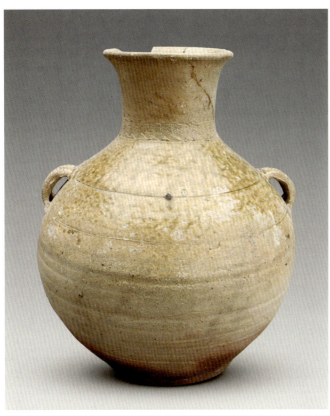

2. 釉陶瓿（M17：5）

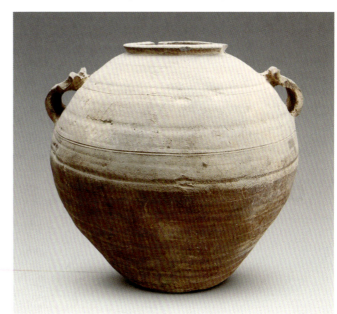

3. 釉陶瓿（M17：6）

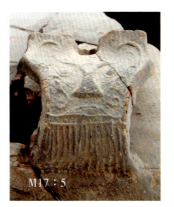

M17：5

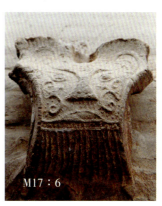

M17：6

1. 釉陶喇叭口壶（M17：19）

彩版四三　汉墓M17出土器物

1. 釉陶直口罐（M17：4）　　　　　　2. 釉陶直口罐（M17：7）

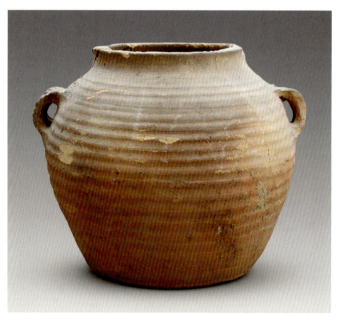

3. 釉陶直口罐（M17：8）　　　　　　4. 釉陶直口罐（M17：10）

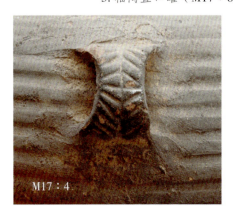

彩版四四　汉墓M17出土器物

1. 釉陶直口罐（M17：11）

2. 釉陶直口罐（M17：12）

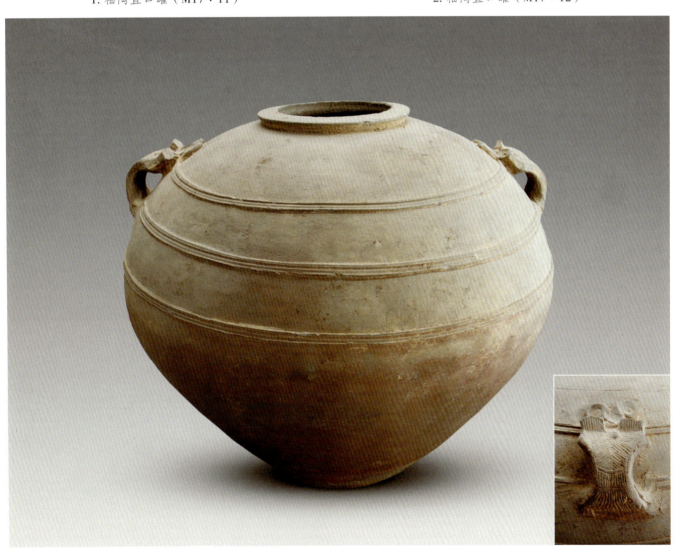

3. 釉陶瓿（M18：7）

彩版四五　汉墓M17、M18出土器物

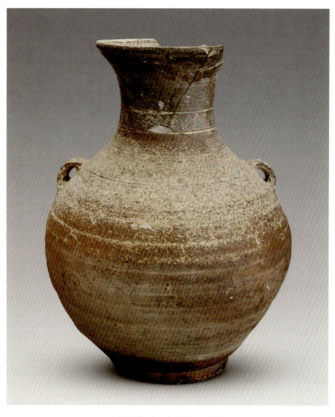

1. 釉陶壶（M18∶2）

2. 釉陶壶（M18∶5）

3. 釉陶壶（M18∶12）

M18∶2

M18∶5

M18∶12

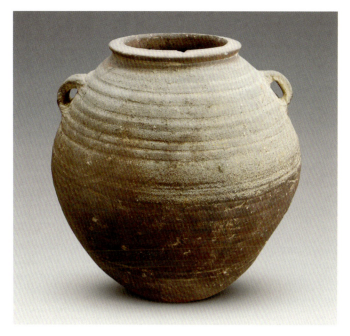

1. 釉陶直口罐（M18：3）

3. 釉陶直口罐（M18：8）

2. 釉陶直口罐（M18：6）

4. 釉陶直口罐（M18：10）

彩版四七　汉墓M18出土器物

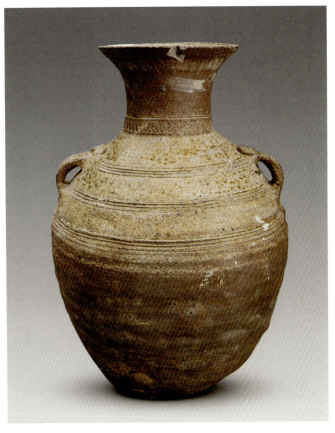

1. 釉陶壶（M19∶3）

M19∶3

M19∶6

3. 铜带钩（M19∶19）

4. 铜矛（M19∶24）

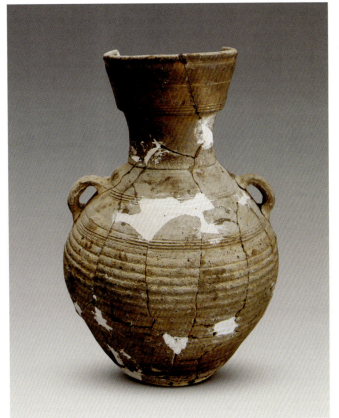

2. 釉陶壶（M19∶6）

5. 料珠（M19∶21）

彩版四八　汉墓M19出土器物

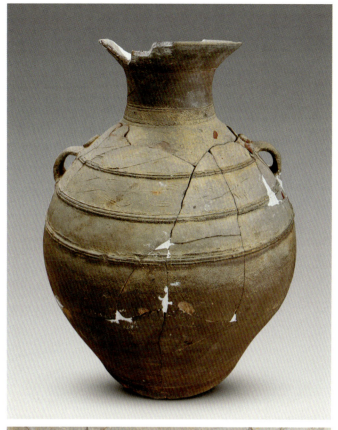

2. 硬陶罍（M19：1）

1. 釉陶壶（M19：5）

M19：13

3. 硬陶罍（M19：13）

彩版四九　汉墓M19出土器物

1. 釉陶瓿（M19：9）　　　　　　　　2. 釉陶瓿（M19：29）

彩版五〇　汉墓M19出土器物

1. 釉陶罐（M19：7）

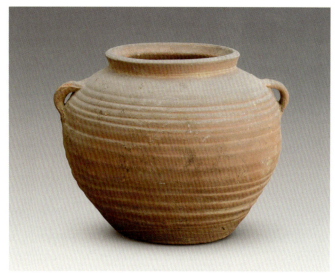

2. 釉陶罐（M19：10）

3. 釉陶罐（M19：12）

M19：12　　　　M19：8

4. 釉陶罐（M19：28）

5. 釉陶罐（M19：8）

彩版五一　汉墓M19出土器物

1. 釉陶喇叭口壶（M20：1）

2. 釉陶喇叭口壶（M20：2）

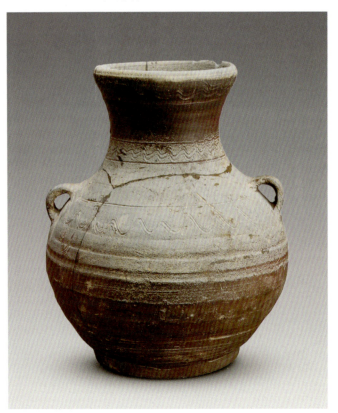

3. 釉陶喇叭口壶（M20：6）

M20：1

M20：2

M20：6

彩版五二　汉墓M20出土器物

1. 釉陶鼎（M20：11）

2. 釉陶鼎（M20：12）

M20：11

M20：12

3. 釉陶盒（M20：13）

4. 釉陶盒（M20：14）

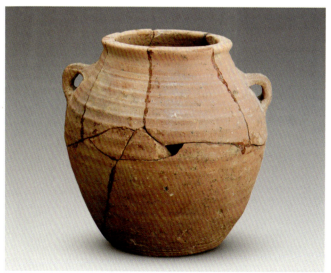

5. 釉陶敛口罐（M20：5）

彩版五三　汉墓M20出土器物

1. 釉陶敛口罐（M20：8）

2. 釉陶敛口罐（M20：9）

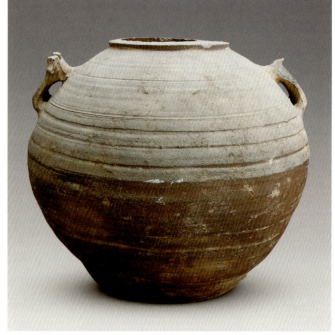

3. 釉陶瓿（M20：4）

4. 釉陶瓿（M20：7）

彩版五四　汉墓M20出土器物

1. 铜镜（M20：16）

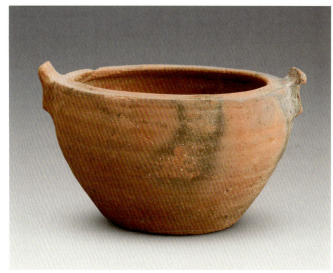

2. 釉陶鼎（M22：9）

3. 釉陶鼎（M22：11）

M22：9

M22：11

4. 釉陶盒（M22：5）

5. 釉陶盒（M22：7）

彩版五五　汉墓M20、M22出土器物

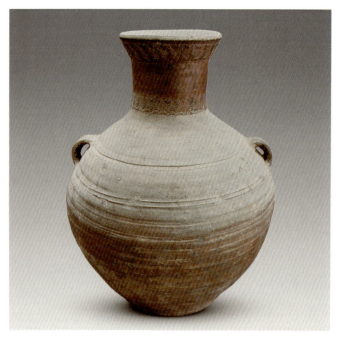

1. 釉陶喇叭口壶（M22：1）

2. 釉陶喇叭口壶（M22：2）

3. 釉陶瓿（M22：10）

4. 釉陶瓿（M22：13）

彩版五六　汉墓M22出土器物

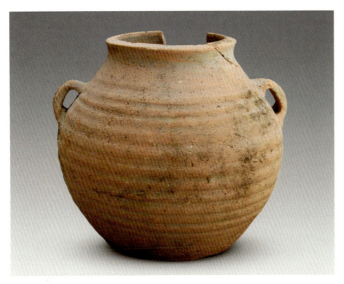

1. 釉陶直口罐（M22：3）

2. 釉陶直口罐（M22：4）

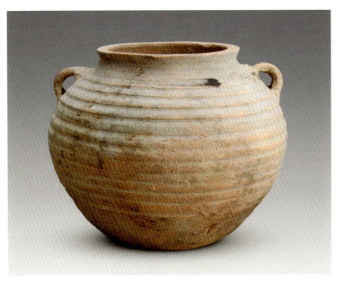

3. 釉陶直口罐（M22：6）

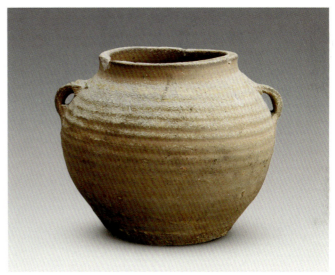

4. 釉陶直口罐（M22：12）

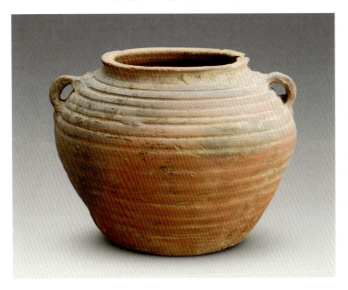

5. 釉陶直口罐（M22：14）

彩版五七　汉墓M22出土器物

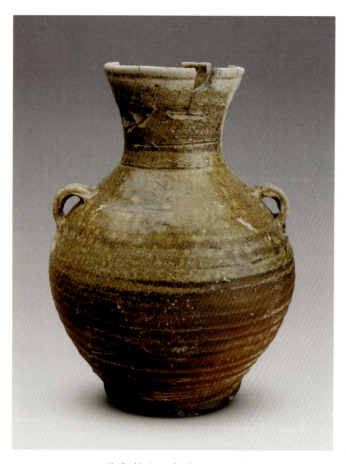

M24：14

M24：9

1. 釉陶喇叭口壶（M24：14）

2. 硬陶罍（M24：8）

3. 硬陶罍（M24：9）

彩版五八　汉墓M24出土器物

1. 釉陶敛口罐（M24：6）

2. 釉陶敛口罐（M24：10）

3. 釉陶敛口罐（M24：7）

4. 釉陶敛口罐（M24：12）

5. 料珠（M24：2）

彩版五九　汉墓M24出土器物

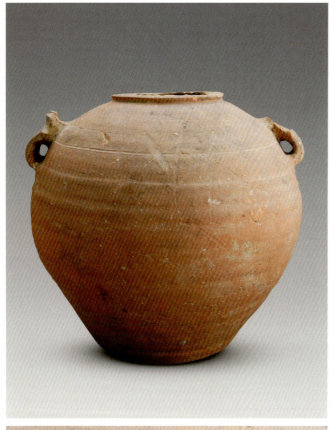

2. 釉陶瓿（M25：17）

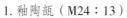

1. 釉陶瓿（M24：13）

M25：17　　　　M25：23

3. 釉陶瓿（M25：23）

彩版六〇　汉墓M24、M25出土器物

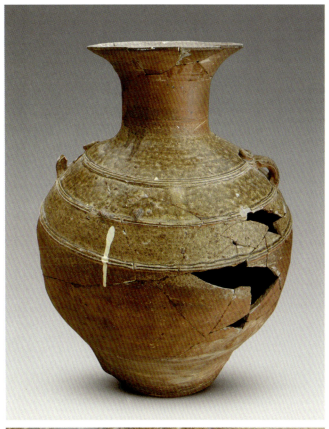

2. 釉陶壶（M25：6）

1. 釉陶壶（M25：5）

M25：6

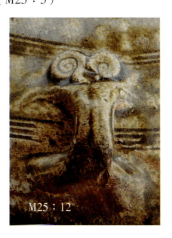

M25：12

3. 釉陶壶（M25：12）

彩版六一　汉墓M25出土器物

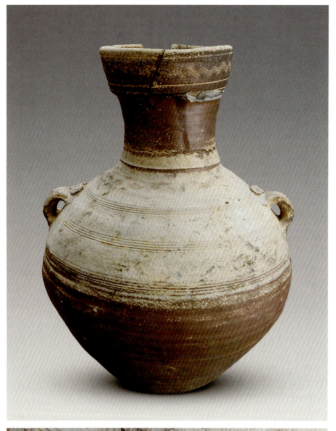

3. 硬陶罍（M25：19）

1. 釉陶壶（M25：13）

2. 料珠（M25：4）

4. 硬陶罍（M25：22）

彩版六二　汉墓M25出土器物

1. 釉陶侈口罐（M25：10）

2. 釉陶侈口罐（M25：15）

3. 釉陶侈口罐（M25：25）

4. 陶侈口罐（M25：8）

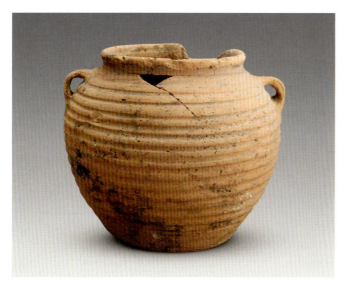

5. 陶侈口罐（M25：11）

6. 陶侈口罐（M25：18）

彩版六三　汉墓M25出土器物

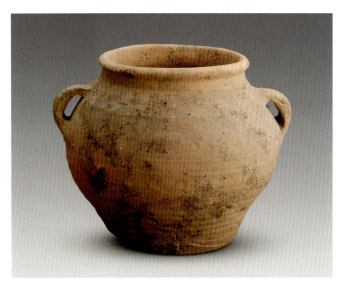

1. 陶侈口罐（M25：26）

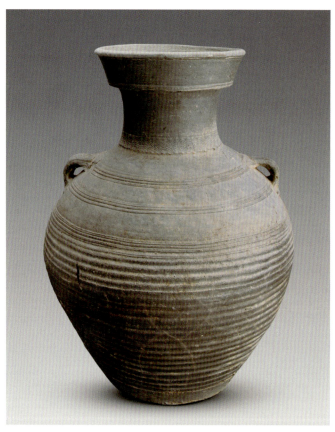

3. 釉陶壶（M26：10）

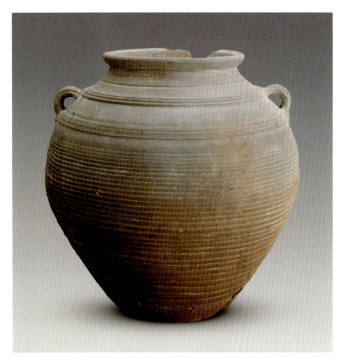

2. 釉陶侈口罐（M26：1）

M26：1

M26：10

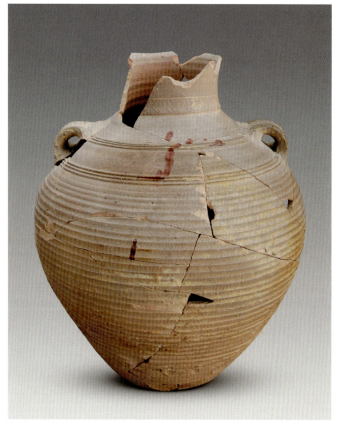

4. 釉陶壶（M26：11）

彩版六四　汉墓M25、M26出土器物

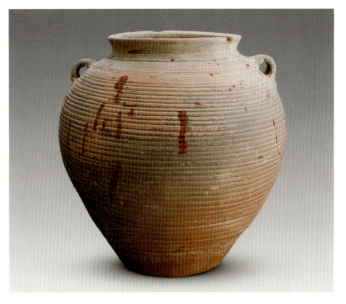

1. 釉陶侈口罐（M26：2）

2. 釉陶侈口罐（M26：4）

4. 釉陶侈口罐（M26：6）

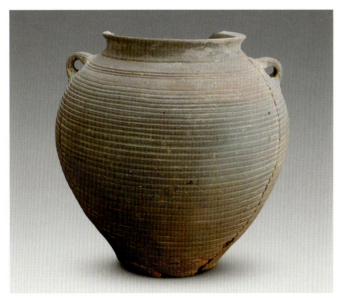

3. 釉陶侈口罐（M26：5）

5. 釉陶侈口罐（M28：8）

彩版六五　汉墓M26、M28出土器物

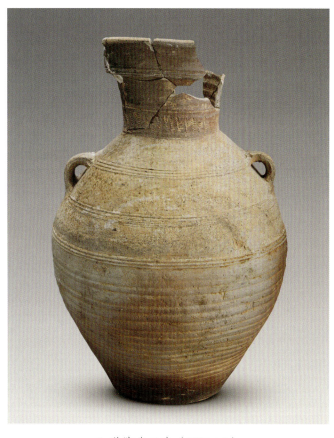

1. 釉陶盘口壶（M28：2）

3. 釉陶瓿（M28：13）

2. 釉陶盘口壶（M28：3）

M28：2

M28：3

彩版六六　汉墓M28出土器物

1. 釉陶瓿（M28：16）

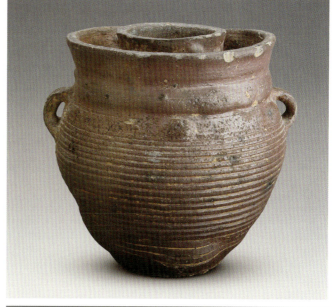

M28：16

M28：10

2. 釉陶双唇罐（M28：10）

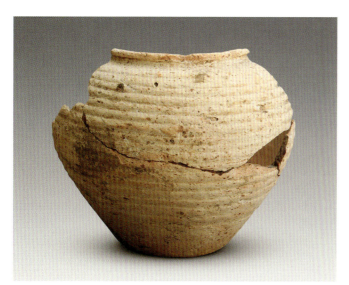

3. 陶侈口罐（M28：9）

4. 陶侈口罐（M28：11）

彩版六七　汉墓M28出土器物

1. 陶侈口罐（M28：12）

2. 铜盆（M28：7）

3. 料珠（M28：5）

4. 硬陶罍（M28：14）

5. 硬陶罍（M28：15）

彩版六八　汉墓M28出土器物

彩版六九　汉墓M28出土铜镜（M28：6）

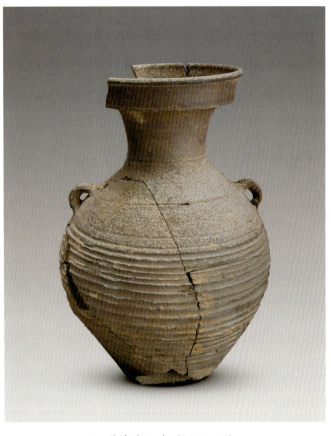

1. 釉陶盘口壶（M29：8）

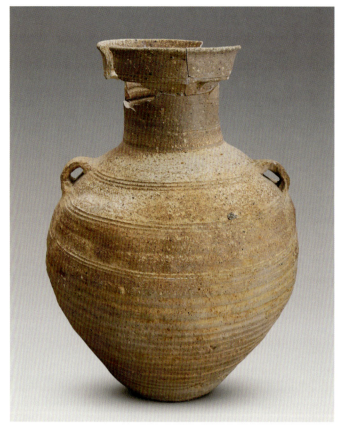

2. 釉陶盘口壶（M29：17）

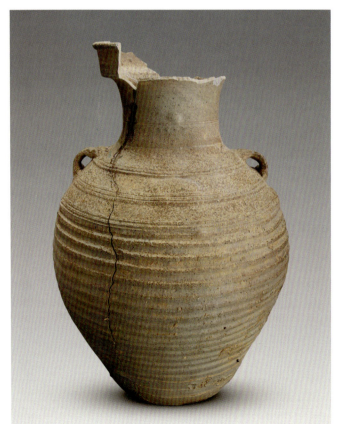

3. 釉陶盘口壶（M29：18）

M29：17

M29：18

彩版七〇　汉墓M29出土器物

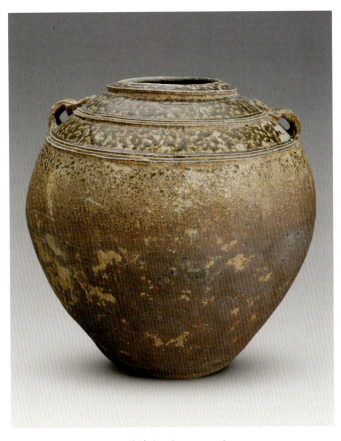

1. 釉陶瓿（M29：6）

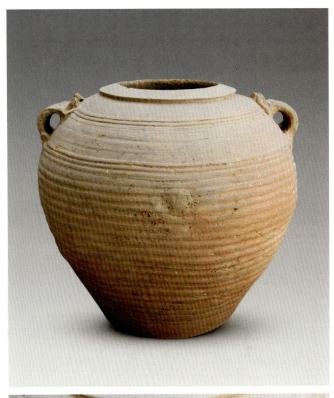

2. 釉陶瓿（M29：10）

3. 釉陶瓿（M29：11）

M29：6

M29：11

彩版七一　汉墓M29出土器物

1. 釉陶瓿（M29:12）

2. 釉陶侈口罐（M29:7）

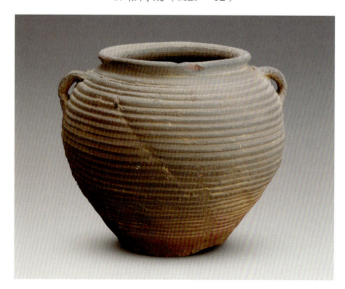

3. 硬陶罍（M29:9）

4. 硬陶罍（M29:13）

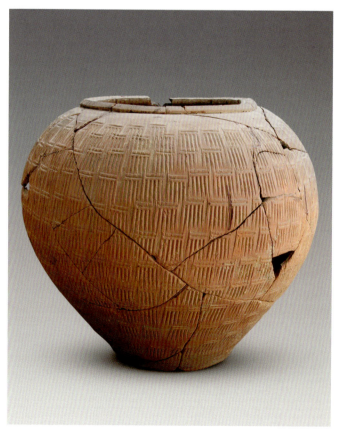

彩版七二　汉墓M29出土器物

1. 铜甑（M29：2）

2. 铜釜（M29：3）

3. 铜釜（M29：21）

4. 料珠（M29：20）

彩版七三　汉墓M29出土器物

1. 铜镜（M29：15）

2. 铜鐎斗（M29：16）

彩版七四　汉墓M29出土器物

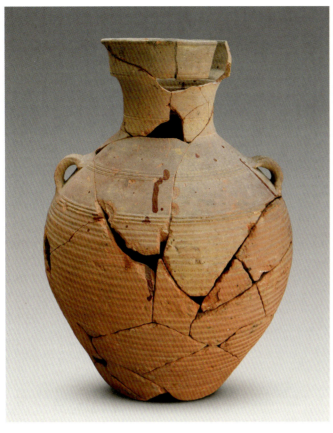

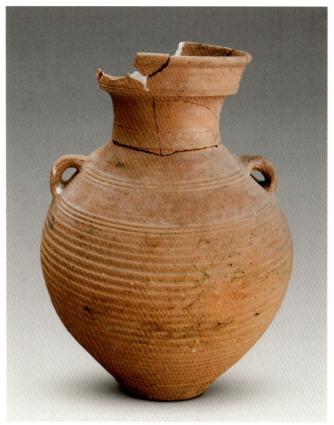

1. 釉陶盘口壶（M30：14）

2. 釉陶盘口壶（M30：15）

M30：14

M30：15

3. 硬陶罍（M30：13）

彩版七五　汉墓M30出土器物

1. 釉陶瓿式罐（M30：5）

3. 釉陶罐（M30：7）

4. 釉陶罐（M30：9）

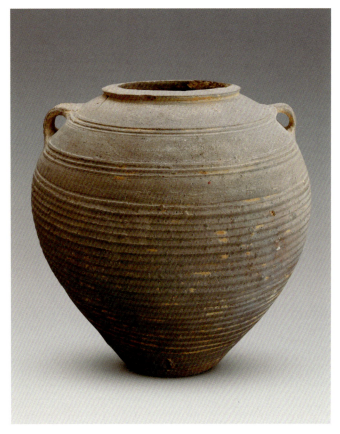

2. 釉陶瓿式罐（M30：6）

5. 琉璃耳瑱（M30：2）

彩版七六　汉墓M30出土器物

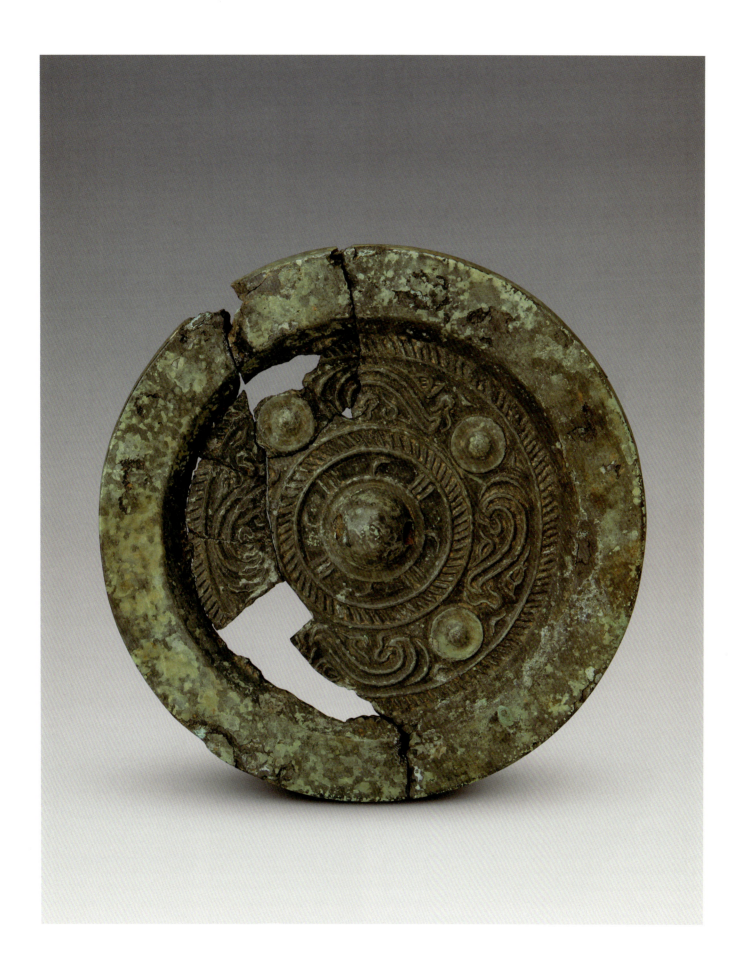

彩版七七　汉墓M30出土铜镜（M30∶3）

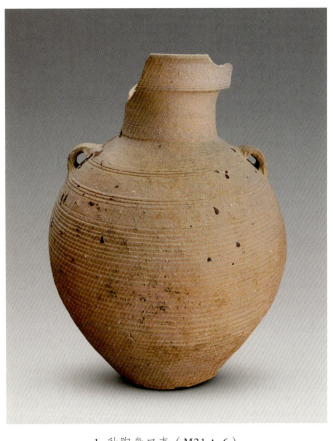

1. 釉陶盘口壶（M31：6）

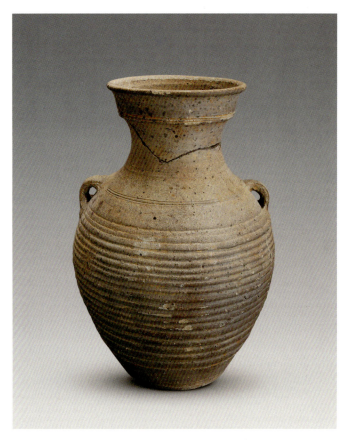

2. 釉陶盘口壶（M31：8）

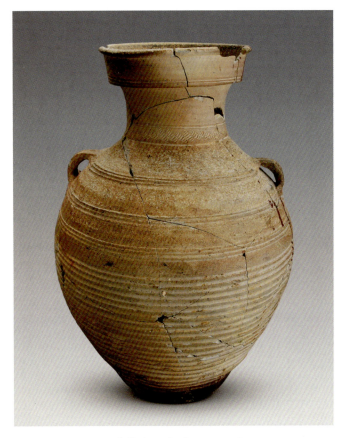

3. 釉陶盘口壶（M31：9）

M31：8

M31：9

彩版七八　汉墓M31出土器物

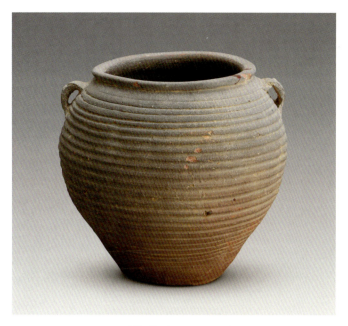

1. 釉陶罐（M31：16）

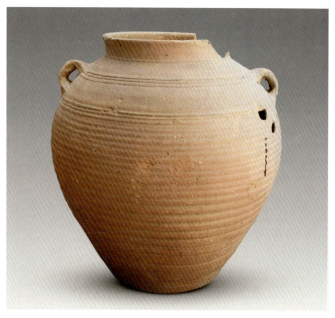

2. 釉陶罐（M31：10）

3. 硬陶罍（M31：14）

4. 釉陶罐（M31：22）

5. 玉环（M31：4）

彩版七九　汉墓M31出土器物

彩版八〇　汉墓M31出土铜镜（M31：2）

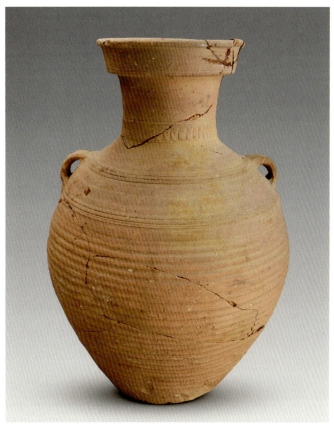

1. 釉陶盘口壶（M33：4）

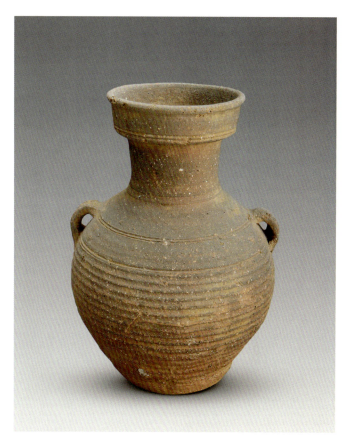

2. 釉陶盘口壶（M33：7）

M33：4

M33：7

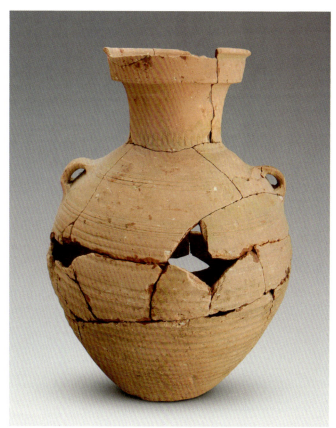

3. 釉陶盘口壶（M33：8）

彩版八一　汉墓M33出土器物

M33：11

M33：14

1. 釉陶盘口壶（M33：11）

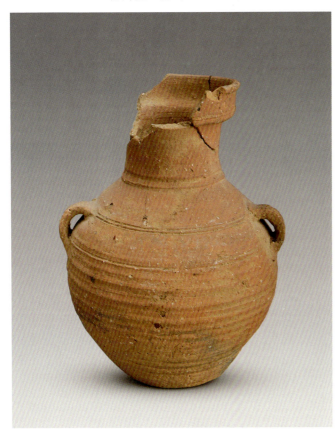

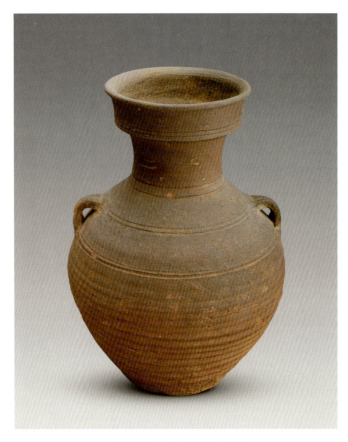

2. 釉陶盘口壶（M33：13）

3. 釉陶盘口壶（M33：14）

彩版八二　汉墓M33出土器物

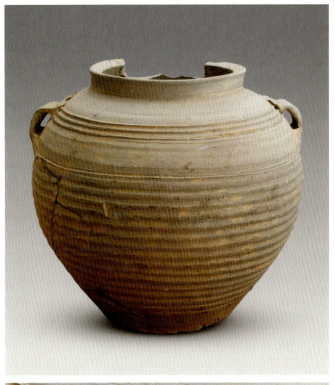

2. 硬陶罍（M33：12）

1. 釉陶瓿式罐（M33：9）

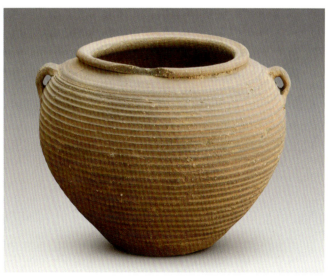

4. 陶侈口罐（M33：15）

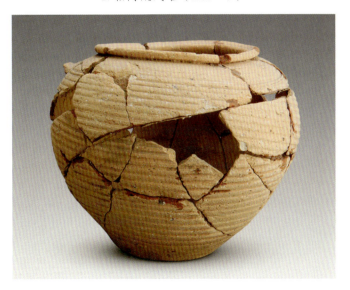

3. 陶侈口罐（M33：5）

彩版八四　汉墓M33出土铜镜（M33：10）

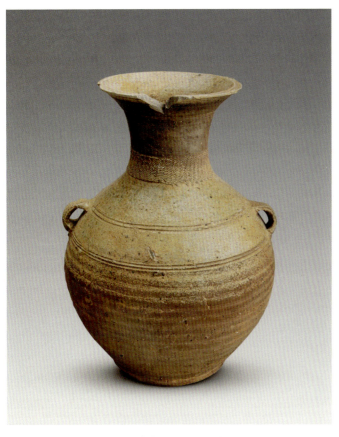

1. 釉陶壶（M34：5）

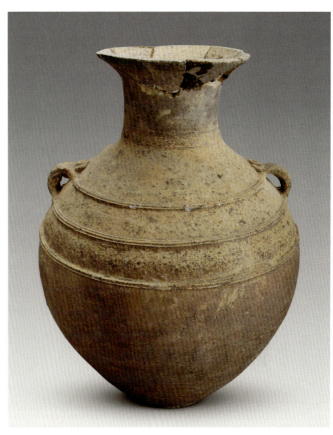

2. 釉陶壶（M34：8）

3. 釉陶壶（M34：12）

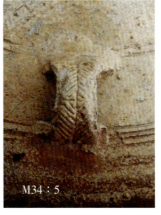

M34：5

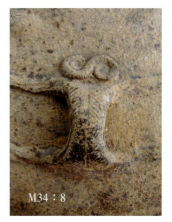

M34：8

M34：12

彩版八五　汉墓M34出土器物

1. 釉陶壶（M34：13）

M34：13

M34：13

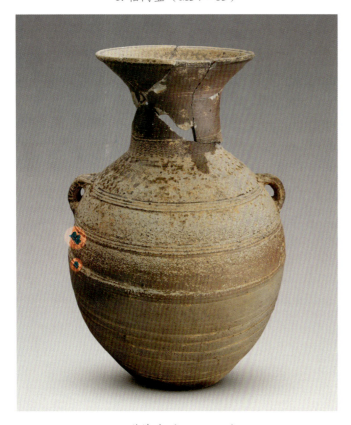

2. 釉陶壶（M34：15）

M34：15

彩版八六　汉墓M34出土器物

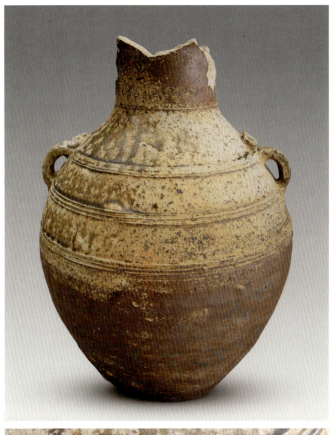

3. 釉陶瓿（M34：10）

1. 釉陶壶（M34：16）

4. 釉陶瓿（M34：11）

2. 石研黛器（M34：20）

M34：10

M34：11

彩版八七　汉墓M34出土器物

1. 釉陶侈口罐（M34：4）

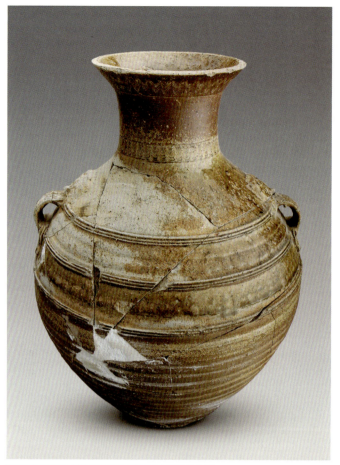

2. 陶侈口罐（M34：3）

4. 釉陶喇叭口壶（M36：9）

3. 陶侈口罐（M34：14）

彩版八八　汉墓M34、M36出土器物

M36：6

M36：10

1. 釉陶瓿（M36：6）

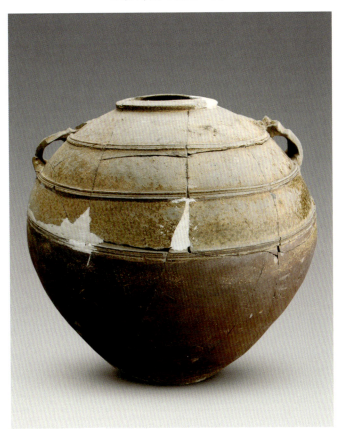

2. 釉陶瓿（M36：10）

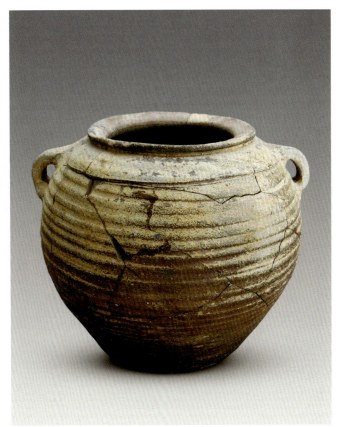

3. 釉陶敛口罐（M36：5）

彩版八九　汉墓M36出土器物

1. 釉陶盘口壶（M42：23）

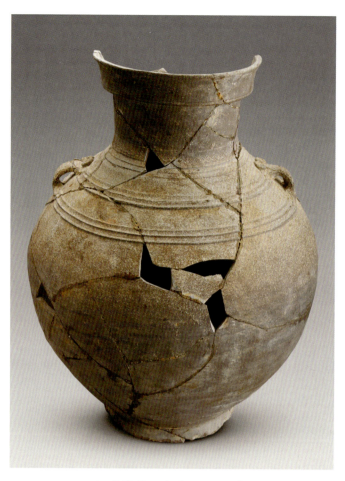

2. 釉陶盘口壶（M42：24）

3. 釉陶盘口壶（M42：22）

M42：23

M42：24

M42：22

彩版九〇　汉墓M42出土器物

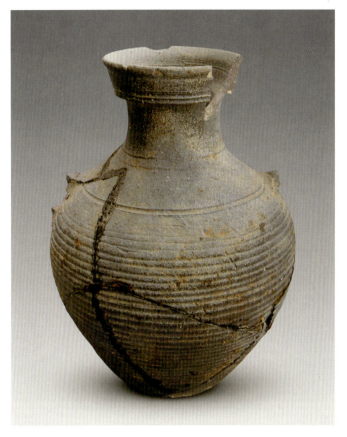

1. 釉陶盘口壶（M42∶10）

2. 釉陶盘口壶（M42∶15）

3. 釉陶盘口壶（M42∶19）

4. 釉陶盘口壶（M42∶26）

彩版九一　汉墓M42出土器物

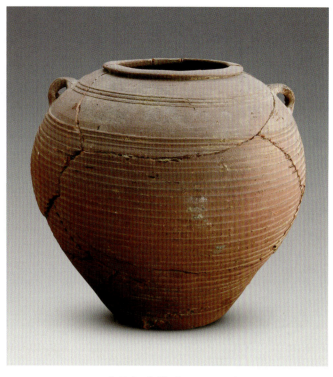

1. 釉陶瓿式罐（M42：11）

2. 釉陶瓿式罐（M42：18）

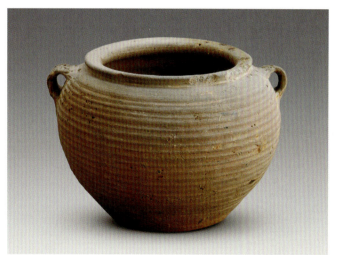

3. 釉陶侈口罐（M42：12）

4. 釉陶侈口罐（M42：13）

5. 料珠（M42：2）

彩版九二　汉墓M42出土器物

彩版九三　汉墓M42出土铜镜（M42：4）

彩版九四　汉墓M42出土铜镜（M42：8）

1. 石黛板与研黛器（M42：1）

2. 釉陶壶（M44：6）

M44：6

M44：7

3. 釉陶瓿（M44：7）

彩版九五　汉墓M42、M44出土器物

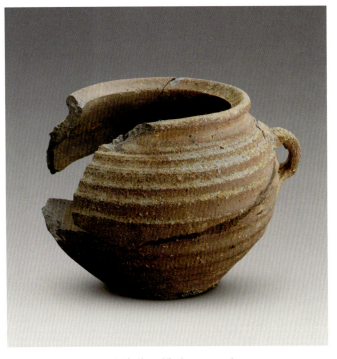

1.釉陶侈口罐（M44：3）

2.釉陶侈口罐（M44：4）

3.陶盂（M44：1）

M44：3　　　M44：4

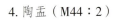

4.陶盂（M44：2）

5.琉璃耳瑱（M46：19、20）

19　　　20

彩版九六　汉墓M44、M46出土器物

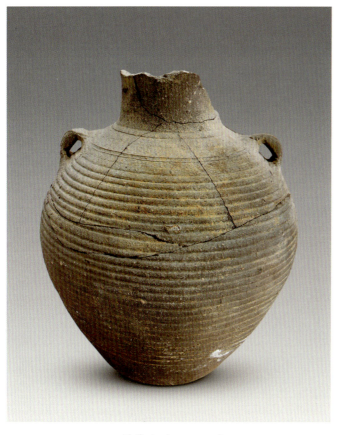

1. 釉陶壶（M46：9）

2. 釉陶壶（M46：14）

M46：9

M46：14

3. 釉陶壶（M46：16）

彩版九七　汉墓M46出土器物

1. 釉陶瓿式罐（M46：4）

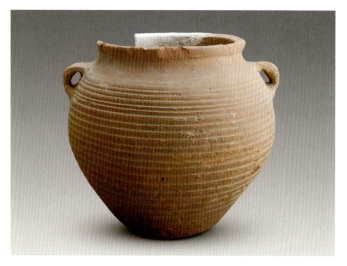

3. 陶敛口罐（M46：1）

2. 釉陶瓿式罐（M46：15）

4. 陶敛口罐（M46：8）

5. 釉陶壶（M47：16）

彩版九八　汉墓M46、M47出土器物

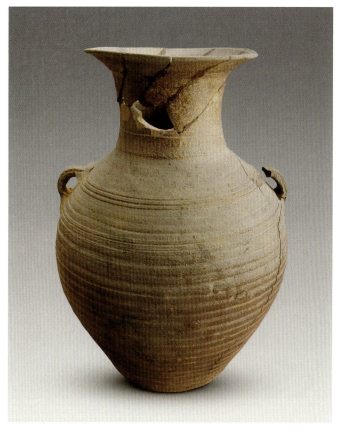

1. 釉陶壶（M47：14）

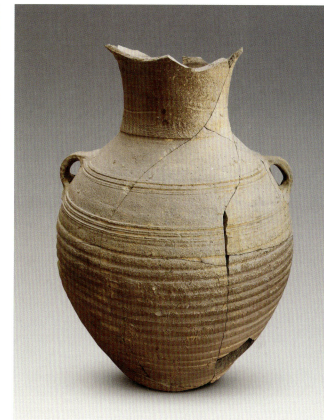

2. 釉陶壶（M47：11）

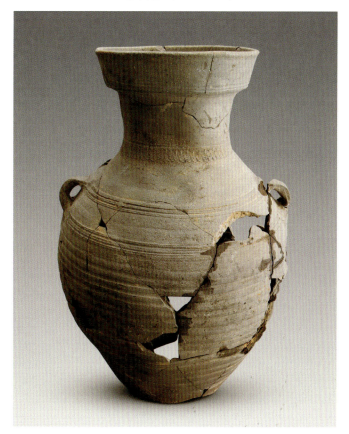

3. 釉陶壶（M47：10）

4. 釉陶壶（M47：13）

彩版九九　汉墓M47出土器物

1. 釉陶壶（M47：12）

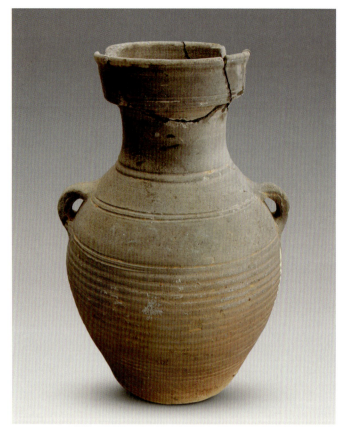

2. 釉陶壶（M47：15）

M47：12

M47：15

M47：19

3. 釉陶瓿式罐（M47：19）

彩版一〇〇　汉墓M47出土器物

1. 釉陶瓿（M47：17）

2. 硬陶罍（M47：20）

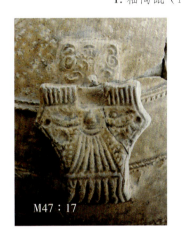

M47：17

3. 釉陶麟趾金（M47：2-3）

4. 釉陶麟趾金（M47：2）

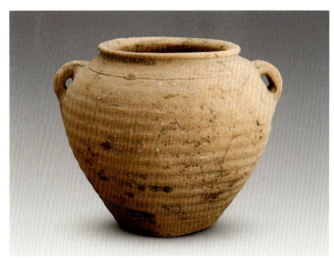

5. 陶侈口罐（M47：22）

彩版一○一　汉墓M47出土器物

1. 陶侈口罐（M47：21）

2. 釉陶鼎（M48：8）

3. 釉陶鼎（M48：11）

M48：8　　M48：11

4. 釉陶盒（M48：9）

5. 釉陶盒（M48：10）

彩版一〇二　汉墓M47、M48出土器物

1. 釉陶喇叭口壶（M48：2）

2. 釉陶喇叭口壶（M48：6）

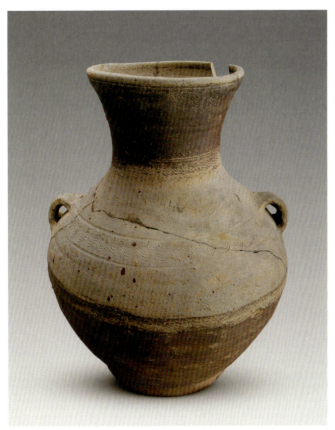

3. 釉陶喇叭口壶（M48：12）

M48：2

M48：6

M48：12

彩版一〇三　汉墓M48出土器物

2. 釉陶罐（M48：3）

3. 釉陶罐（M48：5）

1. 釉陶瓿（M48：13）

4. 釉陶罐（M48：4）

彩版一〇四　汉墓M48出土器物

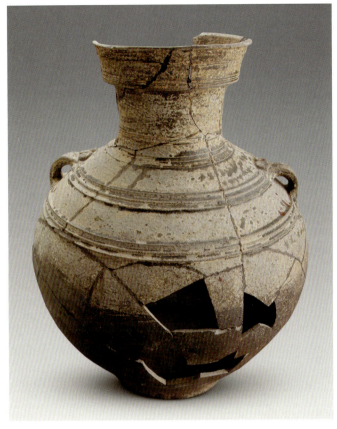

1. 釉陶壶（M50∶2）

M50∶2

M50∶16

2. 釉陶壶（M50∶16）

3. 釉陶壶（M50∶18）

彩版一〇五　汉墓M50出土器物

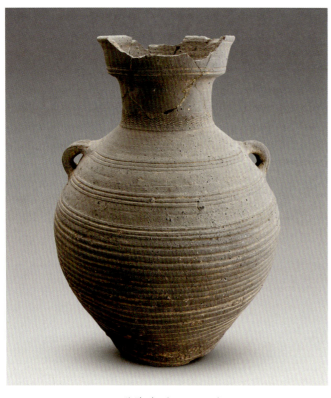

1. 釉陶壶（M50：3）

2. 釉陶瓿（M50：15）

3. 陶侈口罐（M50：20）

4. 釉陶瓿（M50：17）

M50：3

M50：15

M50：17

彩版一〇七　汉墓M50出土铜镜（M50：6）

1. 釉陶盘口壶（M51：2）

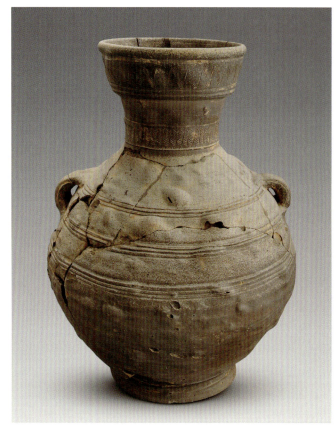

2. 釉陶盘口壶（M56：7）

M51：2

M56：7

M56：8

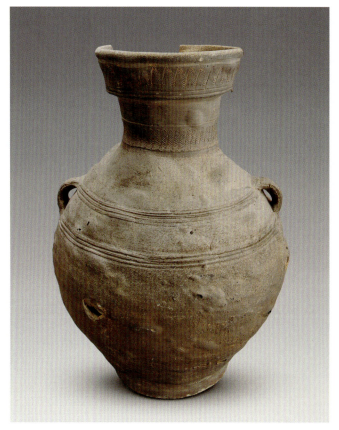

3. 釉陶盘口壶（M56：8）

彩版一〇八　汉墓M51、M56出土器物

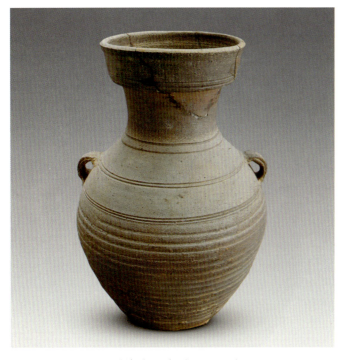

1. 釉陶盘口壶（M56：9）

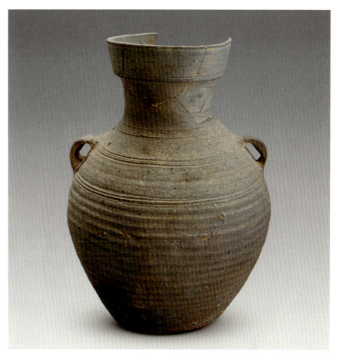

2. 釉陶盘口壶（M56：10）

M56：9　　　　　M56：10

3. 釉陶侈口罐（M56：4）

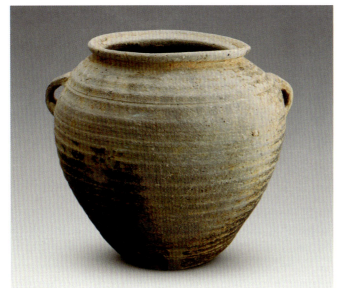

4. 釉陶侈口罐（M56：5）

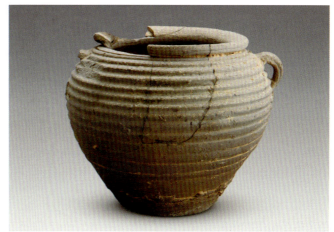

5. 釉陶侈口罐（M56：6）

彩版一〇九　汉墓M56出土器物

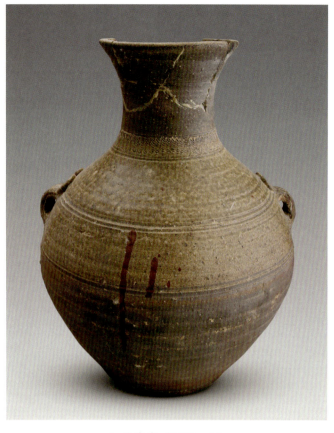

1. 釉陶壶（M58：1）

2. 釉陶壶（M58：2）

M58：1

M58：2

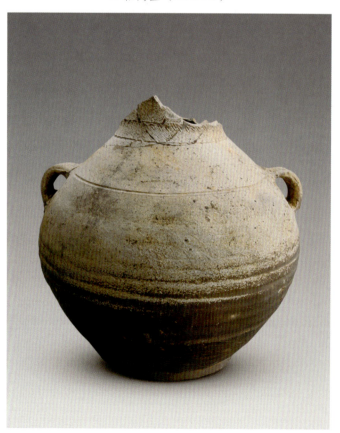

3. 釉陶壶（M58：8）

彩版一一〇　汉墓M58出土器物

1. 釉陶瓿式罐（M58：11）

3. 釉陶直口罐（M58：5）

2. 釉陶直口罐（M58：7）

4. 釉陶直口罐（M58：10）

5. 釉陶侈口罐（M60：7）

彩版一一一　汉墓M58、M60出土器物

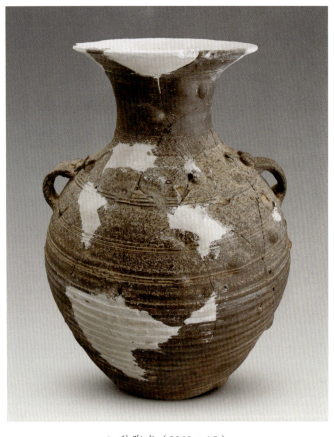

1. 釉陶壶（M60：15）

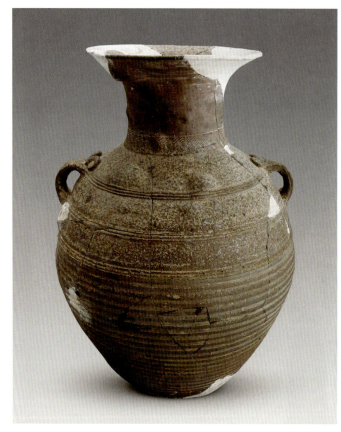

2. 釉陶壶（M60：16）

3. 釉陶壶（M60：17）

M60：15

M60：16

M60：17

彩版一一二　汉墓M60出土器物

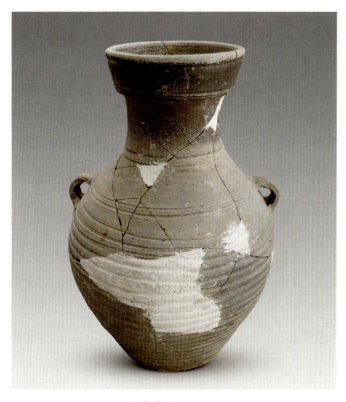

1. 釉陶壶（M60：9）

3. 釉陶瓿（M60：12）

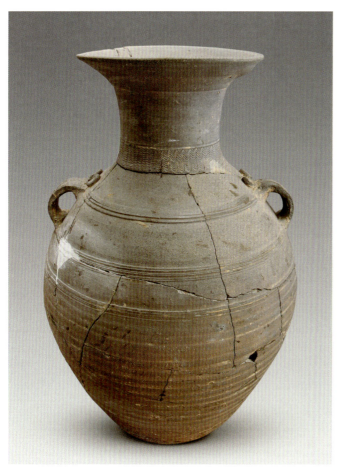

2. 釉陶壶（M60：18）

M60：9

M60：18

彩版一一三　汉墓M60出土器物

1. 陶麟趾金（M60：23）

2. 泥钱（M60：24）

3. 印纹硬陶罐（M64：1）

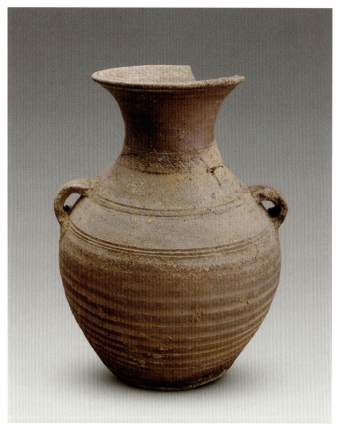

4. 釉陶喇叭口壶（M64：2）

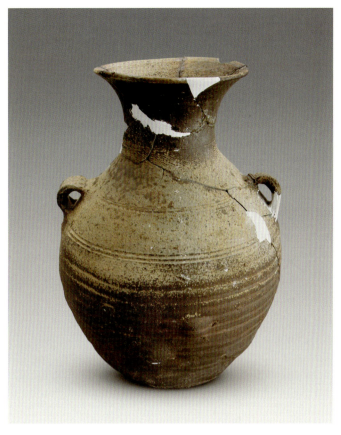

1. 釉陶喇叭口壶（M66：10）

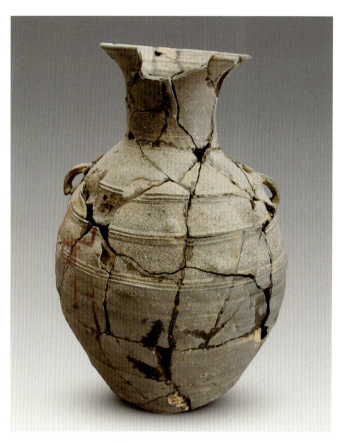

2. 釉陶喇叭口壶（M66：11）

3. 低温铅釉陶盘口壶（M66：2）

彩版一一五　汉墓M66出土器物

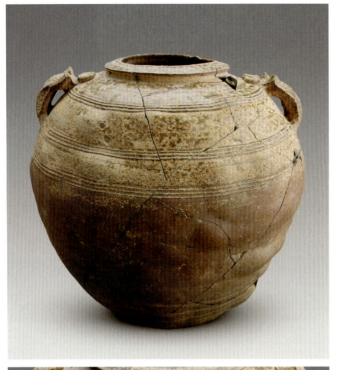

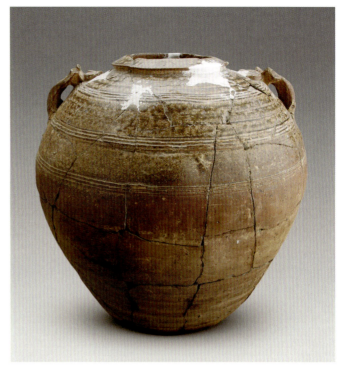

1. 釉陶瓿（M66：4）

2. 釉陶瓿（M66：9）

3. 釉陶直口罐（M66：3）

4. 釉陶直口罐（M66：13）

彩版一一六　汉墓M66出土器物

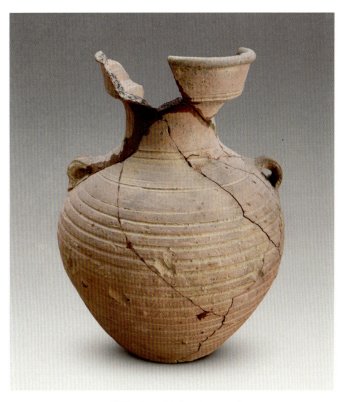

1. 釉陶盘口壶（M67：10）

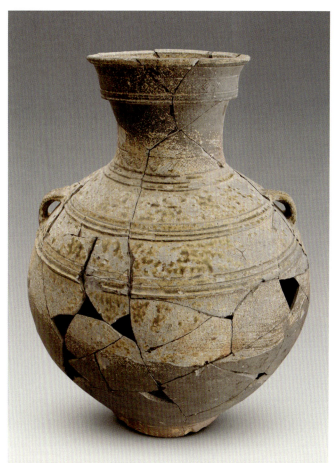

2. 釉陶盘口壶（M67：15）

3. 釉陶盘口壶（M67：16）

彩版一一七　汉墓M67出土器物

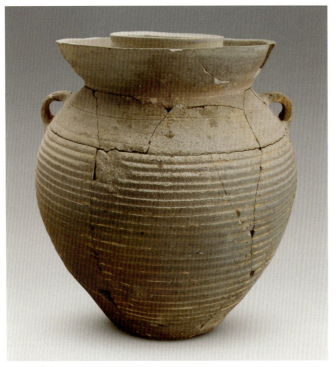

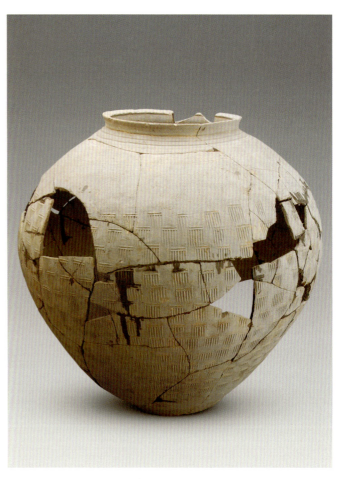

2. 硬陶罍（M67：11）

1. 釉陶双唇罐（M67：5）

3. 釉陶侈口罐（M67：28）

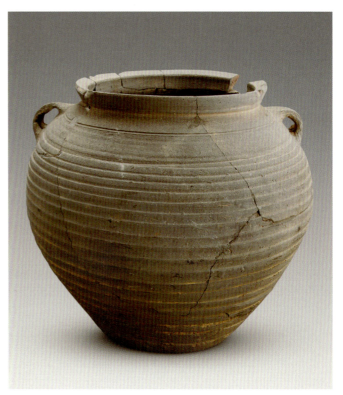

4. 釉陶侈口罐（M67：8）

彩版一一八　汉墓M67出土器物

1. 釉陶井（M67：19）　　　　　　　　2. 釉陶井（M67：29）

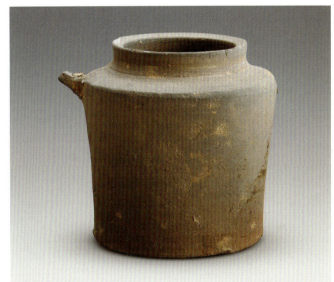

3. 釉陶井（M67：18）　　　　　　　　4. 釉陶井（M67：30）

彩版一一九　汉墓M67出土器物

1. 铜镜（M67：23）

2. 料珠（M67：22）

3. 料珠（M67：22-1、22-2、22-3）

彩版一二〇　汉墓M67出土器物

1. 釉陶鼎（M68：2）

3. 釉陶盒（M68：6）

2. 釉陶鼎（M68：11）

4. 釉陶盒（M68：9）

M68：2

M68：11

5. 陶敛口罐（M68：16）

彩版一二一　汉墓M68出土器物

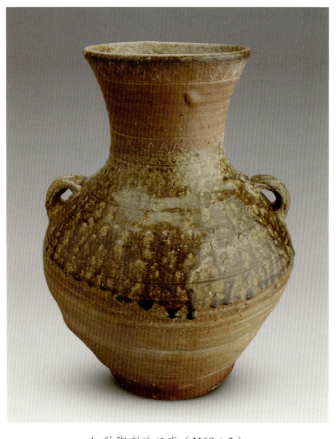

1. 釉陶喇叭口壶（M68：3）

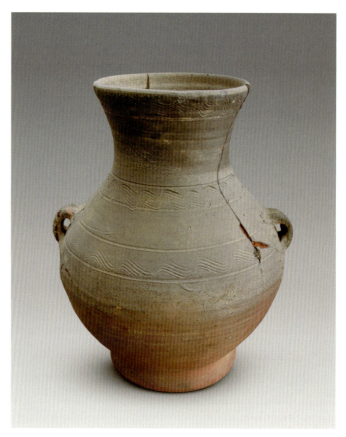

2. 釉陶喇叭口壶（M68：4）

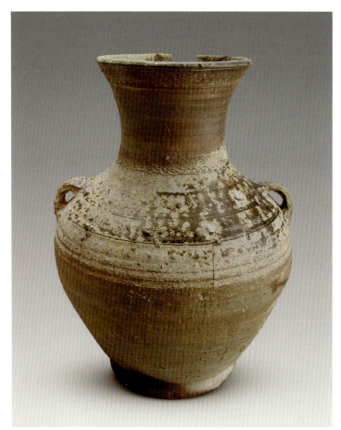

3. 釉陶喇叭口壶（M68：10）

M68：3

M68：4

M68：10

彩版一二二　汉墓M68出土器物

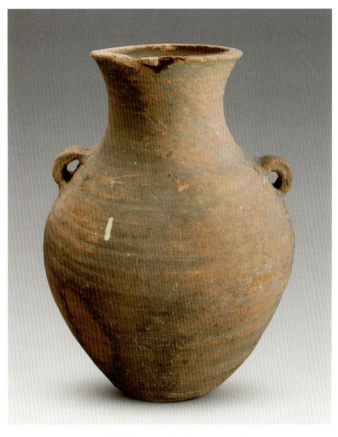

1. 釉陶喇叭口壶（M68：17）

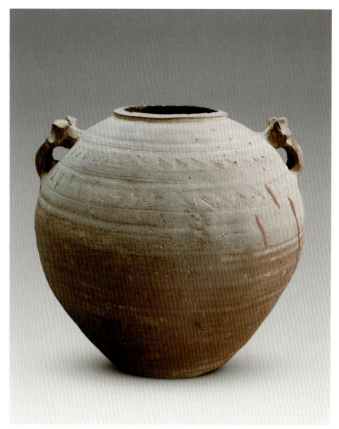

2. 釉陶瓿（M68：1）

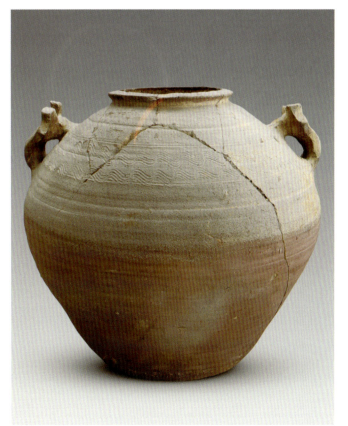

3. 釉陶瓿（M68：7）

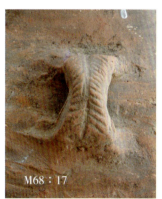

M68：17

M68：1

M68：7

彩版一二三　汉墓M68出土器物

1. 釉陶直口罐（M68：8）

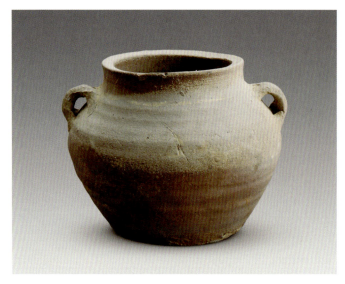

4. 釉陶直口罐（M68：14）

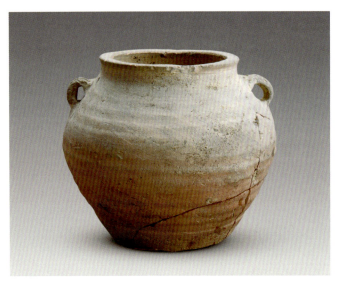

2. 釉陶直口罐（M68：12）

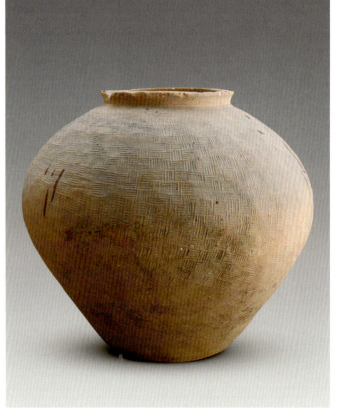

5. 硬陶罍（M68：15）

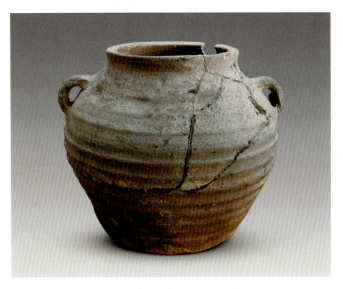

3. 釉陶直口罐（M68：13）

彩版一二四　汉墓M68出土器物

1. 釉陶喇叭口壶（M69：2）

2. 釉陶喇叭口壶（M69：8）

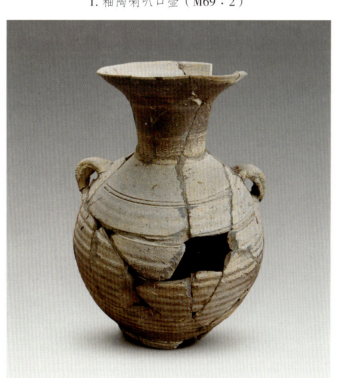

3. 釉陶喇叭口壶（M69：9）

M69：2

M69：9

彩版一二五　汉墓M69出土器物

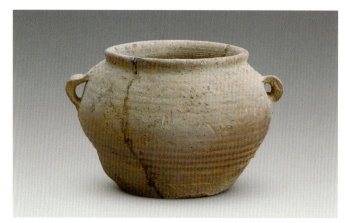

2. 釉陶侈口罐（M69：5）

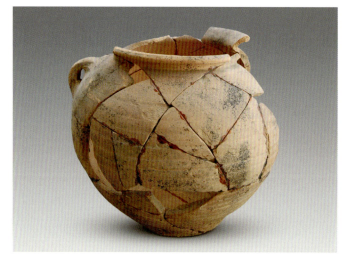

3. 釉陶侈口罐（M69：10）

1. 釉陶喇叭口壶（M69：6）

4. 釉陶侈口罐（M69：15）

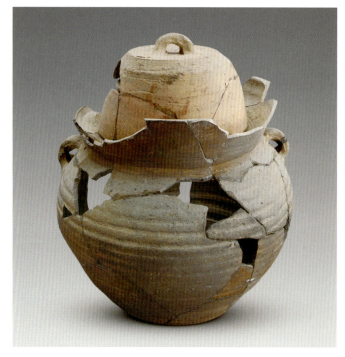

5. 釉陶双唇罐（M69：7）

彩版一二六　汉墓M69出土器物

1. 釉陶盘口壶（M70：9）

3. 釉陶侈口罐（M70：5）

2. 釉陶盘口壶（M70：10）

彩版一二七　汉墓M70出土器物

彩版一二八　汉墓M70出土铜镜（M70：13）

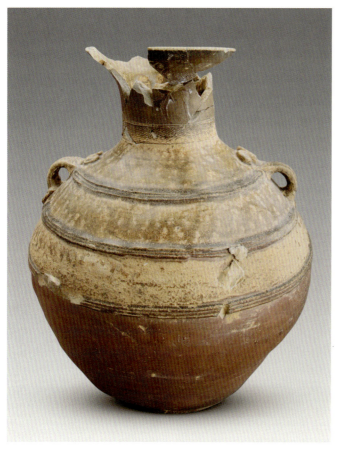

1. 釉陶壶（M71：3）

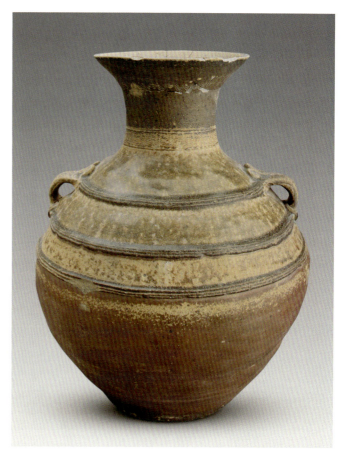

2. 釉陶壶（M71：4）

M71：3

M71：4

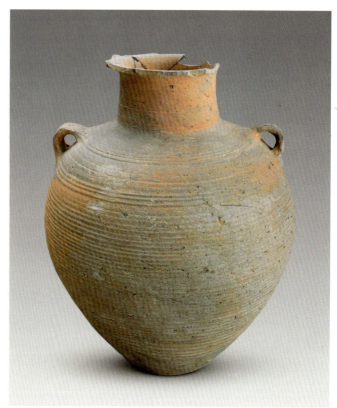

3. 釉陶壶（M71：7）

彩版一二九　汉墓M71出土器物

1. 釉陶壶（M71:1）

2. 釉陶壶（M71:2）

M71:1

M71:2

3. 铁剑（M71:16）

4. 铁刀（M71:18）

彩版一三〇　汉墓M71出土器物

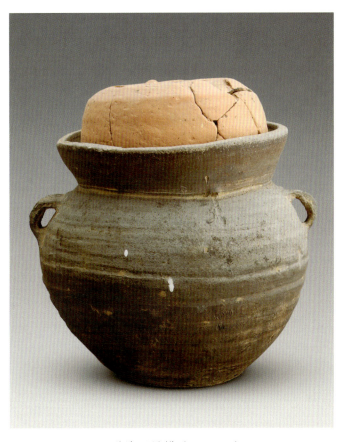

1. 釉陶双唇罐（M71：8）

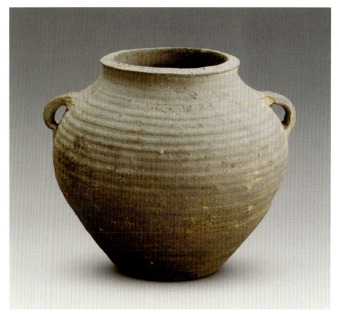

3. 釉陶直口罐（M71：5）

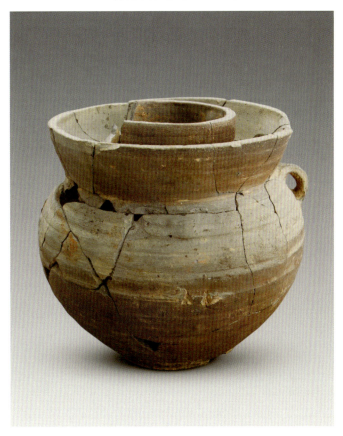

2. 釉陶双唇罐（M71：10）

4. 釉陶直口罐（M71：11）

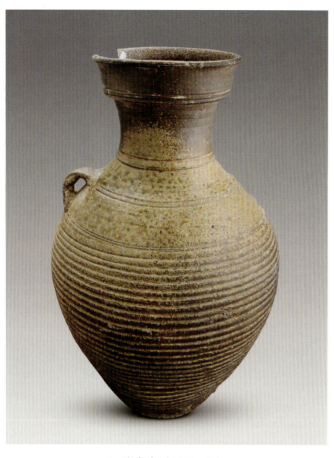

1. 釉陶壶（M73：8）

3. 釉陶壶（M73：16）

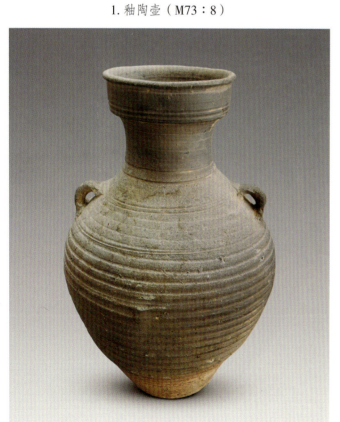

2. 釉陶壶（M73：11）

M73：8

M73：11

M73：16

彩版一三二　汉墓M73出土器物

1. 釉陶壶（M73：13）

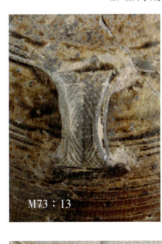

2. 釉陶瓿（M73：1）

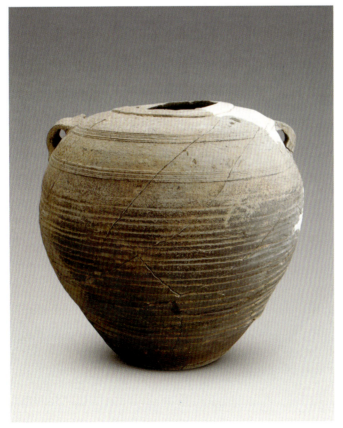

3. 釉陶瓿（M73：2）

彩版一三三　汉墓M73出土器物

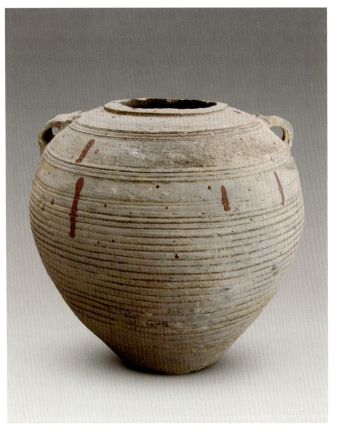

1. 釉陶瓿（M73：10）

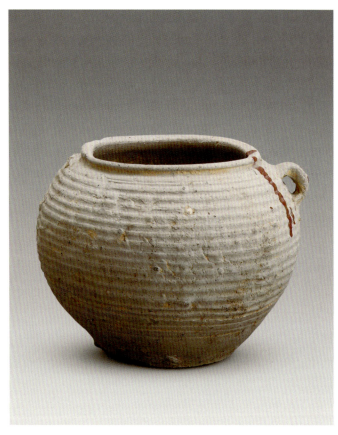

2. 釉陶侈口罐（M73：15）

M73：10

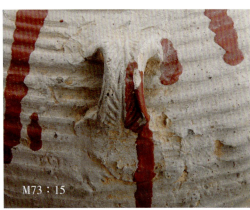

M73：15

3. 硬陶罍（M73：12）

彩版一三四　汉墓M73出土器物

1. 硬陶罍（M73：14）

2. 硬陶罍（M73：17）

3. 铜镜（M73：25）

彩版一三五　汉墓M73出土器物

彩版一三六　汉墓M73出土铜镜（M73：22）

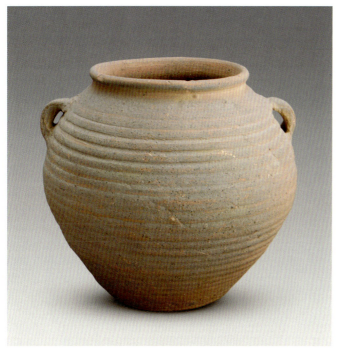

1. 陶罐（M74：1）

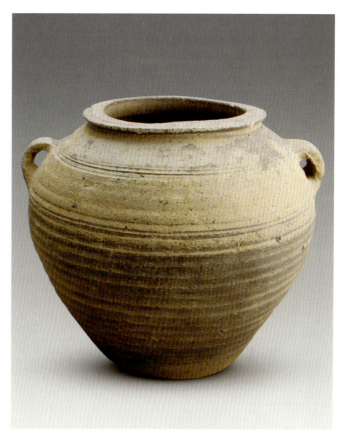

2. 陶罐（M74：2）

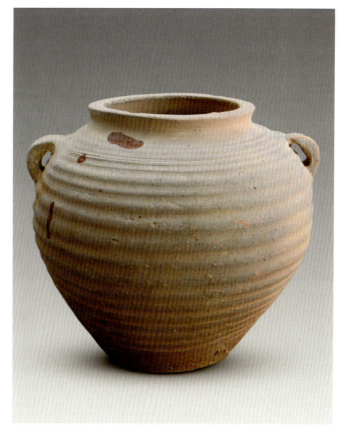

3. 陶罐（M74：3）

彩版一三七　汉墓M74出土器物

1. 釉陶盘口壶（M77：1）　　　　　　　　　　　2. 釉陶盘口壶（M77：2）

彩版一三九　汉墓M77出土铜镜（M77∶5）

1. 釉陶喇叭口壶（M78：1）

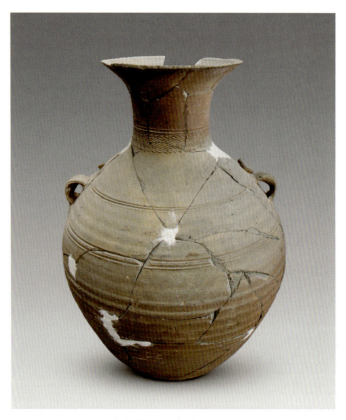

2. 釉陶喇叭口壶（M78：2）

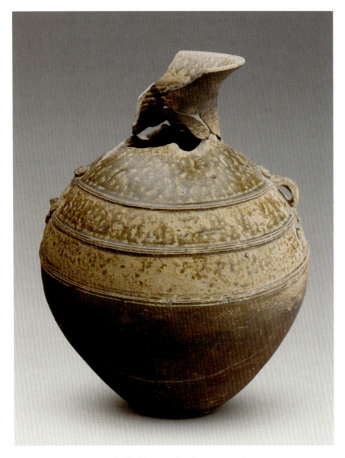

3. 釉陶喇叭口壶（M79：1）

彩版一四〇　汉墓M78、M79出土器物

1. 釉陶喇叭口壶（M79：3）

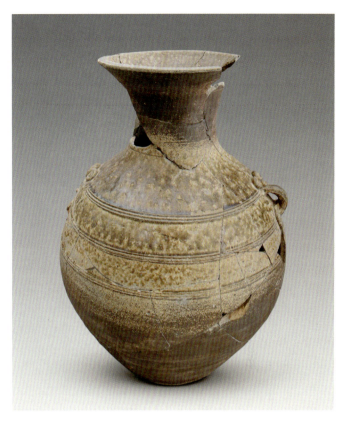

2. 釉陶喇叭口壶（M79：7）

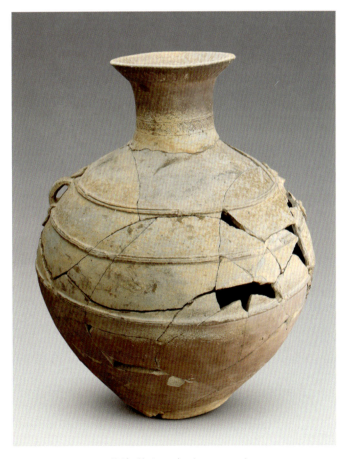

3. 釉陶喇叭口壶（M79：8）

彩版一四一　汉墓M79出土器物

1. 釉陶瓿（M79：2）　　　　　　　　　　2. 釉陶瓿（M79：6）

彩版一四二　汉墓M79出土器物

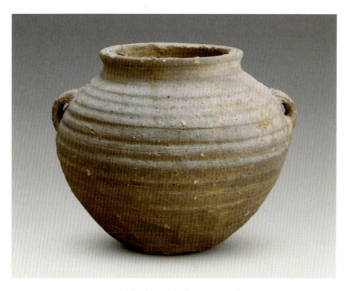

1. 釉陶直口罐（M79：4）

2. 釉陶直口罐（M79：10）

M79：4

M79：10

3. 硬陶罍（M79：5）

4. 硬陶罍（M79：11）

彩版一四三　　汉墓M79出土器物

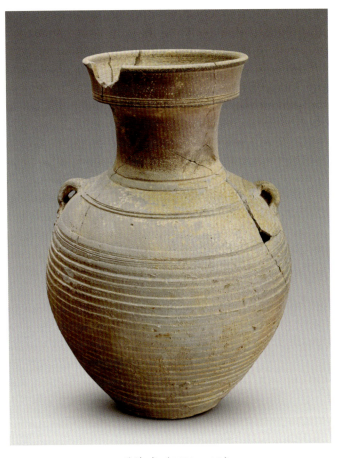

1. 釉陶壶（M80：16）

3. 釉陶壶（M80：18）

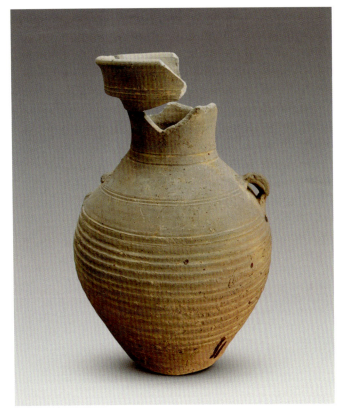

2. 釉陶壶（M80：27）

M80：16

M80：18

彩版一四四　汉墓M80出土器物

1. 釉陶壶（M80：17）

3. 硬陶罍（M80：23）

2. 釉陶瓿（M80：20）

4. 硬陶罍（M80：24）

彩版一四五　汉墓M80出土器物

1. 铜镜（M80：12）

3-1　　　　　　　　　　　　　　3-2

2. 石黛板（M80：3）

彩版一四六　汉墓M80出土器物

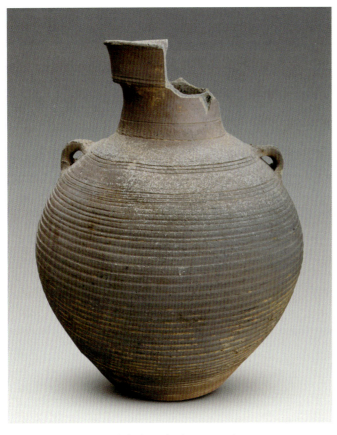

1. 釉陶盘口壶（M23：4）

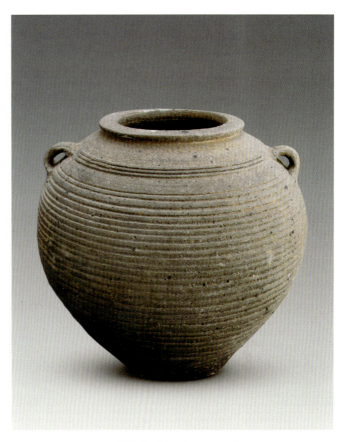

2. 釉陶瓿式罐（M23：2）

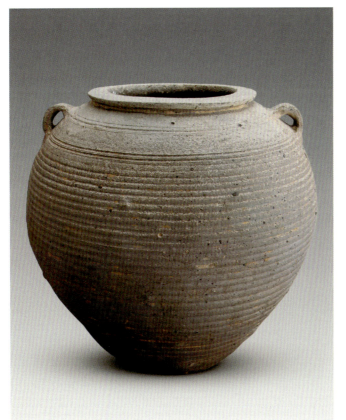

3. 釉陶瓿式罐（M23：3）

M23：4

M23：2

M23：3

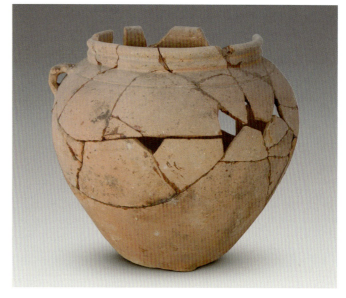

2. 釉陶直口罐（M1：1）

1. 釉陶双唇罐（M23：1）

3. 釉陶直口罐（M1：2）

4. 陶井（M1：4）

彩版一四八　汉墓M23、M1出土器物

1. 石黛板（M1：6-1）

2. 石研黛器（M1：6-2）

3. 印纹硬陶罐（M6：3）

4. 石黛板（M6：1）

彩版一四九　汉墓M1、M6出土器物

彩版一五〇　汉墓M6出土青瓷五管瓶（M6：2）

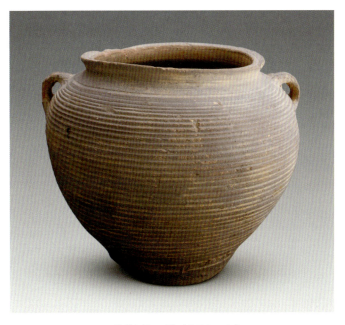

1. 釉陶直口罐（M35：3）

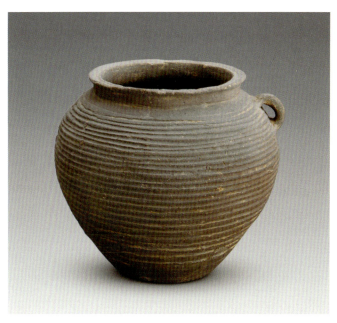

2. 釉陶直口罐（M35：4）

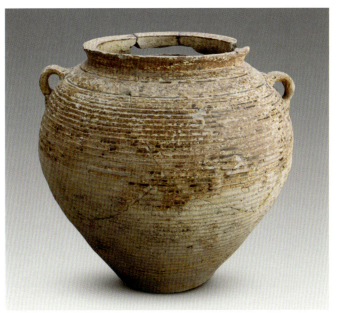

3. 釉陶直口罐（M35：5）

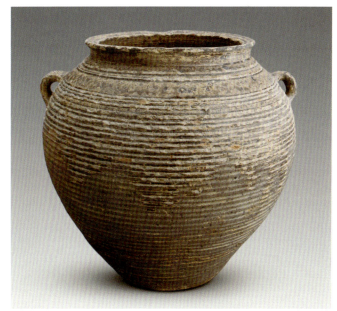

4. 釉陶直口罐（M35：8）

M35：3

M35：4

M35：5

M35：8

彩版一五一　汉墓M35出土器物

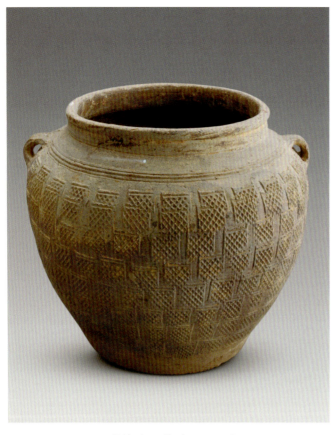

1. 釉陶直口罐（M35：6）

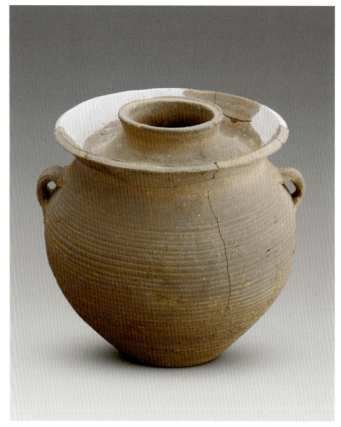

2. 釉陶双唇罐（M37：9）

M35：6

M37：9

3. 硬陶罍（M37：7）

彩版一五二　汉墓M35、M37出土器物

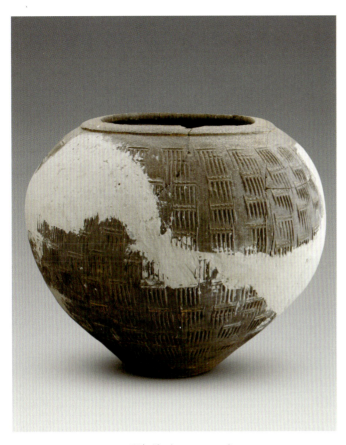

1. 硬陶罍（M37：12）

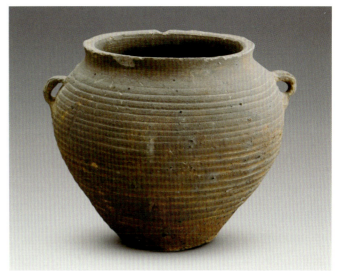

3. 釉陶直口罐（M37：3）

4. 釉陶直口罐（M37：4）

2. 釉陶直口罐（M37：2）

5. 釉陶直口罐（M37：8）

彩版一五三　汉墓M37出土器物

M37：13

M37：14

1. 釉陶盘口壶（M37：13）

2. 釉陶盘口壶（M37：14）

3. 铜镜（M37：19）

彩版一五四　汉墓M37出土器物

1. 釉陶瓿式罐（M37：6）

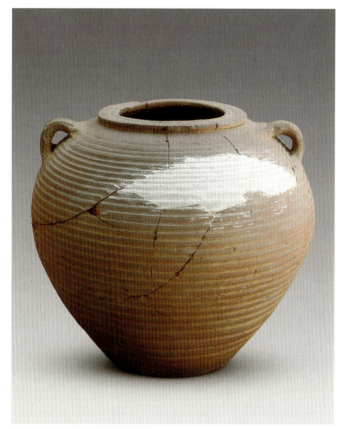

2. 釉陶瓿式罐（M37：10）

3. 釉陶瓿式罐（M37：15）

1. 硬陶罍（M45：8）

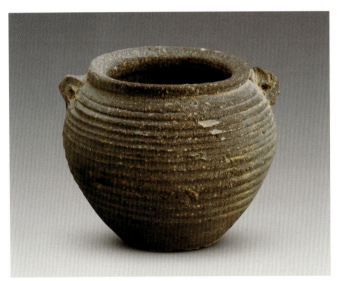

2. 釉陶侈口罐（M45：11）

3. 陶井（M45：6）

4. 青瓷盂（M45：10）

彩版一五六　汉墓M45出土器物

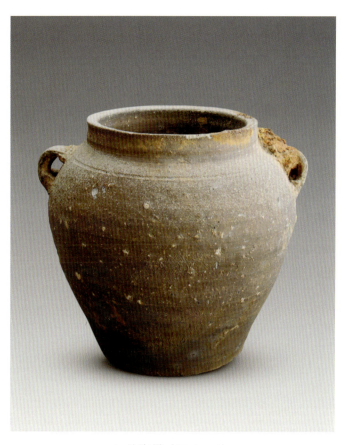

1. 釉陶罐（M72：6）

2. 釉陶罐（M72：8）

3. 釉陶罐（M72：10）

彩版一五七　汉墓M72出土器物

1. 釉陶罐（M72：9）　　　　2. 釉陶双唇罐（M72：4）

1. M34全景（北—南）

2. M37局部（南—北）

彩版一五九　汉墓M34、M37

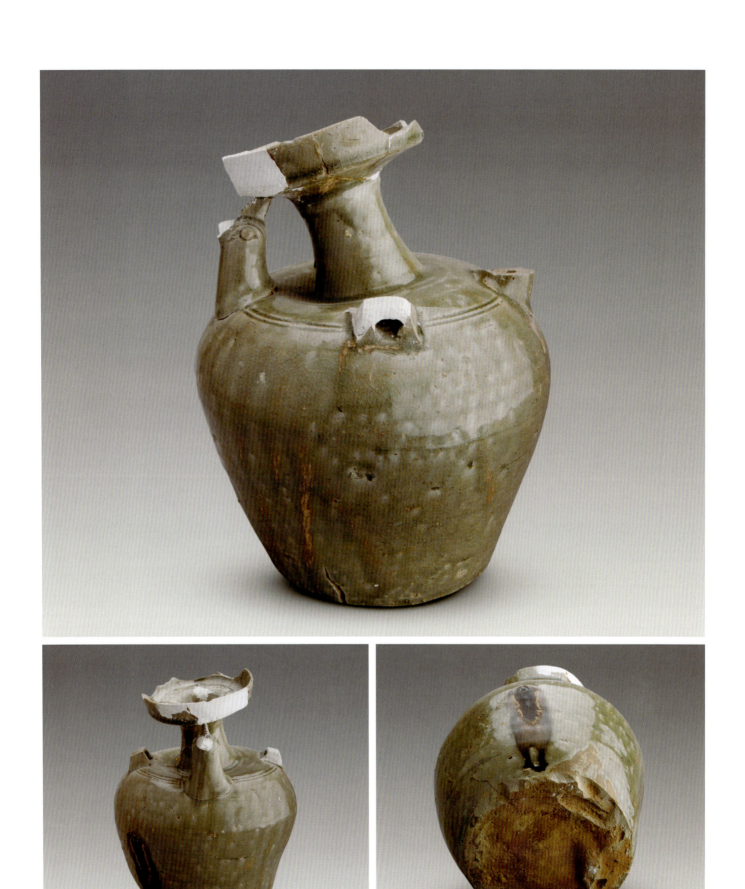

彩版一六〇　东晋南朝墓M39出土青瓷鸡首壶（M39∶4）

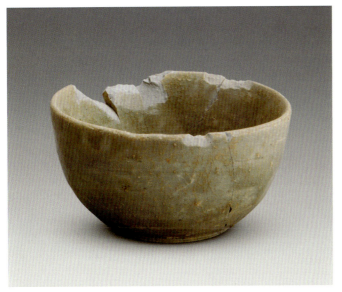

2. 滑石猪（M39：2）

1. 青瓷小碗（M39：1）

3. 滑石猪（M39：3）

彩版一六一　东晋南朝墓M39出土器物

彩版一六二　东晋南朝墓M49出土青瓷盘口壶（M49：1）

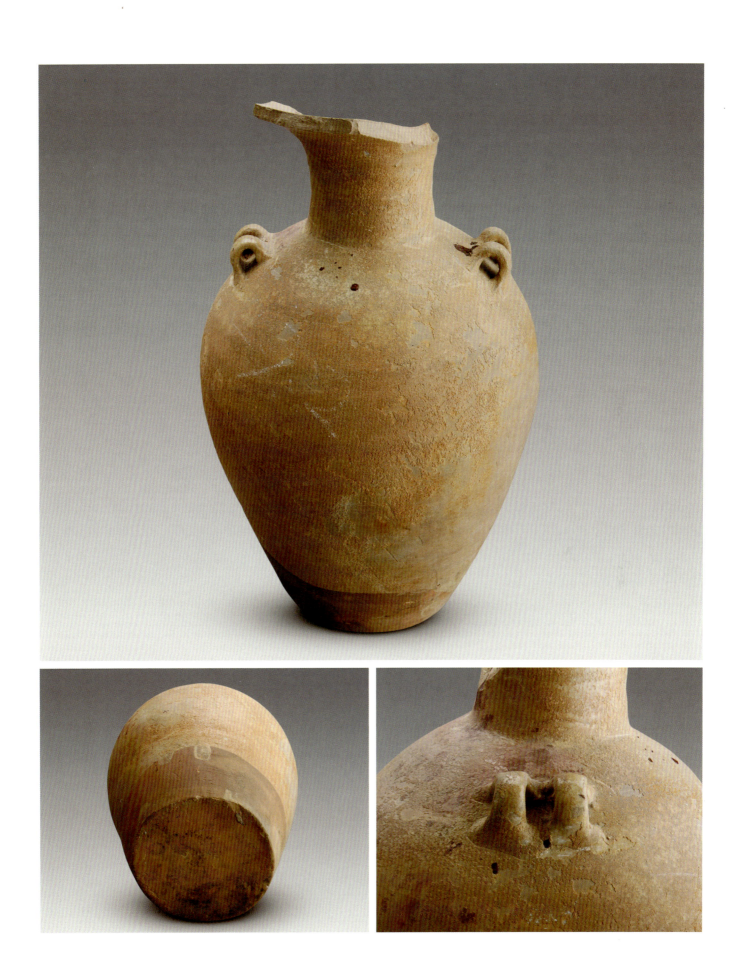

彩版一六三　东晋南朝墓M49出土青瓷盘口壶（M49：2）

彩版一六四　唐墓M27出土青瓷盘口壶（M27∶1）

彩版一六五　唐墓M57出土青瓷盘口壶（M57∶1）

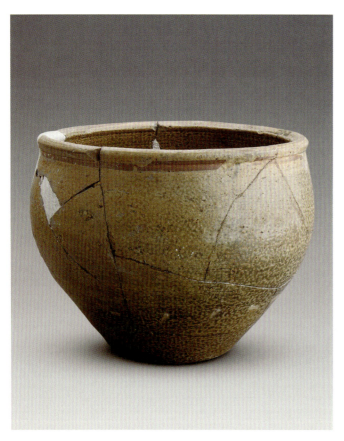

1. 青瓷罐（M59：3）

2. 墓砖（M59：5）

3. 青瓷盒（M59：4）

彩版一六七　宋墓M59出土铜镜（M59：10）

1. 鎏金铜器（M59：12）

2. 银头钗（M61：2）

3. 瓷盖罐（M61：1）

彩版一六八　宋墓M59、M61出土器物

1. 青瓷瓶（M75：1）　　　　　　　　2. 青瓷瓶（M76：1）

彩版一六九　宋墓M75、M76出土器物